轻松阅读·外国史丛书

轻松阅读·外国史丛书

顾问

齐世荣

编委会主任

钱乘旦　王明舟　张黎明

编委会

陈志强　董正华　高　毅　郭小凌
哈全安　侯建新　黄　洋　李安山
李剑鸣　刘北成　彭小瑜　王新生
吴宇虹　向　荣　徐　蓝　杨书澜

（按姓名拼音排序）

本书责任编委

董正华

轻松阅读·外国史丛书

尼赫鲁家族与印度政治

王红生 〔印度〕B.辛格 著

北京大学出版社
PEKING UNIVERSITY PRESS

图书在版编目（CIP）数据

尼赫鲁家族与印度政治/王红生，（印度）B.辛格著.
—北京：北京大学出版社，2011.1
（轻松阅读·外国史丛书）
ISBN 978-7-301-18235-2

I.①尼… II.①王… ②B… III.①尼赫鲁，P.J.(1889~1964)－家族－史料②政治－印度－20世纪 IV.①K833.510.9 ②D735.1

中国版本图书馆CIP数据核字（2010）第246533号

书　　　名：	尼赫鲁家族与印度政治
著作责任者：	王红生　〔印度〕B.辛格 著
丛书策划：	杨书澜
丛书执行：	闵艳芸
责任编辑：	闵艳芸
整体设计：	薛　磊
正文制作：	北京河上图文设计工作室
标准书号：	ISBN 978-7-301-18235-2/K·0739
出版发行：	北京大学出版社
地　　　址：	北京市海淀区成府路205号　100871
网　　　址：	http://www.pup.cn　电子邮箱：minyanyun@163.com
电　　　话：	邮购部62752015　发行部62750672　编辑部62750673 出版部62754962
印　刷　者：	北京大学印刷厂
经　销　者：	新华书店
开　　　本：	890mm×1240mm　A5　9.625印张　211千字
版　　　次：	2011年1月第1版　2011年1月第1次印刷
定　　　价：	28.00元

未经许可，不得以任何方式复制或抄袭本书之部分或全部内容。
版权所有，侵权必究
举报电话：010-62752024　电子邮箱：fd@pup.pku.edu.cn

总序

钱乘旦

世界历史在今天的中国占据什么位置？这是个值得深思的问题。从理论上说，中国属于世界，中国历史也是世界历史的一部分，中国要了解世界，也应该了解世界的历史。改革开放三十年的今天，在"全球化"的背景下，世界对中国更显得重要。世界历史对中国人来说，是他们了解和理解世界的一扇窗，也是他们走向世界的一个指路牌。然而在现实中，世界历史并没有起这样的作用，中国人对世界的了解还不够，对世界历史的了解更加贫乏，这已经影响到改革开放、影响到中国发挥世界性的作用了。其中的原因当然很多，但不重视历史，尤其是不重视世界史，不能不说是一个重要原因。改革开放后，中国在许多方面取得进步，但在重视历史这一点上，却是退步了。中国本来有极好的历史传统，中国文化也可以说是一种历史文化，历史在中国话语中具有举足轻重的地位。然而在这几十年里，历史却突然受到冷落，被很多人淡忘了，其中世界史尤其受到冷落，当人们知道一个人以世界史为专业方向时，其惊讶的程度，就仿佛他来自一千年以前的天外星球！

不过这两年情况又有变化，人们重新发现了历史。人们发现历史并不是百无聊赖中可以拿出来偶尔打发一下时间的调味剂，也不是傻头傻脑的书呆子找错门路自讨苦吃坐上去的冷板凳。人们意识到：历史是记忆，是智慧，是训诫，是指引；历史指引国家，也指引个人。人们意识到：历史其实是现实的老师，昨天其实是今天的镜子。有历史素养的人，比他的同行更富有理解力，也更具备处理问题的创造性。以历史为借鉴的国家，也会比其他国家走得更稳，发展得更好。

然而在当今时代，历史借鉴远超出了本国的历史，因为中国已经是世界的中国。中国人必须面对这个现实：在他们眼前是一个世界。世界的概念在中国人的脑子里一向不强，而世界历史在中国人的记忆中则更加淡薄。但这种情况不能再继续下去了：时代已经把我们推进了世界，我们如何能不融进世界历史的记忆中？所以，加强对国人的世界史教育，已经是不可回避的责任，这是一个时代的话题。在许多国家，包括我们的近邻，世界历史的教育已经超过了本国历史的教育，外国历史课程占百分之六十甚至更多，本国历史课程只占百分之四十或更少。外国史教育是现代公民的基本素质教育，中国的公民也应该是世界的公民。

遗憾的是，目前的学校教育离这个要求还很远，所以我们有必要在社会大众中普及世界历史知识。我们编写这套书，就是希望它为更多的人打开一扇窗，让他们看到更多的世界，从而了解更多的世界。我们希望这套书是生动的，可读的，真实地讲述世界的历史，让读者思索人类的足迹；我们希望这套书是清新的，震撼的，指点人间的正义与邪恶，让读者体验历史的力量。

大约半个世纪前，商务印书馆曾推出过一套"外国历史小丛书"，其中每一本篇幅都很小，一般是两三万字。那套书曾经有过很大的影响，至今还会有很多人说：那是他们世界史知识的来源。"文化大革命"中，"小丛书"受到无端的批判，许多作者受株连，主编吴晗则因为更复杂的原因而遭遇不测。但这套书没有被人忘记，"文化大革命"结束后，吴晗被平反，"小丛书"又继续出版，人们仍旧如饥似渴地阅读它，直至它出版近五百种之多。

又是三十年过去了，时至今日，时代发展了，知识也发展了，"外国历史小丛书"的时代使命已经完成，它不再能满足今天读者的需要。今天，人们需要更多的世界历史知识和更多的世界历史思考，"小丛书"终究小了一点，而且有一点陈旧。我们编辑这一套"轻松阅读·外国史丛书"是希望它能继承"外国历史小丛书"的思想精髓，把传播世界历史知识的工作继续向前推进。

2008年12月于北京

目录

总　序 /1

第一章　尼赫鲁家族的兴起 /1

　　身居印度种姓制度上层的尼赫鲁家族可以说是殖民地时代形成的新贵族，这个家族突出之处在于能够在坚守文化传统的同时，对各种不同的文化持尊重、宽容和吸收的态度，尤其是自觉地接受、吸纳西方文化，由此拥有了在变动世界中的调适能力。

莫卧儿帝王的恩宠与"尼赫鲁"族名的由来 /2

阿拉哈巴德的成功律师——莫提拉尔·尼赫鲁 /5

尼赫鲁家族的贵族特性 /14

第二章　"你的面前有一个伟大的事业" /25

　　真正让尼赫鲁家族成为印度第一家族并闻名于世界的是贾瓦哈拉尔·尼赫鲁。是他的家庭传统、他的父亲、他青少年时期所受的教育造就了这位后来的尼赫鲁总理；尤其是英国求学经历，既培养了他的世界眼光，更培养起了对政治的浓厚兴趣和民主、自由的政治理想。

金色的童年 /26

英国求学 /28

回国与婚姻 /33

父子之间 /36

第三章　争取独立的日子里 /45

> 曾有人这样总结说：一些人天生而为领导者；一些人通过自己的后天努力而为领导者；还有一些人的领导权是别人赋予的。也许，通过分析贾瓦哈拉尔的人生历程，我们可以说他之所以掌握领导权，以上三个方面原因都有。

圣雄甘地与莫提拉尔 /46
贾瓦哈拉尔走上领导岗位 /55
监狱岁月 /58
英国人的扶持 /67

第四章　开国总理——印度政坛上的一朵红玫瑰 /69

> 作为独立印度的主要设计师、宪法的制定者、民族团结和工业化的推进者，以及作为世界和平的斗士，除甘地以外，没有哪一个印度人像尼赫鲁那样对印度人民的心灵和思想产生过如此深远的影响。他领导他的国家从殖民地走向民主，从传统走向现代，从停滞走向发展，尽管也有失误，但他当之无愧地位列20世纪最突出人物之列。

独立与印巴分治 /71
凯歌行进中的50年代 /79
60年代初的危机与处理 /88
"路漫漫其修远兮，吾将上下而求索" /93

第五章　"胜过一千个小伙的女孩" /99

> 英迪拉·甘地曾经描绘自己的童年生活是"不安静和不受保护的"，动荡的局势、久病的母亲、长期坐牢的父亲、没有兄弟姐妹的孤独处境，对年幼的英迪拉的思想、生活都产生深刻的影响：一方面情感脆弱、羞怯，以自我为中心；一方面意志坚强、志向远大、努力在每一件事上都想超过别人。不如人意的婚姻似乎最终也没能还她一颗女人的平常心，最终，她宿命般地卷进了政治的漩涡。

成长于动荡年代 /100
母亲的病 /106

爱情与婚姻 /113

家庭矛盾 /121

第六章　从女管家到女总理 /125

从总理府的女管家到国大党主席,到印度历史上第一位女总理,英迪拉·甘地登上了政治舞台:帮助父亲打理事务历练了她的政治经验与能力,出任国大党主席培养了她的政治自信和手段,而第二任总理猝亡留下的政治真空状态又顺理成章地把她送上了总理宝座。虽然期间她也曾远离政治,回归家庭,但丈夫的去世使她最终义无反顾——身为尼赫鲁家族的女儿的命运注定了她不可能过寻常女人的一生。

总理府的女管家 /126

国大党主席 /130

"老太婆内阁中的唯一男人" /136

辛迪加的选择 /140

第七章　"印度女王" /145

英迪拉·甘地也许是20世纪印度历史上最有争议的人物:政治上实行威权主义,寻求权力的集中;经济上注重发展农业,重视维护弱势群体的利益以稳固其统治基础;一手制造了曾是独立的印度的政治力量中坚的国大党的分裂;为解决政治危机实行紧急状态法,后又终止紧急状态法,重回民主,恢复全国大选?一系列的选择既彰显了她的个性,也彰显了印度历史与现实的复杂纠葛。

走上威权主义道路 /146

肢解巴基斯坦 /158

紧急状态 /162

1977年大选及其结果 /170

第八章 命运过山车 /175

从1977年大选失利下台,又在1980年的大选中重新上台,最后于1984年遇刺身亡。英迪拉·甘地的命运在7年时间里如同过山车,经历急剧的上下翻腾。生长于动荡年代,少年丧母、中年丧夫、老年丧子,人生的几大不幸她全都一一品尝。英迪拉的一生将政治人物的喜剧和悲剧演绎到了极致,让世人不胜唏嘘。

英迪拉的复出 /176

政治新星的殒落 /180

"天堂造反" /190

致命的枪声 /196

第九章 "我还年轻,我也有一个梦想" /207

继承英迪拉·甘地衣钵的拉吉夫·甘地也继承了母亲的悲剧命运。这位印度独立以来最年轻的总理追求以信息技术强国的目标;强调政府的效率;立志整党、打击腐败、肃清吏治,因而有了"计算机先生"和"清廉先生"的美誉。然而,短短几年,却遭遇理想一一受挫和深陷军火回扣案丑闻的泥沼中,大选失败,饮恨下台,最后被恐怖主义分子的炸弹炸得身首异处。

印度历史上最年轻的总理 /208

外交新气象 /212

"计算机先生"的改革事业 /219

"清廉先生"与军火交易丑闻 /225

出师未捷身先死 /230

第十章 索尼娅的选择 /235

索尼娅·甘地,这位被印度人视为"母神"的女人也许是尼赫鲁家族中最富于传奇色彩的人物:这名在西方文化背景中成长的意大利女子却能在坚守传统的印度社会游刃有余,在婆婆和丈夫先后死于暴力之后,她捍卫了尼赫鲁家族的政治地位,为国大党夺回印度领导

权。她创造了印度历史的奇迹，一个外国女人成为10亿人口印度的掌门人。

跨国婚姻 /236

孀妇从政 /242

放弃总理职位 /253

"母神"索尼娅 /259

第十一章 新的一代在成长 /263

在沉寂了近十年，进入21世纪后，随着国大党在2004年和2009年大选中连续获胜，尼赫鲁家族几张年轻的面孔再次出现在了印度政坛上，并且颇得人气。这一切似乎表明，尼赫鲁王朝的神话在新世纪里将再次被延续，也许，从精英政治过渡到大众民主政治，印度还有很长的一段路要走。

印度政坛上的一对金童玉女——拉胡尔与普里扬卡 /264

瓦伦"仇恨演讲"风波 /267

拉胡尔的婚事 /274

谁将成为下一届总理 /276

结语：尼赫鲁家族为什么能在印度政坛上长盛不衰 /285

参考书目 /292

出版后记 /295

尼赫鲁家族的兴起 第一章

身居印度种姓制度上层的尼赫鲁家族可以说是殖民地时代形成的新贵族，这个家族突出之处在于能够在坚守文化传统的同时，对各种不同的文化持尊重、宽容和吸收的态度，尤其是自觉地接受、吸纳西方文化，由此拥有了在变动世界中的调适能力。

"罗马城不是一夜建成的",世上有不少一夜暴富的故事,贵族的品性却不是一代人能养成的。尼赫鲁家族能否算是印度贵族是个有争议的话题,但在20世纪印度,如此显赫的尼赫鲁家族的故事却不能不从200年前的印度历史说起。

莫卧儿帝王的恩宠与"尼赫鲁"族名的由来

尼赫鲁家族祖籍克什米尔。克什米尔是一个风光旖旎美丽如画的地方。连绵不断的山脉巍峨挺拔,山顶上白雪皑皑,终年不化;山间溪流潺潺,古树参天,郁郁葱葱;山谷地带,碧绿如茵,百花争艳,河流纵横,湖泊密布。这里冬暖夏凉,春华秋实,素有"地上天堂"和"花雪丽国"之称。克什米尔位于南亚次大陆的西北角,处于南亚与中亚、西亚之间,战略地位极其重要。历史上,中亚、西亚游牧民族不断地从这里进入南亚次大陆,将不同时期的域外文化带入印度,与印度本土文化融合,形成今天的南亚文化。雅利安人被认为是其中最早从西部进入南亚并给南亚留下最深远影响的一支。雅利安人进入南亚,将自己的文化与原先南亚已经存在的习俗结合在一起,形成了后来的种姓制度和印度教。雅利安人肤白鼻高,而当时南亚的原住民大多肤黑鼻扁,作为征服者的雅利安人要保持自己在社会上的统治地位,一是要将职业分工固定化,将宗教知识的传承、祭祀仪式的主持、政治管理等统治职能垄断在自己手中,二是要严禁与被统治民族发生婚姻关系,保持统治民族的血统纯正。早期的种姓制度因而称为凡尔纳制度,凡尔纳意为"色",指人的肤色上的差异。处于制度最上层的是婆罗门种姓,在克什米尔他们被称为潘迪特(有知识有学问的人),他们不从事体力劳动,也不事武功商贾,但他们中许多人精通梵文、人文科学、法律和宗教,并以此为生。

中世纪时,中亚、西亚的穆斯林先后入侵南亚,克什米尔的潘迪特们在坚守自己的印度教阵地的同时,也主动接触与学习伊朗文化,学习波斯文,背诵伊朗诗歌,接受伊朗艺术。

潘迪特们这种善于吸纳不同文化的精神,也由于南亚的伊斯兰统治者所实行的宗教和解政策。由于历史的原因,莫卧儿帝国几代皇帝都高度伊朗化。1539年,莫卧儿帝国的第二位皇帝胡马雍战败,逃往伊朗。在流亡15年之后,公元1554年11月,他再次侵入了印度。1555年7月,胡马雍胜利地回到德里。

这15年的流亡,对莫卧儿和印度的历史都相当重要。历史学家们已经注意到这一事实,帖木儿以后的莫卧儿人,在文化上已经变成了伊朗人。胡马雍在波斯居住了15年的经历,使得他的继承者们的帝国,具有了一定的波斯色彩。胡马雍重来印度时,除了随从他去波斯的贵族们之外,还带回一大批伊朗籍学者、诗人和哲学家以及雇佣军人,此后,波斯各种有才能的人士,不断地汇集于他的朝廷,并获得了很高的职位。阿克巴大帝对艺术和科学的赞助加速了上述人士向印度移民的进程。他的宫廷里有许多什叶派的信徒。在一个大的范围内,莫卧儿帝国在此后百年内,都受到了伊朗文化的影响。

来自中亚的莫卧儿帝国的统治者们从小在马背上长大,弓马娴熟,骁勇善战。但他们并不只是一介武夫,他们不同程度地受精致的波斯文化影响，热爱文学与艺术，懂得欣赏美的事物。他们中有一些颇有文采。如巴卑尔留下了伊斯兰世界帝王中的第一部自传。胡马雍不是死于战场，而是摔死在藏有图书的阁楼楼梯下。阿克巴大帝外出时，经常在随行的人员中，带着学者、艺术家。因此，在莫卧儿帝国时期，在统治者的开明政策之下，不同民族、不同语言文化、不同宗教发生密切的联系。信奉伊斯兰教的统治者有意识地将印度教的知识分子搜罗到宫廷中为自己所用，这些知识分子绝大部分为婆罗门。他们或者凭借自己的学问，或者由于自己的人品声望，常住在皇帝的身边，以便随时提供咨询，连皇帝外出也跟在身边。历史记载了阿克巴皇帝一次为时7天骑马到阿麦达巴德的有历史意义的旅程，随员27人之中，就包括了15个印度教徒。

而当时印度婆罗门也愿为莫卧儿政权效力。在这种环境下，一小部分印度教徒获得了莫卧儿帝王的恩宠。克什米尔的潘迪特相对于其他婆罗门的优势是他们通晓波斯的语言和文化，这种知识是由克什米尔地方统治者宰努尔·阿伯丁（Zainul Abidin），一位能干和宽容的统治者，引进到河谷的。这一点，加上他们的背景和生活方式，使他们成为精英印度教徒和穆斯林之间的桥梁。

帝王的恩宠也在1716年的一天，降临在一家克什米尔潘迪特身上，或者说这一天，对日后尼赫鲁家族兴起发展来说具有历史意义的一件大事发生了。当时的莫卧儿皇帝法鲁克希尔在巡游克什米尔途中遇到了一个叫拉杰·考尔的潘迪特。他的才华和学识给皇帝留下了良好的印象，于是皇帝建议他到京城来。拉杰·考尔没有放弃这么个机会，他真的从克什米尔动身，赶往京城，求见皇帝。皇帝没有食言，给他封了官，让他追随在自己身边。现在尼赫鲁家族还

莫提拉尔的先祖潘迪特拉杰·考尔(第二排从右边起第七人)，他是尼赫鲁家族中第一个从克什米尔迁到德里追随法鲁克希尔皇帝的人。

保留着一幅画，画中前后3排人，每排大约17人，皇帝端坐中央，据说坐在第一排右起第7人即拉杰·考尔。皇帝还赏赐给他一所坐落在郊区运河边的房子和一片包括若干村落的采邑。也许是为了感谢皇恩浩荡，也许是为了把自己一家与其他姓考尔的人区别开来，拉杰·考尔给自己的姓加上了"尼赫鲁"一姓，即乌尔都语中运河的意思，此后，这一家族便被叫做考尔·尼赫鲁，意为"运河之滨的考尔氏"。

阿拉哈巴德的成功律师——莫提拉尔·尼赫鲁

法鲁克希尔时代的莫卧儿帝国已经进入衰落阶段，奥兰则布去世后，子孙们为了争夺王位，相互残杀。1712年奥兰则布的儿子巴哈杜尔沙去世，巴哈杜尔沙的4个王子之间相互残杀，先是3个王子联合将二皇子杀了，不久二皇子的儿子法鲁克希尔复仇成功，将自己的叔伯们斩尽杀绝。但法鲁克希尔坐上王位没几年，1719年又被自己的部将废黜和杀害。

恩主的横死以及莫卧儿帝国的衰落没有给考尔-尼赫鲁家族带来太大的影响。

18世纪末，拉杰·考尔的重孙，莫提拉尔·尼赫鲁的祖父，就任英国东印度公司驻德里莫卧儿宫廷的第一任代表和法律顾问。这个职位对所有想进地方官僚机构的新人来说都是一个令人向往的位置。该家族在帝国首都德里平静地生活了近140年，直到1857年印度士兵起义的发生。

1857年的大起义影响了许多人的命运，并留下了痛苦的记忆。1857年莫提拉尔的父亲潘迪特·甘达加尔（Pandit Gangadhar）30岁，正在德里担任一名警官。在一幅小画里，他身着莫卧儿宫廷服装，手里握着一把弯剑。起义的发生以及随后的动乱，彻底搅乱了尼赫鲁家族在德里的生活。甘达加尔警官的工作随着莫卧儿王朝的最终灭亡而终结，土地文契在战火中被付之一炬，家族的财产几乎丧失殆尽。整个家

莫提拉尔的祖父甘达加尔。

族为了活命，加入到逃难者的洪流中。动乱在整个印度北部蔓延，哪儿才是和平的绿洲？甘达加尔及其家庭在亚格拉找到了一块这样的地方。亚格拉曾是帝国的都城，举世闻名的泰姬陵就坐落在那里，但当时它已是一个经济相对落后的城市。不幸的是，离开德里不到4年，1861年2月甘达加尔死于一场疾病，3个月后，他的妻子给他生下了莫提拉尔。他的英年早逝对家庭来说如同晴天霹雳，所幸他的其他两个儿子——班西达尔和南达拉尔尽管也只有十余岁，承担起了照顾家庭的责任。

莫提拉尔的大哥班西达尔（Bansidhar），在英印政府司法机构中服务，逐渐上升为副法官，他同时也是一位梵文学者和星相学家。他严格遵循传统仪式，甚至命令在他吃饭时，儿子们不得上桌。莫提拉尔自幼更多地受到长他16岁的二哥及二嫂南达拉尔夫妇的精心照顾，在他们的家中长大。二哥先是做教师，后入一个叫克里特的封建土邦当"地万"或称首席部长，1870年，因卷入土邦上层的权力争夺，只好辞职返回阿格拉，在省高等法院当律师。后来，省高等法院迁往阿拉哈巴德，南达拉尔携全家前往，仍旧担任律师工作。他给人的印象是一个勤勤恳恳不知疲倦工作的四平八稳的人。

在阿克巴皇帝时代，阿拉哈巴德曾是一个重要的行政区。英国人统治初期，它的地位上升，1858年它成为省政府所在地，1866年3月成为高等法院所在地。这是导致南达拉尔和其他克什米尔潘迪特家族到阿拉哈巴德寻找出路的主要原因。最初他们遭遇到一些困难，因为英国人垄断了文官机构，并且政府工作机会的竞争十分激烈。但是，逐渐地，机会来了。由于1870年的诉讼案子，尤其是土地纠纷案子大量地增加，在1870年，北方邦有了4位辩护律师（advocates），

30位低级律师。到1891—1900年期间,他们的数字分别增加到100人和235人。像印度北方地区的卡亚斯塔(Kayasthas)或信德地区的阿米尔(Amils),这是两个创造性让自己调适于变迁时代的主要群体,在当时从事法律职业提供了获取成功和声望的机会。1910—1914年,一位出身于克什米尔潘迪特的律师,纳什·卡珠(Kailash Nath Katju,他的导师也是莫提拉尔的导师),在坎普尔每月可挣得4000—5000卢比。此外,由于能够代表公众意见,律师在社会上拥有较高地位,受到人们的尊敬。

莫提拉尔虽然自幼就没有父亲,但由于两位哥哥的呵护,尤其作为家中最小的儿子,受到母亲的溺爱,养成了桀骜不驯、敢作敢为、脾气暴躁的性格。12岁以前,莫提拉尔一直在家中接受教育。像他的父祖们一样,他同时接受印度和波斯两种文化的熏陶。伴随其他学科的学习,在老师的指导下,他学习了波斯语、阿拉伯语以及乌尔都语。他的最早期教育得自穆斯林老师。

12岁那年,南达拉尔将莫提拉尔送入坎普尔教会中学读书。这是一所仿效英国著名的哈罗公学和伊顿公学而建立起来的学校,教师由英国人担任。在这所学校中,莫提拉尔认真学习英语,为自己今后事业的发展奠定了坚实的语言基础。

中学毕业后,莫提拉尔又按照哥哥为他规划的发展道路,进入阿拉哈巴德大学攻读法律专业。莫提拉尔上的是穆伊尔(Muir)学院,该学院以该省的副督名字命名,1887年成为阿拉哈巴德大学的核心,向他展示了一种有活力的、欢快的、正直的生活。在这里,像他那一时代许多受过教育的印度人一样,莫提拉尔向一些英国教师学习,首先学习的科目有英国历史、文化和当代政治,由此,他崇拜西方的核心价值。该学院培养了众多优秀学生,他们日后在印度都获得突出成就。但是,莫提拉尔不是一个理想的学生。他的兴趣更多地放在了游戏比赛上。他的儿子贾瓦哈拉尔这样谈论自己的父亲:"我的父亲先后在康波尔和阿拉哈巴德两地读书,虽然他在知识方面表现了早熟的现象,他在学校里却是以爱玩出名的。他算不得模范学生。他喜欢玩而不大喜欢好好地读书。他在大学里被认为是捣乱分子的一个领袖。我的父亲喜欢着西装,学洋派。虽然他的行为不免狂妄,他的英国教授却喜欢他。在他参加过的大学各种考试中,成绩不算特别好。在学士学位考试中,第一场考试就考砸了,他就放弃了后面的考试,独自跑到泰姬陵玩去了。他始终没有毕业,没有获得学士学位。"

结束大学学业后,在哥哥的鼓励和带动下,莫提拉尔参加并通过了省高等法院的律师资格考试,从此开始了律师生涯。1883年,

早期尼赫鲁大家族的照片,莫提拉尔站在最右边,是全场唯一一个穿西服的。

莫提拉尔在坎普尔初等法院担任见习律师。3年见习期满,转到阿拉哈巴德高等法院担任律师。

莫提拉尔刚走上社会不久,一场不幸就降临在尼赫鲁家族身上。莫提拉尔的哥哥、家中的顶梁柱南达拉尔1887年4月死于霍乱,时年42岁,身后留下寡妇和6个孩子。莫提拉尔责无旁贷地承担起照顾整个大家庭的重担。莫提拉尔当时只有25岁,自己尚无子女。像当时大部分印度家庭的孩子一样,莫提拉尔12岁时已经结婚,妻子为他生过一个儿子,不幸的是妻子与儿子不久就去世了,那时他也只18岁。莫提拉尔后来续娶斯瓦鲁普·拉尼(Swarup Rani),她来自拉合尔,也是克什米尔人,传统型美女,长得像"德累斯顿瓷器"一样精致。当时她只有14岁,比莫提拉尔小十几岁。两人少有的一张合影照片上,莫提拉尔着马靴、穿英式条纹睡衣,而妻子则穿着传统印度服装。

莫提拉尔从接受处理的第一宗诉讼案中只挣得了区区5个卢比。但到1896年他35岁时,莫提拉尔月薪达到2000卢比;到1905年,他的收入增加了四倍。他的客户包括穆斯林的王公贵族,他们乘着带棚汽车和精致马车来到莫提拉尔家,进入莫提拉尔的书房,坐在帷幕背后讨论诉讼案子。一些地产案子涉及巨大钱财,诉讼过程迁延时日,律师也因而得到丰厚的回报。律师们在法院中唇枪舌剑,互为对手,法庭下则是朋友。莫提拉尔与达斯(C·R·Das,来自孟加拉的著名律师,后来自治党的共同奠基人)他们白天在法院里唇枪舌剑,晚上坐在一起喝酒。莫提拉尔被当成了魔术师,特别在1896年他成为阿拉哈巴德高等法院的有名的4个辩护律师之一。他有了大量的钱,排场也很大。人们记得当他为一个大地主的案子去勒克瑙时,带着大队的随从,其阵势不下于王公出行。他达到事业成功的顶峰不是通过寻求任何权贵的青睐，而是通过辛勤劳动、聪慧和知识。1905年11月7日，他写道："在我看来，这很简单，我需要钱，我为它而工作，我心安理得地得到它。"

1900年的世界动荡不安，英国人与布尔人的南非战争正进行得如火如荼，八国联军的铁骑已经践踏在紫禁城的城砖上，清政府不得不签署丧权辱国的《辛丑条约》。但进入新世纪的这些变化似乎没有影响到印度。尽管印度广大老百姓仍生活在极度的贫困中，仍有一小部分人已经先富了起来。这一年，阿拉哈巴德城的重大新闻是律师莫提拉尔·尼赫鲁买下了一座有42个房间的名为"阿南德宫"（意为欢喜宫）的大房子。

阿拉哈巴德位于恒河平原的中部，素以三江口闻名于世，恒河、朱木那河和传说历史上曾有过现已消失的萨拉斯瓦蒂河在这里汇合。长期以来这里是印度教的中心和朝圣地。英国统治时它成为奥德邦（今天的北方邦）的首府。

如同英国人占领下的其他印度大城市，整个阿拉哈巴德城分为文明区与"黑城区"两部分。只有相对很少的印度人有能力居住在文明区内，文明区因此也被称为英国人区。文明区内有一个很大的商业中心，那里卖英国货，尤其是服装。这里有长长的林荫道，精心设计的公共花园，巨大的房子耸立在平整的绿茵上。著名的高等法院位于其中，许多法律专业的名人们在那里工作并成名。同时，这里还有拥有广大校区的阿拉哈巴德大学，它在该省具有尊贵的地位。

花大价钱买下阿南德宫，既是新主人财富的象征，也是新主人崇尚西方生活方式、力图挤进西方人生活圈子的一种努力。从印度人居住区搬进欢喜宫意味着尼赫鲁家族从一个世界跨入另一个世界。

早期的阿南德宫，1930年，莫提拉尔把它捐给了国大党。

阿南德宫原为阿拉哈巴德的一位法官所建，莫提拉尔花了1.9万卢比从他手中买来。这对当时一般印度人来说是笔天文数字，普通人劳作一天，工资不到一个卢比。房子新主人热衷时尚，为了显示自己对西方时尚的追捧，阿南德宫成了阿拉哈巴德第一座配备有游泳池、电灯和自来水设施的房子。房子内配备两个厨房，一个制作西餐，另一个制作印餐。常年雇佣的仆人多达五十余人。1904年莫提拉尔买了阿拉哈巴德城第一辆汽车。莫提拉尔用昂贵的欧洲工艺品来装饰他的新房子，这些工艺品是他在欧洲旅游时收集到的。他的餐桌布是送到巴黎清洗的，餐桌上摆放着银质刀叉，餐桌边的社会性交谈大多围绕莎士比亚作品和伟大的19世纪浪漫派诗歌。曾有一次，莫提拉尔购买了一套波西米亚产的玻璃杯，该品种刚也被爱德华二世购买。妻子拉尼问道："阿拉哈巴德谁会赞赏这些？"她刚刚好不容易习惯丈夫的印度王公般的习性，"为什么我们又要像爱德华国王？"为了让下一代具有更多的西方气质，莫提拉尔不惜重金聘请外国女管家、女教师为家庭为小孩服务。

莫提拉尔没有因为追随西方文化而忘记和抛弃自己的族人。房子总是对整个的尼赫鲁家族成员开放。莫提拉尔搬进阿南德宫后不久，就向哥哥发出邀请，让哥哥到阿南德宫做客，分享自己过的好日子："自你离开阿拉哈巴德到亚格拉，你没还看到年轻一代的尼赫鲁家族的人出生。他们也应该有机会看望家庭族长，不用说，你将受到所有人的欢迎。"

如同所有来自克什米尔的潘迪特一样，尼赫鲁家族意识到自己不同常人处。他们中的一人，科尔·哈克萨（Col Haksar）这样谈到他们与其他印度人的不同。"我们是克什米尔人，而其他所有人是'他们'"，尼赫鲁家族成员们是在此心理暗示和身份认同下长大的。莫提拉尔的大女儿拉克丝米（Vijaya Lakshmi）出生和成长于阿拉哈巴德，她这样写道"在那时候的状态下我们全都是在一个家庭中一道生活的。"对此强大的族群意识的一个例证是她对一次在欢喜宫（阿南德宫）举办的宴会的描述，时为1916年2月8日，时值她的哥哥贾瓦哈拉尔迎娶卡麦拉·考尔：

> 依据习俗，在从正式婚礼回来之后，必须邀请整个克什米尔族人（没有任何外人）参加晚宴。无论主人是否认识被邀请者，无论客人的富贵与贫穷，受过教育与否，以及好与坏，他都应受到邀请。单独的请帖不会发给某个人；客人名单，仅仅包括家长的名字，轮流发给他们各个人，应该被理解为所邀请的是家庭中的每一个成员，包括孩子们。名单用乌尔都语书写，受邀请者必须在自己名字前用阿拉伯字母写上swad.这说明了伊斯兰教对克什米尔社区影响的

范围。其中一位受到邀请的客人是一个众所周知的酒鬼，Bishambar Nath Aga，他的出席有伤大雅，因为他衣衫褴褛，脸常年不洗、胡子蓬乱、邋遢肮脏。他来自一个非常受人尊敬的家族，但已变得如此不可救药地沉溺于酒精，给他钱或任何帮助都无济于事。然而这是一个族群团结的大问题，他从不被排除在家族喜事之外。所不同的是，如同往常，他自己一人坐在桌子最远的一端。

宽敞的豪宅有利于接触和接待上流社会，而招待族人，彰显自己的大度，更能显示自己事业成功带来的满足感。"我不攒钱，钱花完了还能挣回来，攒钱说明你已经失去挣钱的动力和能力。"莫提拉尔是一个标准的能挣会花的成功人士。

尼赫鲁家族的贵族特性

事业成功而带来的自信让莫提拉尔说话直率，曾有一次，贾亚卡尔（M.·R·Jayakar，孟买的律师与立法议员）问他头上戴的帽子为什么向前倾斜，盖住他的前额，为什么显得与众不同。对此，莫提拉尔回答道："你只有生而为克什米尔人才知道，像你这样粗鲁的马拉塔人是难以知晓这样的事的。"

莫提拉尔出现在每一个团体聚会场合，他也是一位完美的主人。他经常在家中举办宴会和派对，结交大量欧洲和印度朋友。他慷慨大方地招待亲朋好友，提供饮料、雪茄以及当地美食。客人们打网球,在宽大的花园里散步,围坐在庭院中央欣赏喷泉,或在房内的游泳池中跳水游戏。广泛的交往大大扩展莫提拉尔的律师业务,大部分的友情延续下来,许多人利用自己的职业、政治资源以及私人关系网为莫提拉尔提供帮助。朋友们喜爱他智慧的谈吐,但也批评他过于世俗化的习气、跋扈的作风、尖酸刻薄的言辞、随心所欲的作风。不少人被他的贵族气派、他的幽默气质以及对乌尔都、波斯诗歌的鉴赏力和他处理事务的圆熟老道所征服。莫提拉尔的排场甚至传到了海外,1905年,莫提拉尔夫妇携女儿访欧,值女儿5岁生日,莫提拉尔特地在德国举办一个茶会,邀请临近学校400名小朋友参加。

日后有许多人将尼赫鲁家族列入贵族,但也有不少人否认尼赫鲁家族的贵族身份,认为莫提拉尔不过是一个暴发户而已。1950年代初,在柏林受过教育的印度社会党领导人洛希亚(Ram Manohar Lohia)曾在印度议会中这样尖刻地批评当时的总理贾瓦哈拉尔·尼赫鲁:"我能证明总理的祖父只不过是莫卧儿王朝中的一名小当差。"贾瓦哈拉尔听后莞尔一笑,回应道:"我十分高兴尊贵的阁下最终承认我这么多年来一直努力告诉他的——我只不过是属于人民的人(民众中的一分子)。"

尽管如此,凡是与尼赫鲁家族有过接触的人,无不对尼赫鲁及其后人独有的气质留下深刻印象,这些气质让人想起旧时代的贵族,同时在许多方面又不同于旧时代的贵族。他们是殖民地时代形成的新贵族,具有与生俱来的一些特性。其中最突出的是贾瓦哈拉尔身上所散发出的傲慢气质。贾瓦哈拉尔的大女儿拉克丝米(Vajaya Lakshmi,在亲友中大家称其为南[Nan])曾问自己的堂兄B.K.

尼赫鲁（印度未来驻美国和英国大使），贾瓦哈拉尔·尼赫鲁是否多少具有傲慢的特性。他同意并说：这是因为我们家族具有太多值得傲慢的东西！

傲慢首先来自他们在传统种姓社会中的地位。这个新贵族阶层保持着同旧传统的血肉联系。家庭传统对他们来说极为重要。因此拉吉夫传记的作者曾谈到拉吉夫出生时，贾瓦哈尔在阿拉哈巴德的中央监狱从送给他的名单中选择Rajiv Ratna作为自己孙子的名字，这样拉吉夫的名字就继承了他母系祖父母的名字。事实是贾瓦拉哈尔非常在意家庭传统的保持和传承，在他给女儿英迪拉（Indira Privadarshini）的信中，他这样说道：

在某种程度上，你不能去掉家庭传统，因为它会追随着你，不管你是否需要它，它会给你在公众中一个位置，尽管你不曾为这个位置做出配得上它的事。不幸的是你必须接受它、适应它。毕竟具有优良的家庭传统不是一件坏事。它有助于我们上进，它提醒我们必须让火炬继续不断地燃烧，我们不能轻慢我们自己或让自己粗俗……。如果你祖父的典范无论如何给了你力量并启示了你，那是你的幸运。如果你对自己父母的感情也帮助了你，也不是件坏事。

什么是尼赫鲁家族的传统，不同的人会有不同的解读。从整部尼赫鲁家族史以及后人的评说中，不难看出尼赫鲁家族成员普遍对各种不同文化持尊重、宽容和吸收的态度。尼赫鲁家族虽是信奉印度教的印度教徒，但更多地具有莫卧儿帝国波斯化精英的传统。尼赫鲁家族一大特点是对穆斯林文化的尊重，这同祖先受莫卧儿皇帝恩宠有关。莫卧儿帝国的崩溃导致印度发生了重大的变化，变革之风横扫城市和乡村。但种姓制度和守教观念仍没有改变，指导人际关系和社区网络的规范也没有变。数世纪累积的文化遗产，继续向下扩散变成人们价值观的一部分。在雅西亚普尔（Yahiyapur），阿拉哈巴德的一个地方，印度教徒崇奉穆斯林圣人的神殿。穆哈然节日（Muharram）是穆斯林的重大宗教节日，这一天穆斯林举行盛大的庆祝游行，人们抬着象征着他们祖先英雄的神轿沿街游行，不仅全城穆斯林参加，就是印度教徒也参与其中，1880年，一个印度教辩护律师在此期间申请当一个抬轿手。甚至在19世纪末之后，印度教徒在市政选举中也常投穆斯林候选人的票，反之亦然。在北方邦的其他大部分地方，印度文化和穆斯林文化也仍是不分你我地和谐共存。

贾瓦拉哈尔谈到他成长的北部印度，"在语言、生活方式和血统等方面混杂着时常被称为穆斯林文化的东西"。所以"我习惯于这种复合型的文化生活"。他的侄儿，纳杨塔拉·沙哈尔（Nayantara Sahgal），总结尼赫鲁家族的喜好：安详宁静和对称的建筑，高贵流派的舞蹈、印地语与乌尔都语诗歌，以及绝妙的烹调。1940年7月，萨普鲁（Sapru）在斯里那加提醒年轻的克什米尔潘迪特说，他们的祖先和印度其他地方的买办们很大地得益于一种混合文化：

谁不知道在北方印度，在任何程度上，是克什米尔的潘迪特自身总结了可以在印度教和穆斯林文化中找到的最好的东西？是他们对波斯语的精通使他们在莫卧儿王朝官廷中获得一个突出的地位。我充满自信地说我们应铭记我们祖先的这些历史,他们受环境所迫不得不从克什米尔迁移,并在今天称为英属印度的地方寻求好运。他们随身带着对知识的喜好、显著的适应感和他们的个性进入一个更广大的和更具竞争性的世界,只要波斯语是德里和勒克瑙官廷里的语言,克什米尔的潘迪特们就会与卡亚斯塔们分享莫卧儿时代某些最高官职。但这不仅仅只是一个官职,克什米尔潘迪特们在拉合尔、德里和勒克瑙扮演重要角色。他作为一个有文化和识字的人的地位是不同的,并受到穆斯林统治者的承认。当波斯语被乌尔都语排除时,克什米尔潘迪特没有花费多少时间就将他们的印记刻在改变了的状况上。

确实,尼赫鲁家族成功之处在于能够高度严格遵守种姓限制的同时,仍能跨越种姓和族群社区的界限去进行跨文化的交流。

当然,尼赫鲁家族崛起的最大动因来自对西方文明的吸收。就如同他们在坚守自己印度教文化的前提下,吸纳伊斯兰教和伊朗文化,到19世纪中叶,随着英国在南亚次大陆统治地位的确立,尼赫鲁家族很快接受西方文明,并享受其带来的好处。首先,尼赫鲁家族成员重视英语教育。虽然不是每一名尼赫鲁家族成员能够获得这种教育,但相当一些得到了,因此拥有了在变动世界中的适应能力。知识就是力量,知识也是权力。拥有本土和西方的知识使他们成为政治精英。

相当一些尼赫鲁家族成员进入了印度文官机构——并通过不停顿的和细致入微的努力,证明他们的勇气和忍耐力。1909年时,在印度1142名文官中只有60人是印度人,而低层级的军队、警察和民政机构中则充斥印度人。这60人中,其中有两个是莫提拉尔的侄子,他们通过考试进入了文官机构。斯里达尔(Shridhar),莫提拉尔长兄的儿子是其中之一。他先后在阿拉哈巴德、剑桥和海德堡受过教育,于1912年进入文官机构,并在联合省(北方邦)拥有几个重要位置。莫提拉尔为自己侄子的成功欣喜不已,宣称他是"尼赫鲁家族运道的建立者",在写于1912年的一封给哥哥的信中,他这样分享侄子们的成功。

斯里达尔的成功最终得到确认。多大的喜悦啊!想想尼赫鲁(S.S.Nehru)博士,阿拉哈巴德的学士、剑桥的双硕士、海德堡的博士等等。我最美好的愿望是,看到尼赫

莫提拉尔(正中就坐者)与尼赫鲁家族中将要去英国留学的子侄们在一起。后排站立者中左边第一个是他的儿子贾瓦哈拉尔。

鲁的名字在印度得到人们普遍的爱戴和尊重,现在这一愿望正逐渐得以实现。印度的哪个家庭能够像尼赫鲁家族这样自豪于产生这么一群知识的群星。……为什么这样说,因为我们应该依靠这些去征服世界,我敢肯定,随着岁月的流逝,我们的子孙后代把继续将新鲜血液注入到家族中。

总之,尼赫鲁家族的傲慢很大程度建基在家族成员事业成功基础上,而导致其事业成功的最重要因素则是对不同文化持一种开放的胸襟,他们不会放弃任何文化资源,同时也不固守于任何单一文化。

莫提拉尔很早就显示其独立的性格。在1899年第一次从欧洲旅行回来后,他没有按照当时的习俗,举行任何的"清污"仪式。在印度高级种姓看来,出国到欧洲旅游或工作学习,必然会违反印度教的种种禁忌,蒙受某种"污染",回来后首先要做的第一件事就是举行"清污"仪式,主要内容是喝下一罐牛粪水。不这么做要被开除出种姓,当时有不少人不得不举行这种仪式。莫提拉尔不迁就这种愚蠢的仪式。"不,即使去死我也不愿行此仪式"。他不愿这样做。并以轻蔑的态度对待自己被开除出自己的种姓的消息。毕竟,他是莫提拉尔,第一位将"尼赫鲁"作为自己姓氏的人。幸运的是,莫提拉尔并不孤单。在一个赞同宗教正统的城市,种姓禁忌同样不存在于其兄长南达拉尔的家中。南达拉尔的儿子——比珠·尼赫鲁(Bijju Nehru)以及基深拉尔·尼赫鲁(Kishenlal Nehru),先后被派往大不列颠;前者先是在剑桥学习,后进入财政部;后者从爱丁堡大学获得医学学位。他们都同样地拒绝这种"清污"仪式。

高级种姓家庭往往遵循食物禁忌，他们是素食主义者，但莫提拉尔在饮食上则是全盘西化。曾有一次一位正统的印度教徒访问者看到他的男管家为他准备的用鸡蛋做的菜后，恐惧地叫道："潘迪特先生，你不会将这些鸡蛋都吃了吧！""我很可能会，再过一阵子我还将它们的妈妈吃了呢。"还有一次，他告诉他的叔叔："你们可能为了不污渎自己而不与我共进晚餐，但我想我们至少可以分享威士忌和苏打水吧？"

因此，可以说，莫提拉尔及其后人们的生活方式中没有多少传统的东西，而这些传统在印度社会上层是被肯定的。在外人看来，他们过的似乎是一种颇为矛盾的生活，他们既为自己的婆罗门高贵种姓而自豪，又充分享受英国人带给他们的新的生活方式。

这种双重价值观自然招来不少正统印度教徒的批评，但莫提拉尔对这些批评不屑一顾。他认为一个人应该与时俱进，他一心想成为"英国式的绅士"。英国人也是这样期待的。当年马考莱就直言不讳地说明，在印度推行英语教育的目的在于，"在我们与印度人之间培养起这样的一个中间阶层，他们通晓双方的语言，他们的皮肤与眼睛是印度的，但知识、道德观、生活方式是英国的"。莫提拉尔像当时许许多多印度知识精英一样，真诚地接受西方文化与价值观，与英国人合作，实现了他们这一目标。

应该说，英国人给予莫提拉尔一家的待遇可谓不薄。1911年，莫提拉尔被邀请到德里参加由乔治五世举办的招待会。事前，他的儿子为此特地在伦敦为他订做全套宫廷服装，他带着妻子和两个女儿在北方邦的副督陪同下参加了招待会。此事让他深感荣耀。

但这只是事物的一方面，尽管印度的英国官员似乎欢迎出身高

莫提拉尔受邀参加英王乔治五世1911年在德里举行的招待会。

贵或绅士型的印度人进入他们的统治结构并发挥一定的功能,对那些他们归类为"尚武的族群"持有高度的尊敬,但在大部分印度人眼中,英国统治者毫不隐晦地,甚至是以粗鲁的方式展示其种族优越性。

尽管尼赫鲁一家已经富裕,并住在"文明区"里,与英国人为邻,一心想成为英国绅士,但在英国人眼中,他仍然是二等公民,与其他印度人没有根本的区别。

就在阿拉哈巴德,有一个以库思如(Khusru)王子的名字命名的花园,以及一个沿用东印度公司名字的广场,每个星期六军乐队在这里演奏西方音乐,人们乘着高雅精致的马车到这里呼吸新鲜空气和听音乐。花园的凳子上公然写着"欧洲人专用"字样。实际上,由于此原因没人去坐，欧洲人，或者说英国官员们的妻子们，宁可坐在她们的车厢里，进入公园的印度人不敢冒受侮辱的危险，宁可绕着凳子走，或者坐在草地上。英国人的种族优越感和种族歧视在19世纪变得日益严峻，尤其在1857年"士兵起义"之后。它们虽然没有成文的法律加以固化，但英国人的行为举止社会习惯使得它们表现得十分鲜明，这些深深地冒犯了尤其是受过西化教育的印度人。贾瓦哈拉尔在《自传》中就这样谈到自己的感受：

> 当时统治者和被统治者间常常发生冲突。每次英国人因杀了印度人而受审讯时，总由英国法官宣布无罪释放。火车上总有几个车厢保留给欧洲人，无论车上怎样拥挤，这些保留的车厢即使空着也不让印度人去坐。火车上不是预先订座的车厢也往往被英国人独占，不准印度人进去。公园中及其他公共场所的长凳和椅子是保留给欧洲人坐的。我痛恨印度境内外国统治者这种无理的举动。因此，每次看见印度人反抗这种举动时便很高兴。我的堂兄弟或他们的朋友往往有人参加这种反抗行动，那时候我们当然很激动。有一个堂兄弟是我们这一家的好汉，他专门找机会跟英国人吵架，尤其是跟欧亚混血种人吵架；这些混血种人大概为了表示他们和统治者是一类人吧，往往比英国官员和商人还要盛气凌人些。我虽然痛恨在印度的外国统治者和他们的举动，但是我对个别的英国人并没有恶感。我家中曾请过英国女教师，我有时也见到我父亲的英国朋友。在我的心里还是羡慕英国人的。

一方面崇拜羡慕英国人,另一方面又对普遍存在的赤裸裸的种族歧视心怀怨恨,这是当时印度新贵族的矛盾心理。随着时间的推移,这种怨恨情绪在合适的时间与条件下会像火山一样爆发。印度的精英们是不会长期忍受这种不公和歧视的,他们要为自己的命运抗争,他们的抗争由此揭开20世纪印度历史新的一页。

"你的前面有一个伟大的事业"

第二章

真正让尼赫鲁家族成为印度第一家族并闻名于世界的是贾瓦哈拉尔·尼赫鲁。是他的家庭传统、他的父亲、他青少年时期所受的教育造就了这位后来的尼赫鲁总理;尤其是英国求学经历,既培养了他的世界眼光,更培养起了对政治的浓厚兴趣和民主、自由的政治理想。

尼赫鲁家族的奠基者是莫提拉尔·尼赫鲁，但让尼赫鲁家族成为印度第一家族并闻名于世界的是他的儿子独立后的印度第一位总理贾瓦哈拉尔·尼赫鲁。英国有句民谚："孩子是男人的父亲"，意思是男人是他孩提时观念、印象和行动的产物。这句话对贾瓦哈拉尔来说非常贴切。他的家庭传统、他的父亲、他青少年时期所受的教育使他成为后来的样子。

金色的童年

贾瓦哈拉尔出生于1889年11月14日。

他后来有两个妹妹。一个出生在1900年，一个出生在1907年。贾瓦哈拉尔的大妹妹出生时，他已经12岁。小妹妹出生时他已在英国留学。作为家中的独子，唯一的男孩，他寄托着莫提拉尔及全家人的希望，受到父母的溺爱和纵容。贾瓦哈拉尔自己说："富裕家庭的独子往往会被惯坏了，尤其在印度。"由于是家中唯一的男孩，与两个妹妹的年龄差距太大，而他的堂兄们年龄又比他大许多，贾瓦哈拉尔孩童时期缺乏伙伴，自然地没能培育起与他人温和相处的习惯，因而成为一个以自我为中心的人。

作为英国文化的狂热仰慕者，莫提拉尔决心以西方教育方式培养自己的儿子。他没让贾瓦哈拉尔上印度学校，这样可以不受印度生活方式的影响。他在家受教育，先是由英国保姆照顾，后又由英国女教师教育。直到15岁，家就是他的整个世界。幼年的贾瓦拉哈尔大部分时间是同自己的家庭教师和母亲在一起，在此意义上，他实际上从小在女性圈中长大。

有时他会在幕后偷听父亲与朋友们高谈阔论,父亲发现后就把他叫出来,让他坐在自己的膝盖上。父亲外出旅游也时常带着他。

父亲留给童年时期的贾瓦哈拉尔的印象不总是慈爱的。莫提拉尔性格暴躁,时常会对人发脾气,对儿子也不例外。贾瓦哈拉尔五六岁时,有一天看见父亲的办公桌上放着两支

莫提拉尔一家。

自来水笔,眼红了,心想父亲不会同时使用两支笔,因此就拿走了一支。后来他看见父亲到处找那支笔,才想起自己所干的事,不由得害怕起来,可是他没有招认。最后还是被发现了,父亲大发雷霆,把他痛打一顿。他感到深深的痛苦和惭愧,跑到母亲那儿去,母亲用各种油膏接连在他身上搽了好几天。贾瓦哈拉尔性格中有软弱的一面,在很大程度上是由于从小受父亲管教造成的,专制的父亲往往造就软弱的儿子。

少年时代,贾瓦哈拉尔有过一件勇敢的行为,在其脑中留下深刻的印象。每天他都要骑矮种马外出。一天那匹矮种马不高兴了,将贾瓦哈拉尔摔到地上,自己回家了。他的父亲及朋友看见马回来了,而骑手却不见了,十分不安,四处去寻找。他的父亲走在一大堆人

的前面，半路上看到了他，把他当做是做出了某种难得的英雄行为的人来对待。

在贾瓦哈拉尔眼中，生活在同一个屋檐下的父亲与母亲却像生活在两个世界中。父亲喝红酒、吃西餐，母亲则是个素食主义者成天膜拜印度教的神祇。父亲热衷谈论英国文学，对妻子的宗教热情持一种冷嘲热讽的态度。尽管成年后的贾瓦哈拉尔在生活方式和宗教态度方面基本接受父亲的观点，但童年时代显然是站在母亲一边的。一次他看见父亲喝红酒，赶忙跑去告诉母亲，"父亲正在喝血"。家中的妇女不时举行各种宗教仪式，他对这些事情虽然也学家中成年男子摆出一副不在乎的态度，可是心里倒也喜欢。有时他陪母亲或姨母到恒河沐浴，有时与她们一道参拜阿拉哈巴德、贝那勒斯或其他地方的寺庙，或去看一个据说很有道行的印度教苦行者，但这一切并没有影响他对印度教的态度。

莫提拉尔的朋友和访客中大部分是穆斯林和英国人，其中有穆斯林妇女。对莫提拉尔说来，宗教意味着博爱精神，不应有教派和种族的隔阂；因此，基督徒和穆斯林是家中的常客；他喜爱和尊敬英国的语言、态度和生活方式，贾瓦哈拉尔深深地受其影响。

英国求学

1905年，贾瓦哈拉尔16岁时，按照父亲的意愿，远赴英国留学。贾瓦哈拉尔最初就读哈罗公学，该学校离伦敦十英里的距离，这是一所英国著名的公立学校，只有英国的富家或贵族子弟才能上得起。当时印度一些王公贵族和富家子弟也在该学校上学。

就像天下所有的父母一样，莫提拉尔对培养自己的儿子倾注了所有的心血，希望儿子能够学有所成，尽管留学英国的费用对任何印度家庭说来都是一笔不小的开支。当莫提拉尔将贾瓦哈拉尔放在哈罗后，他写道：

> 你必须记住，我们已经将我们在此世界上，可能也是在另一个世界上，最宝贵的财富留给了你……这不是为你提供的学费可能是我们一年收入的问题。它是一个让你应该成为一个真正的人的问题。这可能是极端自私——我应该说罪恶的——让你紧随我们身边，给你留下金钱财富，而不给你受最好的教育。我想我可以毫无虚荣心地说我是尼赫鲁家族财富的建立者。我十分看重你，我亲爱的孩子，你将作为我已经奠定了的基础上的建设者，我十分满意地看到一个高尚的框架轮廓正变得明晰起来。

莫提拉尔为自己的儿子制订了清楚的计划：先完成中学教育，然后进入剑桥，以第一的成绩获得学位，然后通过印度文官考试，当一名文官。对印度中产阶级说来，当文官的重要性是不证自明的。它反映出当时印度民族主义者的目标局限性：尽可能地在政府谋得一官半职。当时的印度精英阶层对英国人建立的文官制度怀有一种矛盾的心情：他们批评英国政府实际垄断了高级文官的职位，但不反对文官制度本身，只是希望自己能有更多的机会加入文官队伍。对于20世纪初的印度人来说，进入文官队伍本身就意味着事业的成功，也是对印度人能力不低于英国人的一种证明。因此，20世纪初印度的民族主义主要体现为理性化的经济民族主义和对政府工作进一步参与上。

贾瓦哈拉尔在哈罗待了两年。他已经适应了哈罗的氛围，他本想再多待一年，但没能如愿，带着遗憾离开。在剑桥三一学院，他找到动力，那里经常举办各种讲座和辩论，这些讲座和辩论有助于他开始独立地思考问题。但他承认他的知识是肤浅的，并且偏重于书本的，他喜欢与人谈论有关性的话题。然而，他在该学校的学业并不突出。

在英国留学的生活是安逸的，无论从知识上，还是物质上——他的父亲给他一年400英镑的生活费，对一个大学生来说，这是一笔王子的花销，几乎相当于当年一位英国教授一半的收入。当年恩格斯接济生活在伦敦、处于贫困中的马克思一家时，时常每次也只是寄5英镑。后来他承认在剑桥他是不懂事和与世隔绝的。更严重的是，莫提拉尔很清楚自己的儿子不想获得学问上的成功，这使得父亲终结了让儿子从事文官事业的野心，因为只有优秀的剑桥和牛津的毕业生才有可能通过严格的文官考试。并非贾瓦哈拉尔对当文官失去兴趣，日后他自己承认，"十分奇怪的是，尽管在政治上我日益变得极端，我对加入文官集团的想法并不抱任何的反感，愿意成为英国统治印度的行政机器的齿轮"。如果有机会的话，他必定十分高兴加入文官队伍。遗憾的是，一个三流的大学毕业生是难以得到此机会的。在学业下滑之后，贾瓦哈拉尔获得一个第二等的荣誉学位。但是尽管这样也使他理解了科学在现代世界中的重要地位，那个时代的印度人，通常倾向学习人文学科和法律。莫提拉尔只能退而求其次，让儿子改学法律，贾瓦哈拉尔接着到伦敦，注册入内殿法学协会（Inner Temple），学了两年的法律。学法律当律师是仅次于文官的选择。他在伦敦的日子，与比他早些年前在英国的求学的甘地的经历形成强烈的对比，甘地留学的经历颇为痛苦：充满了羞怯、贫困和文化的迷惘。

英国留学期间，贾瓦哈拉尔的社会交往圈子很小。贾瓦哈拉尔的传记作者这样描述他在大学的状况：他的羞怯和敏感让他显得傲慢。他的直截了当、时常粗暴的言谈，缺乏思量，无法使他赢得朋友和影响人们。他没有给当时在该大学学习的一百多位印度学生留下印象。他们中很少人后来会想起来曾在大学里见过他。

贾瓦哈拉尔是一个时尚的城市人，喜爱在英伦三岛和欧陆旅游，花钱如流水，不断地向莫提拉尔要钱，甚至连莫提拉尔也开始感觉不安。仅1911年贾瓦哈拉尔就花了家里800英镑，对其奢侈的作风莫提拉尔开始抱怨。1912年年中父子俩产生严重的不和，儿子又要钱，承认对其债务不知所措。

印度人在英国受教育对受教育者本人以及对印度究竟是福还是祸，英国教育是否适合于印度的实际，这是个有争议的话题。日后对贾瓦哈拉尔持批评态度的人认为，他作为一个政治家是太温和、正派了：他是一个绅士，而且，更糟糕的，一个英国绅士。他在英国经历的是那种一战前爱德华年代的有保证的安逸和富裕。英国绅士的性格处理不了印度复杂的事务。但如果承认尼赫鲁在印度历史上所具有的地位与作用，就不能不看到英国求学经历对他产生的积极重大的影响。

尽管贾瓦哈拉尔没有实现父亲的愿望，但在英国受的教育让他很好地掌握了英语，这一点体现在他的书信、演讲以及后来的著作中，也使他获得了比在阿拉哈巴德更广阔的世界眼光。这些都有助于他日后在国大党政治中崭露头角，与英国人谈判，以及充当印度领导人的角色。

在英国学习期间，他培养起了对政治的浓厚兴趣。刚到英国时，贾瓦哈拉尔无论是对印度的历史，还是对当时的国际政治，基本处于无知的状态。这一时段他没有太多地思考社会和经济问题或者说政府的角色。也没显示从事政治职业的迹象。但他所居住的英国是认真讨论政治与社会问题的环境，至少在政治和学术圈子中。当时维伯夫妇(The Webbs)、托尼(Richard Tawney)、萧伯纳(George Bernard Shaw)在英国思想界和文化界十分活跃；自由党政府正在强化其提供社会福利的政府角色。但当贾瓦哈拉尔急着在剑桥听萧伯纳的演讲时，他更关心的是亲眼见见萧伯纳本人，而不是演讲的社会主义主题。

20世纪初世界发生的变化无疑促使贾瓦哈拉尔对英国人的态度发生变化，不仅民族主义的思想意识在增长，而且赞成通过更加积极主动的办法来争取印度人的权益。所以，在英国留学期间，贾瓦哈拉尔对爱尔兰人的斗争极为关注，在印度温和派与极端派的争论中，他明显地倾向于后者，他曾坦白地说："几乎毫无例外的，我们都成了提拉克分子或极端派。"

回国与婚姻

1912年秋天,在英国度过七个多年头后,贾瓦哈拉尔回到印度。

同年,贾瓦哈拉尔到阿拉哈巴德法院当实习律师。由于有老父亲的提携与帮助,尽管贾瓦哈拉尔没有显示出多少律师方面的才华与潜质,事业的道路仍顺利地在前面展开。

"当我在孟买上岸时,我多少是个令人生厌的没有什么地方值得夸耀的人。"尽管在英国受到费边社会主义的影响,他承认他在政治上是中产阶级的、资产阶级的。与剑桥丰富多彩、思想活跃的生活相比,印度的生活显得"极端枯燥无味",但他很快从自己身边找到乐趣和兴奋。在贾瓦哈拉尔的身边逐渐积聚起一批朋友,与朋友的交往如同新鲜的空气从开着的窗户吹进来,阿南德宫逐渐"活"了起来。

这时的尼赫鲁一家其乐融融。12岁的大妹妹拉克西米能同哥哥一道骑马,或者一道读萧伯纳的著作。年轻时养成的读书习惯即使在后来繁忙的政治生涯中也未曾改变。他这样描述他对书本的喜好:"它们站立在那里,一排挨着一排,世代的智慧锁在里面,使我在一个不断变动的世界中获得宁静从容、与世无争,沉默地鄙视凡夫俗子们来来往往。"小妹妹克里希娜才5岁,是个人见人爱的小姑娘,贾瓦拉哈尔作为大哥呵护着小妹,也从小妹天真可爱的笑脸和笑声中得到极大的快乐。贾瓦哈拉尔与两个妹妹的真挚感情伴随其一生,他在自己的书中写道:"在一个人生命过程中需要人分享考验与困难,我的两个妹妹对我的爱和关心,对我来说是最大的安慰"。

莫提拉尔满怀喜悦地看到他的儿子带着新的气息回到家庭中，在某些方面，它是一种对待生活的新的态度。曾有一次，从欧洲长途旅行回来后，他这样表达对儿子的坚定的信念："我已经为你播下未来伟大的种子，我没有一丝怀疑，你的前面有一个伟大的事业。"同样地，他也为拉克西米自豪，称她为"一个勇敢的小天使"。

贾瓦哈拉尔回国时23岁，已经到了谈婚论嫁的年龄。实际上，当贾瓦哈拉尔还在哈罗学校时，父亲已经开始四处为其物色合适的妻子。莫提拉尔虽然生活方式上已经十分英国化，但在婚姻问题却是严守传统，自己十几岁就结婚，与一个来自拉合尔的同是克什米尔婆罗门家庭的姑娘结婚，他认为儿子也应该像他一样由长辈安排从合适的人家中选择新娘。在印度，婚姻不仅是当事人自己的事，它关乎整个家庭的社会地位与声望，同种姓族群有关，尽管莫提拉尔自己对种姓规矩也不是完全遵守。

可是，对贾瓦哈拉尔说来，毕竟受过西方教育并在英国生活过，他认为婚姻应该建立在爱情的基础上，首先是当事人双方的事，家庭不应剥夺他选择的权利，他十分反感"那种令人不愉快的婚姻"。他试图说服父亲给予他自己选择的权力，在得知这种请求无效后，他试图开辟第二条战线。1909年他写信给母亲："我认为，我是否应该娶一个克什米尔姑娘不是本质的……在我看来，印度的每一个人应该在他或她自己社群之外寻找配偶。那么为什么我不应该按我的信条这样做呢？"尽管一肚子委屈，贾瓦哈拉尔最后还是不得不让步，1910年贾瓦拉哈尔给父亲的信中谈到他的婚姻问题："就如同我知道自己一样，你也知道我喜欢什么，不喜欢什么，并对新娘有比我更好得多的评判……我不认为每个男人存在的目的和目标是婚姻。"最后,他勉强相中了家里安排见面的一个"德里女孩",一个"典型的来自喀什米尔的皮肤完美的婆罗门姑娘"——卡麦拉。

卡麦拉是德里一个商人的女儿。她拥有惊人的美貌:白皙的皮肤,大大的眼睛,苗条的身材,用贾瓦哈拉尔妹妹的话说,"漂亮得令人眼花缭乱"。不像尼赫鲁家的女孩从小受西方教育,卡麦拉只会说乌尔都语与印地语。为了让她平稳过渡,适应尼赫鲁家族的生活,并让她能与高度西化的儿子共处,莫提拉尔在他们结婚前花钱让英国家庭女教师对卡麦拉进行语言与礼节的强化训练。

贾瓦哈拉尔与卡麦拉于1916年2月8日在德里举办隆重婚礼,这是春天开始的日子。结婚时,尼赫鲁27岁,卡麦拉17岁。

莫提拉尔为贾瓦哈拉尔在德里举办的婚礼极尽豪华铺张。他雇佣了一组火车专列将整个尼赫鲁家族的人以及朋友从阿拉哈巴德拉到德里。婚礼延续了一个星期,搭了一个特别的婚礼大营。现在保存下来的一张照片上有一二百人在大棚前合影留念。德里婚礼结束后,在阿拉哈巴德继续举办庆祝活动,结婚的盛典持续半个月。

贾瓦哈拉尔与卡麦拉的结婚合影。

当独子家庭的媳妇是很艰难的一件事。尽管卡麦拉同样出自克什米尔潘迪特家庭,可谓门当户对,但仍然不能令婆婆和小姑子满意。婆婆认为她配不上自己的儿子,小姑子也时常奚落和嘲笑他。婆媳之间、姑嫂之间始终没能融洽相处,这为夹在中间的贾瓦哈拉尔带来不少烦恼。当然,这中间,尼赫鲁负有相当大的责任。因为尼赫鲁是承父命结的婚,婚前与卡麦拉彼此缺乏了解,他们所受的教育差距也比较大。婚后不久,他们全家到克什米尔去避暑。尼赫鲁把新娘留在了克什米尔首府斯里那加同家人在一起,而自己却同一个堂兄跑到山里玩了几个星期。丈夫的冷落,无疑使卡麦拉在这个大家族里处于更加孤立无援的境地。

婚后21个月,1917年11月19日,贾瓦哈拉尔与卡麦拉的第一个孩子英迪拉出世。后来,英迪拉写道:虽然我的家庭不是那么正统,认为生女孩运气不好,但它也认为生男孩是一种特别的荣耀。实际上,几年后,1924年12月,卡麦拉曾为尼赫鲁家族生下一个儿子,不幸一周后即夭折了,圣雄甘地还特为此给尼赫鲁发了哀悼电报。后来,卡麦拉没再生育,英迪拉成了他们唯一的孩子。

父子之间

莫提拉尔与贾瓦哈拉尔之间既是父子,同时又是导师与学生的关系。贾瓦哈拉尔是由父亲引上政治道路的,而父亲后来的政治态度又受到儿子极大的影响。

早年,莫提拉尔更多的是民族主义运动的旁观者,而不是积极的参与者。当1885年12月圣诞节那一周国大党成立时，莫提拉尔是坎普尔的一名年轻律师。1888年他第一次参加了阿拉哈巴德国大党年会。这是一次五味杂陈但又是奇妙的经历。很快，他与班纳吉、郭克雷、马拉维亚等人一道在提案委员会中找到了位置。1892年，他在阿拉哈巴德作为主人负责国大党大会接待工作。在1892年后的十年里，他是相当边缘的一个人，1892年国大党在阿拉哈巴德开会，他被排除在决策层之外，与领导层保持一定的距离。没有什么迹象表明有什么人吸引和说服他更紧密地参与政治，或者是他自己决定这样做。他自己的律师业务使他不得空闲，同时地没有强大的动力让他卷入到当时更伟大的政治运动中。

到1890年，国大党已经比以往获得了更多的支持，许多有影响的人更加靠拢它。作为民族主义活动的重地，阿拉哈巴德展现在印度的政治地图上。民族主义的领导人纷纷在阿拉哈巴德登台亮相：提拉克，由于其反对英国人而享誉全国，1907年在阿拉哈巴德发表激烈的演说；郭克雷，来自普纳的婆罗门，提拉克的政治对手，在同年2月的第一周在阿拉哈巴德演讲。由于他的访问在阿拉哈巴德民众中产生出极大的反响，在震耳欲聋的"向祖国致敬"的喊声中学生们推着他的马车一路前行。1905年日本战胜俄国刺激了印度年轻人。对贾瓦哈拉尔说来，他佩服日本人敢于冒犯欧洲人，并以极其喜悦的心情看到日本战胜了一个西方国家。他写下了"个人以及民族的荣誉都要求对外国统治者有更冒犯和战斗的态度"这样一句话。

莫提拉尔并不是一个煽风点火的鼓动者。此外，他憎恶在反对分割孟加拉的斯瓦德希运动中出现的那种狂乱和言辞。他既不赞同穿戴传统服饰具有伟大意义的观点，也不愿看到极端主义分子的崛起，认为他们是国大党内绝望和夸夸其谈的群体，想依靠爆炸和子弹推翻英国人的统治，他不支持他们的风格和手段。1906年12月27日，他清楚地表明他的省份将投票反对极端分子的决定。

对于英国人的统治，在1907年3月27日阿拉哈巴德举行的北方邦国大党大会上，他清楚地表明："约翰牛意味着好——从其本质上并不具有多大的毛病"，虽然他尚未走到将英国人的统治视为神圣天命的赐福那一步——这种观点为早期民族主义者像瑙罗吉、郭克雷、梅赫塔等人鼓吹——但他也不能赞同提拉克、拉杰帕特·赖易、P.C.帕尔、奥罗宾多·高士等人选择极端主义道路去获得自由。

莫提拉尔认为老百姓的轻信和非理性是对文明的最大威胁，而这只有通过鼓励人们质疑政治家和传教士的话才能克服。不像他的儿子，儿子相信资本主义忽视公正、自由和民主，他则宣称由布尔什维克观念引发的阶级斗争将会毁灭印度的进步。他不是唯一鼓吹这种看法的人。当时印度国内知识界关于1917年俄国革命的影响和20年代马克思主义观念的重要性发生了激烈的争论。信奉马克思和列宁学说的人主张反对私有财产，反对宗教信仰，并鼓吹阶级斗争。莫提拉尔则坚持认为，人民大众需要的是面包，没有经过时间的检验，从外部输入的理论和教条是没有用处的。在1919年12月阿姆利则国大党年会上他这样表达了自己的观点：

> 我们必须努力让印度实现此一目标，那时所有都是自由的，具有最充分的发展机会；那时妇女不再受束缚，不再有严厉的种姓制度；那时不再有特权阶级和社团，教育

免费并向所有人开放,资本家和地主不再压迫劳动者,劳动者受到尊重和得到良好的报酬,贫穷——当代人的梦魇将成为过去。

莫提拉尔同情推进本地制造和教育制度运动,但无法接受抵制政治和教育制度。他认为,印度人仍然有很多地方要向英国人的做法与制度学习。此外,他不信奉违法形式的鼓动。莫提拉尔相信英国政府的最终善意,信奉其自由原则。

然而,他的儿子却不太认同他的政治态度。按照贾瓦哈拉尔对这些事件的解读,他同情极端派;他父亲温和派的观点开始让他生厌。早在英国留学期间,贾瓦哈拉尔对极端派抱有更多的同情。1905年2—3月,当日军在中国东北重创俄军时,并于1905年5月27日在对马Tsushima海战中消灭俄国的波罗的海舰队,贾瓦哈拉尔在寄给堂兄的一张明信片上毫不掩饰地写上:"为东京三呼"。青年贾瓦哈拉尔逐渐被爱尔兰和印度的民族主义运动所唤醒。通过了解英国媒体对事件进展的观点关注,贾瓦哈拉尔不再能维持对英国人善意的幻想。他努力与父亲辩论并试图教育父亲。他向父亲报告说英国的晚报将印度人描绘为"无脊椎动物(没骨气)",说印度人在几十亿年前的地质学年代里没进化成有自治的能力。1907年夏天考上大学之前他与堂兄在都柏林旅行,以某种兴趣追随那里的爱尔兰民族主义者。从剑桥他给父亲写信提到新芬党的斗争模式——"依靠我们自己":"你听说过爱尔兰的新芬党吗?它是最有趣的运动,非常像印度所谓的极端主义运动。他们的政策不是乞求好处,而是要努力去争取。"贾瓦哈拉尔相信温和派正变得不合时宜,很快就不再存在。莫提拉尔不相信儿子说的;除了政治原因之外,他也不愿意为了司瓦德希的观念而牺牲自己的生活方式——1907年,在运动的高潮之时,他为自己买了一辆小汽车。司瓦德希报纸很快为他贴上"外国人"的标签;莫提拉尔非常生气,认为毫无道理:"难道你们要我等到印度能够制造汽车时才能开车吗?"他这样在信中告诉儿子。贾瓦拉哈尔则需要"一点刺激",特别在发现温和派不过是在报纸上发表一些低语后。他父亲"非温和的温和"语调使得贾瓦哈拉尔十分不舒服。1908年6月30日,他给父亲写信:"政府一定对你的态度十分高兴。我想,如果你将英国人对你的称呼"Rai Bahadurship",或者与之类似的东西看做是一种侮辱性的给予,是否会使你比现在更少点温和"。在英国人统治下,英国人为了笼络一些印度精英,区别性给予一些印度人以"Roy Maharajan"、"Rai Bahaduiship"诸如此类的称呼,在很长一段时间里,这些称呼使得一些印度人获得某种优越感。然而随着民族主义的兴起,觉醒的印度人开始认识到这些称呼实质上是一种侮辱。这一打击很到位,这些信件透露出贾瓦哈拉尔在经过对历史与政治更广泛的考察后已经选择了自己的立场。儿子尖锐的批评令父亲心烦,他严峻地告诉儿子:"你对我及我的观点的知晓应使你足以理解我为什么不能赞同你所表达的意见。"莫提拉尔感到很受伤,非常生气,不愿再理睬儿子,经妻子从中干预调和,父子之间通信才重新恢复。

贾瓦哈拉尔从英国留学回国后,对温和派的政治态度的不满与日俱增。国大党是稳健派的集团,每年开会一次,通过一些不痛不痒的决议,很少有人注意。这种不满演变为父子之间一次激烈的争吵。一天,尼赫鲁父子与几个客人一道进餐,莫提拉尔即兴朗诵了两行波斯诗,随后问他儿子是否领会诗句中相当奥妙的涵义。贾瓦哈拉尔当时正与父亲在印度应该争取自治领还是完全独立问题上发生意见分歧,心里有情绪,存心避而不答,试图以别的话题岔开。然而父亲坚持要儿子回答,同时嘲笑他不懂优美的波斯诗。父亲政治上的顽固保守加上当着客人面对自己的嘲笑,使得贾瓦哈拉尔一时忘掉往日对父亲的迁就和尊重,随口说自己尽管不太懂波斯诗,但至少懂得独立与自治领地位之间的区别。潜台词是父亲您连这一点都不懂。莫提拉尔没想到儿子竟敢当着客人的面这样顶撞他。盛怒之下,他推翻了餐桌,瓷器和银餐具撒了一地。

争吵归争吵,父子毕竟是父子。"望子成龙"是天下所有做父亲的通性,莫提拉尔尤其如此。他先是希望儿子成为文官,后又期待他继承自己的事业,成为一位名利双收的名律师,现在他不得不思考儿子的"伟大事业"究竟是什么的大问题。贾瓦哈拉尔第一次在印度政治舞台上出头露面是1916年6月20日为抗议新闻法在阿拉哈巴德发表演讲。年轻的贾瓦哈拉尔对听众说:我们一直从事的是懦夫和鸦片吸食者的政治,时间已经够久的了,现在已经到了我们应该像有生命力的男人和女人那样行动的时候,他们将祖国的荣誉和利益放在最高位置,每一个 Tom、Dick、Harry 应将自己的愁苦与微笑应让位与它。Tom、Dick、Harry 一般是在英印政府里担任一官半职的印度人的英文名字。贾瓦哈拉尔实际上在号召精英印度人包括文官投身到为祖国荣誉与利益的斗争中去。

这次演讲似乎让莫提拉尔看到儿子的"伟大事业"。这件事对莫提拉尔的政治态度发生微妙的影响。他似乎看到风向已经变化了,如同在其他事情上,莫提拉尔的本能是建立在这么一种自信上,即

莫提拉尔与贾瓦哈拉尔父子情深。

像他这样的贵族家庭从事世上所有的事都是可能的,他已经为自己儿子管理这个世界发挥作用尽了力,现在应该继续努力。但是,慢慢地,加速的政治运动将莫提拉尔自己更密切地带到公共生活中,他越来越认识到,为了儿子的未来,自己不能只做一名名律师,而应作为一名国大党活动家。一旦开始,他即将其网络扩得更大了。学生们追随着他的领导。逐渐地他喜欢上他们,数小时与他们交谈。正为自己事业奋斗的年轻律师和新闻记者都推崇他为可信赖的导师。他将他们争取到自己一边,他愿将自己的知识和经历与年轻人分享。

尽管父子之间在许多方面存在分歧,但在一些基本问题上的立场还是一致的。贾瓦哈拉尔虽不是一个自治主义者,但至少他不是一位极端主义者,无论在观点上还是在行动上。他总是与革命者的意见相左。终其一生,他一直反对S·C·博斯(Subhash Chandra Bose)以及其他一些人。另一方面,他则崇拜萨普鲁(Sapru)博士,琴塔马尼(Chintamani)和郭克雷(Gokhale)他在《自传》中以极为尊敬的笔调这样谈到郭克雷:

1912年圣诞节期间,我当代表,出席班克波尔大会。这次会议可以说是一个懂英语的上层阶级的会议。多数人穿晨礼服和烫得笔挺的裤子。实际上这次会议是一个社交性的集会,没有一点儿政治的紧张空气。新从南非回来的郭克雷出席了这次会议,在会上是一个引人注目的人物。他不苟言笑,办事认真,似乎是会场上把政治和公共事务看得认真、想得周密的有数的人物之一。他给我很深刻的印象。

此外,在反对将政治宗教化方面父子是一致的。莫提拉尔曾在1910年反对在国大党年会上唱依据吠陀经典编写的歌曲,认为不应当着非印度教徒的面唱这样的歌——显然印度教的经典也是这样说的,而贾瓦哈拉尔在一生的政治活动中不懈地反对各种宗教蒙昧主义。

对莫提拉尔政治态度转变以及父子之间政治分歧弥合起了推动作用的还有另一件事。1917年6月,英印政府逮捕了自治运动领导人安妮·白桑特,由此在印度政坛上掀起风暴,尼赫鲁父子卷入政治鼓动的旋风中。印度人的不满情绪已经以一种新的形式在安妮·白桑特夫人发起的"地方自治"运动中表现出来。白桑特夫人是一个定居印度的爱尔兰血统的英国人,多年在印度组织神智学会活动。一战前,她发起组织了印度自治联盟,当时她年已70。尼赫鲁一家同白桑特夫人具有密切的联系。贾瓦哈拉尔13岁时就参加神智学会的活动,莫提拉尔则是自治联盟的重要成员。1917年英国当局将白桑特夫人逮捕入狱,这件事震动了整个印度,激怒了尼赫鲁一家人。

在民众的压力下，英国当局不久释放了白桑特夫人。出狱后，她受到阿拉哈巴德全城人民的热烈欢迎。到处扎了彩牌楼，点缀着花环和旗帜。一群年轻人让白桑特夫人坐在大车上，不用马拉，而是由他们推拉着车子穿过大街小巷，拉到欢喜宫。街两旁欣喜若狂的人群则向她纷纷抛洒玫瑰花瓣。这些场面十分清楚地说明了当时印度的人心所向，人们爱戴她、热情拥护她的主张，英国统治者则感到"印度的动乱，就像海水侵袭时冲毁海岸线的浪潮一样"。

但是，不久，随着英国政府宣布在印度发展"自治机构"后，印度政治温度开始下降。阿拉哈巴德的政治又恢复到一潭死水的状态；尼赫鲁父子重回家庭和职业的老一套中。但这只是暂时的低潮，已经深深卷入印度政治生活的尼赫鲁父子不能再置身印度民族主义运动之外了，很快，另一重大事件的发生彻底改变了阿南德宫平静的生活，这就是1919年发生的阿姆利则事件。

争取独立的日子里 第三章

曾有人这样总结说：一些人天生而为领导者；一些人通过自己的后天努力而为领导者；还有一些人的领导权是别人赋予的。也许，通过分析贾瓦哈拉尔的人生历程，我们可以说他之所以掌握领导权，以上三个方面原因都有。

人生关键一步的失误可能毁了人的一生，但一个人的成功却是多种因素综合作用的结果。前面谈到贾瓦哈拉尔生长在一个富裕的、重要的政治家族，在新崛起的印度中产阶级中占据很高的地位。通过他的父亲莫提拉尔，一个成功的律师和温和的民族主义者，他在确定自己的政治理念之前已与国大党建立了联系。可以说，从一开始从政他就处于很高的水平起点。除了自己的父亲，在贾瓦哈拉尔成长道路上起关键性作用的还有另一个重要人物，他就是被印度人称为"圣雄"的莫汉达斯·甘地。贾瓦哈拉尔时常也称后者为"父亲"。

圣雄甘地与莫提拉尔

说来有些奇怪，在贾瓦哈拉尔一生中起关键性作用的两个人——甘地与莫提拉尔——之间没什么共同点。一个是圣人、禁欲者、宗教家，在生活中摒绝刺激和肉体上的享乐；一个是享乐主义者，生活上讲究享受，不大顾到后果。在性格上，前者是"内向"型的，后者则是"外向"型的。虽然甘地与莫提拉尔时常意见不一，仍相互亲近。

贾瓦哈拉尔这样描述他们之间的关系：用心理学家的话说，这是内向的人与外向的人的聚合。但是他们之间有共同的纽带，共同的利益，这些吸引两人走到一起，即使在后来的岁月，他们在政治上分道扬镳，他们之间仍保持亲密的关系。他们是为了什么又是如何走近的，这是个谜。贾瓦哈拉尔这样解释为什么甘地和父亲能长时间地联手和一道工作。"他的理智，他坚强的自尊心一步一步地引导他全心全意地投身于新的运动中。他心中充满着对于旁遮普惨案之类的事件所积下的愤怒；那种对于不义之事的认识，由于民族耻辱所感到的痛苦，也都需要找到出路。可是他不是让热情冲昏头脑的人。他有律师的分析能力，用理智把正面和反面的理由仔细权衡后，才最后决定参加甘地的运动。父亲喜欢甘地的为人，这无疑是影响他的一个因素。他的爱和憎都是很强烈的，因此要他跟他不喜欢的人成为知己是无论如何办不到的。"

那么甘地又是如何看莫提拉尔，并最终与之建立深厚友谊的呢？1912年，国大党温和派领导人郭克雷推荐甘地领导印度民族主义运动。1915年，甘地离开南非回国。甘地的任务是将广大的印度民众动员起来，团结在国大党的旗帜下。其中关键问题有二：一是如何团结穆斯林；二是如何弥合国大党内温和派与激进派的分歧。甘地明白仅凭自己的力量，势单力薄，难以成事，他需要大家的帮助，而莫提拉尔成为他最可借助的力量。因为，莫提拉尔对伊斯兰教与穆斯林没有偏见；同时莫提拉尔在政治观点上属于温和派，但不太赞同温和派的一切通过合作、服从合作的无所作为的观点，主张激进的战略。而当时莫提拉尔由于反对新的蔡姆斯副改革，不得不与一些老同盟者分手，与许多温和派有了距离，同时又远离极端派，处于政治上相对孤立的状态。

1916年在印度民族主义运动史上具有特殊的地位，因为在该年于勒克瑙召开的国大党年会上，实现了印度教徒与穆斯林的团结，极端派重回国大党的战略目标。值得注意的是，正是这一年，贾瓦哈拉尔第一次见到甘地，莫提拉尔父子从这一年开始与甘地建立起

尽管甘地和莫提拉尔在某些方面有分歧，但他们彼此之间保持着亲密的关系。

信任与友谊。从此，很难说，究竟是谁帮助了谁，是尼赫鲁父子帮助甘地开展了非暴力不合作运动，还是甘地帮助贾瓦哈拉尔登上了印度政坛的领导地位。

如果说1916年标志着甘地—莫提拉尔政治合作的开始，这种合作在1919年发生的事件中得到进一步考验与加强。尼赫鲁父子真正参与战斗是在1919年春天。甘地发动运动，抗议英国政府不顾国大党人的反对颁布《罗拉特法》。贾瓦哈拉尔·尼赫鲁义无反顾地响应甘地的号召，但他的父亲坚持温和的宪政主义态度立场，不同意自己29岁的儿子投身于这种反政府的运动。在无法说服儿子的情况下，他请求甘地做儿子的工作。甘地为此访问阿拉哈巴德，住在阿南德宫，劝贾瓦哈拉尔忍耐，不要同父亲决裂。

但随后发生的阿姆利则惨案促使千百万的印度人疏离了英国人，让尼赫鲁父子与甘地结盟，参与政治活动。1919年4月15日，英国军队对旁遮普邦阿姆利则城举行和平集会的印度民众开枪射击，造成数百人伤亡的大惨案。这一惨案的发生使莫提拉尔对英国人的统治彻底失望。惨案发生后，莫提拉尔作为公民不服从调查委员会成员到事件发生地旁遮普调查，他亲眼看到并感受到一般老百姓的痛苦。1919年3月2日，他主持了国大党阿拉哈巴德坚持真理大会。在大会上，为了加强他的观点，他引用了波斯语的诗句："如果一个国王容忍一丁点的压迫，那么他的臣民就会遭受一吨的痛苦。"他对戴尔将军进行猛烈的抨击：代表同僚们，我能用什么样的言辞才能表达你们的和我的感情，我们的同胞成百上千地被射倒在冰冷的血腥中，最好用波斯诗句表达我们的悲愤。如同英迪拉几十年后所回忆的："阿姆利则惨案是个转折点，这个时候尼赫鲁家族更加靠近圣雄甘地，我们的整个生活方式改变了。"

但应采取何种方式表达对英国人暴行的抗议，莫提拉尔与甘地在开始时观点是不尽相同的。阿姆利则惨案发生后不久，甘地向国大党提出开展非暴力不合作运动的要求，其中主要内容包括：国大党成员放弃荣誉称号抵制立法会议，抵制法庭和公立学校等。甘地称自己的运动为萨提亚格拉哈运动，也即坚持真理运动。莫提拉尔尽管承认坚持真理运动作为印度政治中的一股力量，但他不拥护萨提亚格拉哈学说（satyagraha）的所有诉求。他不是那种可以任凭感情潮流支配的人。莫提拉尔认为国大党人应该受国大党所接受的原则的约束，而不应该接受甘地的专制。对于不合作，他不能肯定在实践中应采取何种形式，事实上，1920年2月，他指出，甘地的政策具有导致国家陷入内战的潜在可能。1920年6月16日，他向贾瓦哈拉尔提议应该为北方邦立法会议选举做准备，选举将在当年晚些时候进行。由于领导人中绝大多数反对甘地的抵制选举的提议，提议必须再拿到那格普尔国大党年会上讨论。虽然甘地对其观点做了为期三个月的宣传，仍感到要让提议得到同意的可能性不大。到达那格普尔开会的许多重要人物，如旁遮普的拉伊、孟加拉的达斯，以及来自马德拉斯和马哈拉施特拉的许多代表都反对提议。

在此关键时刻，莫提拉尔的思想却发生了变化。他参加了1920年的特别国大党会议，但他决定附议甘地不合作的提议。立即，他从北方邦的立法会中辞职，并宣称他不寻求连任于改革了的立法院。对于莫提拉尔的态度转变与活动，詹马达斯·德瓦卡达斯（Jammadas Dwarkadas），白桑特的一位热情追随者，提供了如下的说法：

> 莫提拉尔在Howrah车站与真纳见面，当时我在场，他告诉真纳甘地要通过不合作的提议，这意味着抵制立法会议，他向真纳提议，他们应一道，真纳、马拉维亚、达斯（C.R.Das）、赖易（Lajpat Rai）、白桑特女士（Mrs Besant）等以及其他人应该联合在一起否决此项提议。但当10—12天后要通过这项提议时，莫提拉尔却受其儿子的影响，与甘地一道投票赞成。当实际投票时人们感觉到该提议将被否决，但第二天要投票时，索巴尼（Sobani）和桑克拉尔（Shankerlal）想办法从街道上拉来一百多名代表，让他们投票赞成通过提议。

这样，当1920年9月甘地发动非暴力不合作运动时，莫提拉尔成了第一位积极投身其中的国大党高层领导人，贾瓦哈拉尔在自己书中写道：在前辈著名领袖中，当时支持甘地的只有我父亲一个人，父亲这样做，并不是一件容易的事。

导致莫提拉尔态度转变的原因是，莫提拉尔认识到：不能忽视甘地非同一般的影响力。这是一个原因，一个强有力的原因，但还有其他的原因，可能是更重要的原因，他不能继续与自己的儿子对立，儿子已经建立起与甘地强有力的联系。对甘地来说，需要通过儿子争取其父亲对自己的支持，甘地曾经说，莫提拉尔最突出的品质是他对自己儿子的爱——他对印度的爱缘自于他对儿子贾瓦哈拉尔的爱。1929年，儿子从父亲手中接过国大党主席的职位时，莫提拉尔引用了一句波斯名言：父亲所未能取得的成就，将由儿子去完成。最后，他相信让一部分印度人冷漠地站在一边而其他人则在遭受严重的痛苦是不可能的。这种立场本身是典型的莫提拉尔式的：支持自己认为是正确的东西，不受那些将宗教混同于政治的朋友的干扰。

莫提拉尔改变了自己的生活方式，采取司瓦德希的生活方式，走向监狱。他坐了两次牢，第一次在1921—1922年，前后6个月；第二次在1930年，为期3个月。1930年4月14日莫提拉尔和儿子一道被关进阿拉哈巴德中央监狱。妻子也穿着手纺布衣服，参加城市和邻近乡村的演讲集会。名贵的瓷器和玻璃杯、名酒、获奖的名马和狗都卖了。1920年时，孙女英迪拉只有3岁，目睹了焚毁进口衣物的场景。她十分不舍地将自己心爱的布娃娃点火烧了。小女儿克里希娜后来回忆说，这些事件使我们的家庭生活方式发生转变，昨日的欢乐和无忧无虑成为过去。曾经经常举行奢侈派对的家现在住进了主张节俭的甘地、巴特尔、安萨里、阿扎德和阿里兄弟。

1921年12月，尼赫鲁父子被捕，被判6个月监禁。1922年2月

莫提拉尔1924年间的一张照片,自从参与非暴力不合作行动后,尼赫鲁家族的生活方式发生了彻底的改变,贾瓦哈拉尔也放弃了他爱穿的西服,在这张照片中,他身着由家纺的棉纱织成的传统服装。

不合作运动很快进入高潮阶段,但曹里曹拉事件的发生让甘地不顾一切地立即停止运动。

第一次非暴力不合作运动后,甘地更加倚重尼赫鲁父子,尼赫鲁父子争取民族解放、为自由而斗争的决心更加坚定,父子俩在国大党党内的地位也在上升。甘地是1929年贾瓦哈拉尔当选国大党主席的幕后操纵者。早些时候,他同意莫提拉尔的看法,已经到了该让国大党内年轻人的代表接管权力的时候了,再没有比贾瓦哈拉尔更适合的人选了。1929年7月6日甘地给莫提拉尔的一封信中指出,这是国大党更换新鲜血液的时候了,应该让贾瓦哈拉尔担任领导人。于是,那一年贾瓦哈拉尔当上了国大党主席。

1929年,在其主席演讲中,莫提拉尔·尼赫鲁勇敢地表达了国大党的誓言：独立对我们来说意味着完全摆脱英国统治和英帝国主义。当年国大党会议通过争取完全独立的决议，这项决议是贾瓦哈拉尔·尼赫鲁在拉合尔花了数小时草拟的。

在阿拉哈巴德，尼赫鲁一家由于他们的爱国热情经常占据了当地报纸的头条。连贾瓦哈拉尔的母亲斯瓦鲁普·拉尼这样的家庭妇女，原来成天在家吃斋敬神，现在也同丈夫、儿子一样走向街头。一次，她被警察用藤鞭不停地鞭打，浑身是血地躺在路边。这次事件掀起全国性的悲情。贾瓦哈拉尔写道："想到我年迈的母亲浑身是血躺在满是尘土的大路边，我心中充满着愤怒，我真不知如果我当时在场会采取何种行动。"妻子卡麦拉1931年1月26日起被关在勒克瑙监狱，两个妹妹也参与了民族主义运动。甚至连12岁的女儿英迪拉也在组织童子军活动。莫提拉尔对她寄予了极大的希望与赞许，说她年轻、聪明、有反抗性。从1942年9月11日到1943年5月13日，英迪拉和她的姑姑以及其他人一道坐牢。英国作家爱德华·汤普森告诉贾瓦哈拉尔："你们尼赫鲁一家在许多方面是非常幸运的，最幸运的是你们家中的美丽妩媚和光辉的女性。"

莫提拉尔的决心是坚决彻底的。贾瓦哈拉尔在其《印度的发现》一书中写道："他告诉我们，他是如何惊讶地看到全国妇女展示出来的能量和勇气，谈起自己家里的女孩使他心里充满自豪。"莫提拉尔全力以赴地指挥坚持真理运动，1930年6月30日，他被抓进纳尼监狱，这给予已经被抓进同一监狱的贾瓦哈拉尔尽孝的机会，他尽心尽力地照顾自己的父亲，现在父子俩成为为同一事业而斗争的战友和同志。莫提拉尔百感交集，心中涌动难以言表的感动与自豪，他说："我希望天下能有许多父亲像我一样为有这样的儿子而自豪。"

1931年1月26日，英印政府宣布贾瓦哈拉尔、卡麦拉、甘地以及国大党工作委员会其他成员立即从狱中释放。卡麦拉和贾瓦哈拉尔回家后看到阿南德宫一片死寂。

这一时期，莫提拉尔展示了其卓越的政治活动能力并在印度赢得很高的荣誉。尽管如此，作为一家之长，由于承担一大家子人的生活重担，他不能彻底放弃自己的律师业务，同时又忙于政治运动，表面上看起来他做得游刃有余，但过度的劳累、紧张还是损害了他的健康。他的医生Ansari1930年2月底曾警告他要注意自己的身体，但他忽视了医生的劝告。

很清楚，莫提拉尔病得很重，活不了多久了。贾瓦哈拉尔给甘地发电报，甘地接到电报后立即从孟买起身，当天夜里抵达阿拉哈巴德。那一整天莫提拉尔一直躺在床上，等着甘地。见到甘地后他说："我知道自己看不到实现司瓦拉吉的那一天了，但我相信你会获得胜利，并且这一天已经不远了。"

随后几天，莫提拉尔的喉咙浮肿，无法说话。2月4日他被送往勒克瑙做x光透视，1931年2月6日凌晨在阿拉哈巴德去世。妻子和贾瓦哈拉尔守在他身旁。

有人说，印度要是1930年获得独立的话，第一任总理将是莫提拉尔·尼赫鲁。曹得里·卡里库扎曼（Choudhry Khaliquzzaman），印巴分治后移居巴基斯坦，1959年谈到莫提拉尔时还说：在印度，他是作为贾瓦哈拉尔的父亲而被人记住的。多么具有讽刺意味啊！如果他的政治观点能被国大党不受阻碍地推行，印度可能不会被分割。

贾瓦哈拉尔走上领导岗位

莫提拉尔去世后尼赫鲁家族更多的悲剧接踵而至。先是贾瓦哈拉尔的妻子卡麦拉的健康恶化,由于此原因,贾瓦哈拉尔在1934年8月被放出监狱11天。她于1936年2月28日去世,骨灰被放入恒河。贾瓦哈拉尔说:"多少我们的祖先,恒河承载着他们到大海,又有多少人追随着我们在她的河水的簇拥下走完最后的一程。"他在《自传》的扉页上写上了这样一句话:"献给卡麦拉,她已与世长辞。"接着,他的母亲也于1938年1月去世。

这些接二连三的不幸震碎了贾瓦哈拉尔的心。1944年4月,他在阿哈玛德堡监狱中写道:"旧的充实饱满现在已所剩不多,几乎不可控制的推动力已经下降,热情和感情被大大地遏制。"

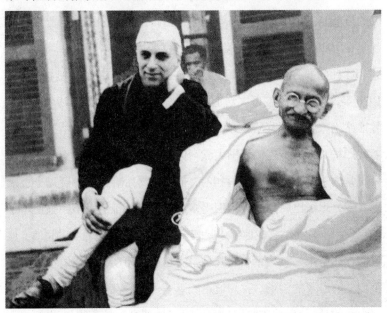

莫提拉尔与圣雄甘地情同父子,甘地给了他许多的支持与指导。

艰难困苦中的贾瓦哈拉尔更加需要甘地的扶持，只有圣雄能够教导他，当圣雄发现他已经超越界限时，就会斥责他。甘地早在1924年就承认这一点，甘地告诉莫提拉尔他的儿子是"我在印度所认识的最孤单的年轻人之一"。贾瓦哈拉尔与甘地的关系是相互鼓励相互支持的，在父亲去世后，对贾瓦哈拉尔说来尤其如此。

贾瓦哈拉尔在国大党内的政治基础在于他与甘地的联系。尽管甘地拒绝接受国大党内正式的职务，但在全党全国具有至高无上的地位，国大党内出现一个被称为"老卫士"的群体，他们接受甘地的指示管理国大党。贾瓦哈拉尔在党内没有自己的群体，其地位与影响主要依靠与甘地的关系。

1927年，两人之间出现分歧。1931年分歧在扩大。1936年时，有充足的迹象说明，国大党党内的大多数人不同意贾瓦哈拉尔。最大的可能是，如果甘地不是一直在护卫贾瓦哈拉尔的话，贾瓦哈拉尔早在1929年前就会被开除出国大党。

贾瓦哈拉尔在拉合尔大会上当主席甘地也起了关键的作用。1936年，贾瓦哈拉尔再次当上主席。先是许多人提名巴特尔，但是甘地站出来支持贾瓦哈拉尔。当时有不同的意见说贾瓦哈拉尔是一名共产主义者，不能代表国大党，但是甘地坚持自己的意见。甘地说服党内一些人打消他们的担心，他说：贾瓦哈拉尔无疑是个极端主义者，想法比周围的人前卫得多。但他十分谦逊，不会强使步子过点。将国家重任放在他手中是安全的。"他说他不懂我的语言，他说的在我听来是外国话。这既是事实也不是事实。但话语不能阻挡我们之间心灵的沟通。我知道这一点——当我离开这个世界时，他将说我的话。"巴特尔收回自己的提名，贾瓦哈拉尔得以当选。

在国大党内部,贾瓦哈拉尔现在是神授为未来的领导人"leader-in-waiting":1942年1月,甘地已经确认贾瓦哈拉尔作为他的接班人(这不是正式的权力移交,因为甘地自己不具有正式的领导职务)。但他也绝不是唯一的考虑人选,除了巴特尔,还有阿扎德,当时的国大党主席,代表国大党被任命为谈判代表。

贾瓦哈拉尔最终成为独立时的印度政治领袖同当时的印度政治生态环境有关。1930年代时,印度民族主义阵营内已经出现左右两种政治势力的对峙。左派力量赞赏苏联的社会主义,反对甘地的阶级调和主义。但左派中缺乏能被大家认可或接受的代表人物,由于贾瓦哈拉尔赞同左派的观念使他成为国大党中那些寻求甘地领导模式的替代物的各种派别关注的焦点,他们认为尼赫鲁是适合于此角色的理想人选,因为他已经是国大党的重要人物。同时,左派的那些人相信反对帝国主义斗争不应该分裂为左翼与右翼,应该通过国大党作为一个团结统一的组织来进行,他们感到尼赫鲁是一个合适的代言人。但是,贾瓦哈拉尔往往言行不一,言谈中有不少激烈的言辞,但实际行动上畏首畏尾,尤其在关键问题上,明显袒护有产者阶级,这让印度的社会主义者们非常失望,但又无能为力。很快国大党的右翼认识到他们可以与尼赫鲁和平共存。贾瓦哈拉尔的社会主义叫嚷是乌鸦嘴糯米心,他的社会主义时常更多的是一种话语,而不是实际行动。

监狱岁月

贾瓦哈拉尔成为印度民族主义运动及独立后的国家领导人很重要的原因还在于他与其他人相比，在一系列涉及印度独立后发展的问题上提出了比较系统的思想，这些思想尽管有些地方与甘地不尽相同，但代表了当时印度先进的思想。

贾瓦哈拉尔是一位杰出的作家。他的主要著作有：《世界历史概览》(1934)、《印度的发现》(1946)、《自传》(1936)。其中《自传》被认为是其最重要的著作。与其说该书是其人生年表，不如说是印度民族主义的历史编年。要让英国公众接受一个印度激进民族主义领导人对英国统治印度的激烈批评也许是过分的期望，但该书在英国成为最畅销的书。仅在1936年就印刷了10次，被翻译为三十余种文字。该书以一种西方人能够理解的风格和语言第一次为甘地领导下的印度独立运动作了经典性阐释。

贾瓦哈拉尔的著作绝大部分是在狱中写成的。他多次入狱，第一次入狱是1921年，最长一次是在二战时期。在英国统治时期他前后总共坐了9年的牢，1942年8月9日，因组织"退出印度"运动，贾瓦哈拉尔与其他国大党工作委员会的成员在孟买被捕。贾瓦哈拉尔在阿赫马纳伽尔（Ahmadnagar）监狱开始他的1041天的刑期。当一场惨烈的战争折磨着世界时，印度民族主义领导人却在监狱作为一名囚犯无所作为，贾瓦哈拉尔有些着急，"脑中充盈着要做的大事和勇敢的冒险"。唯一的安慰是他可以读书、写作和关注世界，如同甘地曾于1942年8月8日傍晚建议的，"尽管今天世界的眼睛都是血红的，我们却一定要用宁静而明澈的眼睛来正视这个世界"。

第三章 争取独立的日子里

1921年,贾瓦哈拉尔与狱友透过勒克瑙监狱的铁栅栏向外凝视,右下方的图显示的是一张木制的标签,贾瓦哈拉尔必须配戴它以标明囚犯的身份。

他后来写道:"我后来发现,父亲(莫提拉尔)尝试着睡在地上,体验那是种什么滋味,因为他认为那是我在监狱中的命运。"

　　监狱是一所严酷的学校,即使国大党领导人在紧急状态命令下受到的是正常的待遇而不是被当作普通民事犯人。英国当局给贾瓦哈拉尔、甘地和他们的同事们提供了合理的便利条件,把他们与通常的监狱犯人分开,允许他们读书、看报、写信,家人探监,甚至给贾瓦哈拉尔一块地,让他在上面种花种草。但经年累月的囚禁也让那些周身流动政治血液的人们深感挫折。

> 我的21个月的牢狱生活快要过去了;明月盈而复亏,亏而复盈,很快就要满两年了。另一次的生日又将来临,令我想起我又老了一些;我前4次的生日是在这里和在台拉·顿监狱中度过的,还有其他许多次的生日是在以前的监禁中过的,次数可记不清了。

在《印度的发现》中他引用奥古斯都·孔德的话：我们过的是死人的生活，封闭在我们的"过去"里面，而在监狱中，当我们设法从追忆"过去"或憧憬"未来"的这种饥渴而幽闭着的情感中寻找一些养料的时候，尤其是这样。

1943年4月16日，在给英迪拉的信中他写道："监狱充满可怕的事物和令人厌倦的生活，但是十分奇怪的，它教导我们战胜它取得胜利。"

在那些日子里，贾瓦哈拉尔以其惯有的潇洒心态继续写作。监狱生活的孤独，给他以机会不受外部世界的干扰，整理他的思想，形成他的政治学说。他没有时间与机会进入阿南德宫的图书室，但原来积累起来的众多的读书笔记，成为他写作的主要资源。

《世界史概览》、《自传》、《印度的发现》显露出贾瓦哈拉尔视野的开阔和渊博的学识。这些书反映了他如何对公共生活发生兴趣，他对印度与海外的社会、政治以及解放斗争的关注与见解，以及他对待科学和宗教的态度，这些书在印度国内外为贾瓦哈拉尔积聚了巨大人气，特别在年轻人当中。"读者如鸭子见水般的喜爱他的书"。

写作也为尼赫鲁一家解决了经济问题，莫提拉尔去世后，贾瓦哈拉尔全身心投入民族主

泰戈尔写给贾瓦哈拉尔的亲笔信，祝贺《自传》的出版。

义运动,家里断了经济来源,甚至到了不得不变卖首饰与家具填补家用的程度。而书的出版发行为贾瓦哈拉尔带来不菲的版税,至少使尼赫鲁一家暂时渡过了经济困难。1939年11月16日贾瓦哈拉尔给女儿英迪拉写了这么一封信:

> 我们从来没有为钱的问题而忧虑过。为什么要忧虑?我们可以轻易应付,如果收入不够,还可以用老本。如老本也用尽了,我们还有能力再增加。真正的资本是我们的智力,工作的能力,这是谁也不能从我们这里取走的。而且如果必要,我们还能削减开支,变换生活方式。我写的小书——《父亲给女儿的信》——几乎成了金矿,虽然我不打算得到任何利益,但它在很多省份已成为教科书,大量被印成英文、印地文和乌尔都文。发现齐塔比斯坦为此已赚得二万卢比时,我几乎还蒙在鼓里。他们也挤出大约两千五百卢比给我。
>
> 加尔各答《政治家》每月愿意给我提供500卢比,每周一个专栏——一月四个专栏——评论国际形势。当然我拒绝了。靠写作赚得体面生活对于我来说太容易了。但是人各有志,我的心血倾注于其他事件,即使在我写作时,也不是为钱而写。
>
> 因此对于去瑞士所花的费用请不要担心。12月份可能会有更多版税,可达250英镑。这足够你带去用了。

因此,在别人视为畏途的牢狱生活,在贾瓦哈拉尔眼中自有其价值,"监狱不是一个生活的福地,即使是短暂地,长期就更是如此了。但对我来说却是获得某种特权,能更紧密地与能力和知识上杰出的人接触"。

通过狱中的读书、思考、写作,贾瓦哈拉尔逐渐形成对未来印度发展的想法,形成后世人们称道的尼赫鲁主义。主要包括如下内容。

民主社会主义观。当时许多人们怀疑,凭借自由主义能否取得社会主义的成功,他承认他没有考虑此问题,他在性情和所受的教育上是个个人主义者,在知识上是个社会主义者,在行动上是个民族主义者,不管这意味着什么,他希望社会主义不要扼杀个性:"我确实为社会主义所吸引,因为它将难以数计的个人从经济和文化的束缚中解救出来。我不明白为什么在社会主义之下不应有个人的大量自由,真正的、更大的心灵自由、企事业自由,甚至在有限度水平的私人财产自由。总之,每个人应拥有来自经济安全的自由,该自由现只为一小部分人拥有。"显然当时尼赫鲁心向社会主义,因为他看到在社会主义制度条件下人们具有比资本主义制度条件下大得多的可能性去实现自由主义的目标——心灵自由、从事企业发展的自由以及拥有私有财产的自由,最重要的是发展个性。作为自由主义者和人道主义者的尼赫鲁公开谴责资本主义和马克思的教义,坚持在没有束缚限制的基础上保留和扩大自由主义的自由,他相信社会主义可以通过民主方式获得,可以不以牺牲自由与人的个性为代价。社会主义在各国由于其社会、经济、文化和政治条件的不同而各有特色。

科学发展观。"印度必须与它过去的许多东西断绝关系,并且不让那"过去"来支配"现在"。"我们所必须弃绝的并不是那高贵的遗产,而是所有那些遮掩了印度并且将它内在的美和意义隐蔽了的积尘和宿垢,我们必须割断这些赘疣,并且重新去追念古代智慧的精髓,使它适合于我们的当前环境。我们必须摆脱思想和生活的传统方式,它们在今日已经失去意义了。我们必须接受人类所有的成就。"

"宗教在人类的发展上曾有过重大的贡献,做过不少好事,但也将真理束缚于一些固定的形式和教条之中。宗教没有鼓舞起好奇心和思维力,反而宣扬一种哲学:教人服从造化、服从国教、服从通行的社会秩序和现有的一切。宗教虽有稳定社会的作用,但它却阻止了人类社会中所固有的那种变化和进步的趋势。"

"科学注重实际而不顾终极目标。它使世界向前飞跃,建立了一个光辉灿烂的文明,开辟了无数增进知识的大道,并把人类的能力增大到如此程度,使得人类能想象到他们是能够战胜和改造自然环境的。"

"因此印度必须减少它宗教狂的信仰而转向科学。它必须摆脱思想上和社会习俗上的固步自封,这固步自封拘束着它,妨碍着它的性灵,并阻止着它的发展。"

他积极推动文学、艺术、音乐、科学和技术的发展。"这些使得我们的生活富足、深刻和多样化,它们告诉我们如何去生活。"他将科学置于精神之上,将教育摆在最优先的地位。在他看来,现代生活中本质的最革命的因素不是特定的意识形态,而是科技进步。这导致他带头建立实验室和研究所。他生活在现时代,并不想象太多的过去。他曾说过:"像我们这样的老人,具有对早期人类历史文明及其努力的记忆,我们必须再长成年轻人,才能适应于我们的现时代,适应于现时代不可抗拒的年轻人的精神和快乐,以及对未来的信仰。"

他旗帜鲜明地坚持世俗主义,反对教派主义。世俗主义在印度指坚持将政治与宗教相分离,在尊重人民的宗教信仰的同时,防止印度成为神权国家的思想主张。"我们在我们的宪法中宣布,印度是一个世俗的国家。这意味着给一切信仰以同等的尊重,给一切信仰的人以同等的机遇。""我们这个国家不允许自己依附哪一种信仰或宗教,使其成为国教。"

尼赫鲁曾十分明白地说:"我是极其赞成拖拉机和大型机器的,而且我深信,为了向贫穷作斗争,为了提高生活水准,为了国防以及其他种种目标,印度的迅速工业化是十分必要的。"

正是在尼赫鲁的发展观影响下,1947年11月,国大党全国委员会在一份文件中宣称印度发展的目的在于:

> 我们的目的应当是组建形成一种使行政效率和个人自由结合的政治制度,组建形成一个实行最大限度生产而不发生私人垄断资本和财富集中并使城乡经济保持适当平衡的经济结构。这样一个社会结构可以替代唯利是图的资本主义私有制经济和集权国家的严密的控制。

尼赫鲁将这种同当时资本主义和社会主义国家所采取的政策有所不同的政策称之为"从一切现存制度(俄国的、美国的以及其他的)中吸取精华的第三条道路,它寻求创造某种适合本国历史和哲学的东西"。

地缘政治观。首先,他看到美国和苏联似乎注定了都要在未来扮演重要的角色。同时他预言亚太将崛起。印度在亚太崛起中将发挥重要作用。"当欧洲还在落后而常陷于黑暗时代的时候,亚洲代表着人类进步精神已经有一千年以上了。""在将来,太平洋将要代替大西洋而成为全世界的神经中枢。印度虽然并非一个直接的太平洋的国家,却不可避免地将在那里发挥重要的影响。""中国和印度在潜在能力上可以作为那个集团的一员,这两个国家的每一个都是坚实而单纯的国家,都充满着天然财富、人力、技术和能力。除了这四大国之外,其他国家,就个别来讲,没有一个具有这样实际或潜在的地位。当然,大的联邦或多国家集团也可能出现在欧洲或其他地方,并且形成若干庞大的多民族国家。

其次,尼赫鲁决心让印度成为世界大国。"印度以它现在所处的地位是不能再在世界上扮演二等角色的,要么就做一个有声有色的大国,要么就销声匿迹,中间地位不能打动我"。"小的民族国家是注定要灭亡的。它可能作为一个文化上的自治地区而苟延残喘,但是不能成为一个独立的政治单位。""民族国家在今天是太小的单位了;而小邦不可能独立存在。甚至许多较大的民族国家能否有任何真正的独立都是令人怀疑的。这一来,民族国家就为多民族国家或一些大的联邦所代替了。苏维埃联盟就是这种发展的典范。"

总体说来,尼赫鲁主义被认为是典型的马克思主义、费边主义和甘地主义的印度混合物。贾瓦哈拉尔是印度民主制度的最后奠基人和最初的实行者,甘地评价其拥有卓越的关于民主的知识和民主斗争的技巧,并认为自己在这方面,受他的影响。不少研究者认为

贾瓦哈拉尔对泰戈尔怀有极大的敬意。1936年3月8日,为纪念刚刚去世的卡麦拉·尼赫鲁,诗人在圣蒂尼克坦的静修处向教友发表讲话,指出贾瓦哈拉尔代表了青春的、因胜利而喜悦的季节。

将自由民主的原则与民族主义、社会主义的思想相整合,是贾瓦哈拉尔对民族运动的重要贡献。"在整个30年代,尼赫鲁处于印度斗争的中心,作为一个民族主义者、自由斗士及热忱的社会主义者,他确定了自由主义、民族主义和社会主义的概念,提供了与民族运动相连的3种方式,通过这一过程,他制定了社会经济意识形态的实质内容,这些原是民族运动所缺乏的。尼赫鲁在团结各种力量中起了主要的作用。"

英国人的扶持

贾瓦哈拉尔将自己的政治崛起归功于自己的同盟者,也归功于自己的政治对手。从30年代以来,许多英国人出于自身的政治理念,将他视为独立的印度的理想领导人。在他们看来,在混乱的、日益难以理解的政治情景中,他似乎提供了稳定和理性;与他一起他们可以进行对话与交易。尤其是英国左派人士——布莱斯福德(H·N·Brailsford)、拉斯基(Harold Laski)、布洛克维(Fenner Brockway)等,这些费边分子和独立工党党人支持他,他们似乎十分明白地表示愿成为贾瓦哈拉尔的政治和意识形态同盟。1936年,布莱斯福德给贾瓦哈拉尔写信说:

> 印度极其需要你,尤其是,从个人上讲,需要你。因为我想,我多少知道其他可能的领导人。没有哪个人具有你的胆识、你的心态、力量,以及最重要的,你对人性以及无阶级社会的看法。努力从这一心念中吸取力量吧,历史已经将你推上领导的位置。

对英国人来说,尼赫鲁的重要性还在于,尽管他具有某些左翼的观点,但他不是一个共产主义者。1938年,布洛克维告诫尼赫鲁不要与一些人"私通共谋,使让你被共产党俘获"。另一位工党重要人物,斯坦福德·克里普斯(Stafford Cripps),二战时代表英国内阁与国大党谈判,克里普斯和贾瓦哈拉尔早就成为私人朋友,早在30年代他已经告知贾瓦哈拉尔英国工党开始讨论未来独立印度的英印贸易和商业关系。即使是英国政治中的右翼人士也将他视作是一位期待中的领导人。他们的观点是：如果英国必将承认印度的独立，为保证未来英国的利益最好与贾瓦哈拉尔进行谈判：一个哈罗与剑桥出身的人，可能反对英国帝国主义，但不会反对英国人自身。

英国人对贾瓦哈拉尔的良好期待可能可以从贾瓦哈拉尔已经在国大党内占有的重要地位得到解释。但是英国人从潜在的领导人选中挑选贾瓦哈拉尔，也加强了他在国大党内的地位。

1935年9月，监狱当局通知贾瓦哈拉尔出狱：在欧洲治疗一段时间的卡麦拉病情再次加重。9月2日，她的医生告知贾瓦哈拉尔和印度政府她活不长了。从1934年11月起，英国议会里的工党成员，包括克莱门特·艾德礼（Clement Attlee），已经向印度的国务秘书求情，让贾瓦哈拉尔到欧洲照顾病妻。但贾瓦哈拉尔拒绝了这种别的囚犯不能享受的特殊待遇。卡麦拉状况的严重性让他改变了主意。这些中引人注意的是，英国官方舆论某种程度上已经将贾瓦哈拉尔视为未来独立印度的领导人，他们中许多人为了日后能同他有良好关系正在搭桥铺路。

据说贾瓦哈拉尔曾声称自己是统治印度的最后一个英国人。

综上所述，我们可以大致了解何以印度历史选择贾瓦哈拉尔为独立印度的领导人。曾有学者这样总结说：一些人天生而为领导者；一些人通过自己的后天努力而为领导者；还有一些人的领导权是别人赋予的。从上面的分析，可以说尼赫鲁获得印度的领导权综合了以上三个方面的因素。

开国总理 ▍第四章
——印度政坛上的一朵红玫瑰

  作为独立印度的主要设计师、宪法的制定者、民族团结和工业化的推进者,以及作为世界和平的斗士,除甘地以外,没有哪一个印度人像尼赫鲁那样对印度人民的心灵和思想产生过如此深远的影响。他领导他的国家从殖民地走向民主,从传统走向现代,从停滞走向发展,尽管也有失误,但他当之无愧地位列20世纪最突出人物之列。

贾瓦哈拉尔·尼赫鲁总理的经典形象：沉思的表情和衣服扣眼里别一朵红玫瑰

> 尽管生活对我们有些苛刻，我们也不必抱怨，因为这一切是我们自主的选择。也许生活对我们还不算太坏；因为，只有那些经常临于生命边缘的人们、那些摆脱了对死亡之恐惧的人们才能真正感受生命；也许我们犯了很多错，但我们摆脱了庸常和琐屑，摆脱了内心的怯懦和羞愧；而这一切，对于我们这些有限的个体来说，多多少少是一点成就。
>
> ——贾瓦哈拉尔·尼赫鲁《印度的发现》

20世纪的许多世界政治领袖人物往往有自己独特的外形形象，这大多由本人的一些生活特性所定格：手夹雪茄烟的丘吉尔；头戴阿拉伯头巾的阿拉法特；上身赤裸腰间围一块布的甘地。贾瓦哈拉尔·尼赫鲁也有自己的偏好——在衣服的扣眼中插一枝红玫瑰。尼赫鲁平生喜欢红玫瑰，在他的总理官邸三像府的花园里种了许多红玫瑰,每天采一支插在衣服的纽扣洞中。1989年,尼赫鲁百年诞辰时,主办单位以一枝红玫瑰作为尼赫鲁的形象象征印在纪念册的封面上。

独立与印巴分治

第二次世界大战客观上加速了印度独立进程。二战中,国大党一方面同情民主阵营反对法西斯的斗争,同时坚持反对英国统治印度的立场。1942年,日本将战火烧到印缅边境,面对危局,英国丘吉尔内阁派出斯塔福·克里普斯使团到印度来试图调和英国与印度人的矛盾,共同对敌。但克里普斯与甘地的谈判没有取得成果。甘地决定发动群众开展不服从运动让英国人"退出印度"。甘地的决定使得贾瓦哈拉尔面对一个痛苦的困境,就他个人意愿而言,他与党内其他一些领导人认为在面临日本入侵的情况下发动这样一场斗争未必合适,但他最终还是与甘地保持一致。政府实施大规模的镇压。所有国大党领导人,包括甘地和尼赫鲁,以及六万多名党的支持者被捕。这是尼赫鲁坐牢时间最长的一次,也是最后的一次。他于1945年才被释放,正好赶上参加由总督魏韦尔召开的试图打破僵局的西姆拉会议。不久,工党在英国大选中获胜上台,决定将自治政府交给印度。在此会议以及随后1946年与内阁使团的谈判中贾瓦哈拉尔起了关键性的作用,后来蒙巴顿爵士来到印度,将权力从英国人那里移交到印度人手中。在这些谈判中最棘手的问题是英国人撤出后印度穆斯林族群的地位问题。

1947年6月2日，贾瓦哈拉尔及其他中期政府的成员与蒙巴顿爵士（右边第2人）一起商讨权力移交计划。

英国的地缘政治和经济利益在于战后能有一个未被分割的印度作为自己的同盟，所以努力防止出现一个巴基斯坦——蒙巴顿似乎做出过努力，但失败了，如同他前面的魏韦尔。如果分治不得不发生，英国力图将一个强大的印度作为自己的同盟者，尽可能与巴基斯坦和印度维持和谐的关系。

贾瓦哈拉尔是一个理性主义者和人道主义者，明显地不受宗教热情和偏见左右。早在1936年，他就对英国工党政客洛天（Lothian）爵士说过：印度的教派主义本质上是政治的、经济的和中产阶级的。他看到的是些出身上层阶级的政治家，无论印度教的还是穆斯林的，他们同群众都没有什么联系接触，只是无休止地为议会中的席位和政府中的工作分配争吵。从20世纪以来，穆斯林联盟就一直主张穆斯林分离主义。穆斯林联盟自1906年成立以来，有两项纲领：忠诚于英国统治；在未来的机构中针对印度教多数捍卫穆斯林的权益。穆斯林联盟在1937年选举中遭遇失利。但在9年后的1946年大选中，在全印穆盟主席真纳的领导下在穆斯林选区中获得压倒性的胜利。这一胜利无疑归功于他的策略和技巧，他及穆盟巧妙地利用了整个战争期间国大党与英国政府之间的对立。他对建立分离的穆斯林国家的愿景让人想起莫卧儿帝国的辉煌，打动了他的同教者。有批评说贾瓦哈拉尔低估真纳，但回顾一下，阻挡穆斯林分离主义的潮流似乎在贾瓦哈拉尔和国大党能力之外。贾瓦哈拉尔以及国大党领导层所采取的立场是：宗教不应成为民族的唯一基础。多民族和多宗教国家最好的前途是寻求在一个联邦体制中解决分歧，如同美国和加拿大所做的。但是这一建议不为穆斯林领导人所接受。

1947年2月23日，贾瓦哈拉尔给在伦敦的梅农写信总结局势：

> 只要联盟（穆盟）脱离在制宪会议之外，制宪会议就可以更为自由地为其所代表的印度部分做其所愿做的事。原来担心穆盟会施加压力，但是，旁遮普和孟加拉，依据民主的原则，由于穆盟抵制的结果当然不会得到恰当的代表，西孟加拉和东南旁遮普能被代表，因为他们的非穆盟代表仍在议会中。由于这两个区域要留在联邦内，不可避免地，这意味着分裂旁遮普和孟加拉，将这两个省的较富裕部分，当然包括加尔各答，带到联邦里。经过这样的裁剪后留给巴基斯坦的就很难是一份有价值的礼物了。事实上，这是非党派人士应有的智慧：从经济上考量，巴基斯

坦是不正常的单位，无法成功地作为独立体存在。

因此，迟至1947年年初，贾瓦哈拉尔虽然认为印巴分治已不可避免，但对分治后印度的前景还是十分乐观的。在贾瓦哈拉尔看来，巴基斯坦即使独立，它所得到的也只能是不太好的地方，旁遮普与孟加拉的精华部分留给了印度，剩给巴基斯坦的地块如同"患疥癣的"和"虫咬过的"，"没有价值的一份礼物"。而且，东巴和西巴相距数千英里，迟早要分离，贾瓦哈拉尔甚至预言巴基斯坦的存在不会超过15年。对国大党来说，无论是贾瓦哈拉尔还是巴特尔，以及其他中期政府成员，所有的人在1947年都已筋疲力尽；一旦接受建立在此理解基础上的分治，一旦对对方做出这个最后、最主要的让步就无需再与真纳谈判了，这仿佛是一种解脱。在后来岁月里，据说贾瓦哈拉尔曾这样形容他对分治的看法："砍掉头后我们再也不会犯头痛病了。"

这样，一个统一的印度的前景就破灭了。贾瓦哈拉尔在1947年3月22日蒙巴顿到达印度的一个月内接受了此一现实。虽然分治痛苦地否定了他毕生的努力，但他告诉阿扎德这是不可避免的，反对它是不明智的。在8月14—15日，巴基斯坦和印度在卡拉奇和德里分别举行庆祝巴基斯坦和印度独立建国的庆典。然而独立的欢乐很快被随之而来的教派大仇杀所替代。

对于分治后印度出现的教派大仇杀的悲剧，一个英国人本沙尔（A.E.Benthall 当时他任孟加拉商会副会长）在自己的书中，记录了如下两个场景，值得一读：

场景一：

1947年秋天，甘地到达加尔各答，住在加尔各答郊外的破败房子里，靠近最严重的印度教—穆斯林骚乱的地点之一。很快，他认识到骚乱的原因之一是成千上万的人们生活在可怕的贫困之中。他们上无片瓦，下无寸土，数百万人住在贫民窟中。他因而召集所有的富商来重建加尔各答，要求两年内工程完工。

我动身去开会地点，但在路上遭遇一场骚乱。炸弹爆炸、子弹横飞，街道布满玻璃渣和石块。当我到达开会地点时，发现甘地坐在很低的木地板上，正在纺织一块腰布。一个小女孩站立在一旁，显然在学纺织，或者可能正照顾他的起居。

散会后20分钟，一群年轻的印度教暴民冲进房子。他们狂怒不已，因为圣雄阻碍他们在加尔各答组织一次对穆斯林的全面大屠杀。他们要求他立即收回他的反对意见，如果他拒绝的话，他们要杀了他。圣雄没有中断纺织。其中一个年轻人用鞭子抽在了他的额头上。站在他一旁的小女孩用手臂挡住了鞭子。甘地继续纺织。

人群中其他人不再有勇气打圣雄。他们只是将愤怒发泄在建筑物上，将窗框从墙上扯下来，砸碎门，将可怜的家具解体为木材。但是，从小女孩解救圣雄的那一刻起，加尔各答的骚乱停止了，数月里那类事情不再在该城发生。

场景二：

从1947年到1950年我与贾瓦哈拉尔开了许多次会，有时与他人一道，有时单独。一次在加尔各答，独立后不久，为了与骚乱和屠杀作战，当时这些正在孟加拉发生，总理召集一些人开会。总理坐在一张桌旁，桌上有一个墨水瓶，一些钢笔和铅笔，以及一本厚重的塔戈尔（Thacker）主编的《印地语字典》。

会议开始对如何有效地与教派病态情绪作战进行讨论。会议沿着有意义的话题讨论了一段时间，但后来一些马尔瓦利人代表要求印度军队进入东巴基斯坦解救印度教徒，据说，他们正在那儿遭受屠杀。

贾瓦哈拉尔听了一会儿，突然他发火了。他举起字典，高高举过他的头顶，重重地摔散在桌子上。这一举动他重复了三四次，一次比一次用劲。墨水瓶、笔全都滚落到地上。他谴责马尔瓦利人是成心在计划一场战争和一场对穆斯林的屠杀，尽管他们自己受耆那教的约束不得拿起武器，甚至碾死一只蚊子。他继续其非同寻常的雄辩，直到马尔瓦利人退出房间，只留下来自其他社团的人继续听总理的讲话。不久，会散了。

事实上，应该补充本沙尔的说法，当时东孟加拉并没有印度教徒被屠杀，虽然成千上万的人被赶出来在西孟加拉避难。尼赫鲁拒绝派部队跨过新的边界当然是正确的。从上面两则描述中可以看到当时印度领导人所面临的严峻形势；同时，这两幅场景也生动地体现了甘地与尼赫鲁在处理危机时所表现出的个性特征,甘地的沉稳与尼赫鲁的火爆反应形成鲜明的对比。

在印巴分治的喧闹声中,印度获得了独立。1947年8月14日午夜,印度制宪会议在新德里举行。贾瓦哈拉尔发表了热情洋溢的演讲:

> 很多年前我们曾发誓要掌握自己的命运,而今天这一时刻已经到来,我们将履行我们的誓言,尽管我们还不能说完全或圆满地实现,但可以说是基本实现了。当子夜钟声敲响,世界还在睡梦中,印度就将迎来生机和自由。当这一时刻到来时,当我们从旧时代迈向新的时代,当一个长期以来受压迫的民族灵魂发出声音时,值此庄严时刻,我们发誓忠实地为印度和印度人民服务,忠实于全人类更伟大的事业。但过去依然缠绕在我们心头。

1947年8月15日,拉杰巴特街的官方建筑(一度为大英帝国在印度的权力中心)的周围到处都是欢庆独立的人群。

1948年1月31日，新德里，一群不知名的人们加入了为甘地送葬的队伍

走向和平、进步和繁荣的旅程艰难地开始了。首先，部落民从巴基斯坦进入喀什米尔山谷，向斯里那加进发。随着印度和巴基斯坦濒临战争边缘，联合国出面干预，1949年1月1日，一条停战线划定，2/3喀什米尔土地落入印度手中，1/3归巴基斯坦。同时，分治的暴力没有再上升。民族和解是贾瓦哈拉尔国家建设战略的关键，劝说他的人民摆脱种姓主义和教派主义，远离教派暴力，为取得更高的目标而奋斗，并分享共同的命运。但是他的世界观并不为所有人所接受。1948年1月30日下午5时，一名印度教狂热分子刺杀了圣雄甘地，连开4枪。"灯光熄灭了"，总理这样告知全国："光荣离去，温暖的和照耀我们生活的太阳落下了，我们在寒冷与黑暗中发抖。"

甘地遇刺身亡后，尼赫鲁总理的安全问题成为印度安全部门的重要任务。警察部门在约克路总理官邸设置重兵防卫，仍感到不能胜任，当时警察部门抱怨此处出入口太多。在蒙巴顿提议下，1948年8月2日凌晨6时45分（吉祥时辰），尼赫鲁总理一家搬入印度三军总司令部——三像府。

凯歌行进中的50年代

当1947年贾瓦哈拉尔就任总理，时年58岁。独立之初的尼赫鲁政府面临巨大的挑战：1.恢复分治带来的动乱后的秩序，安置来自巴基斯坦的大约五百万难民，重新启动运输系统和行政机器；2.五百多土邦除喀什米尔外都快速平静地并入了印度；3.制定印度共和国的宪法；4.奠定社会和经济秩序的基础。

尼赫鲁与其同僚们在构建国家的问题上有两个主要的设想。第一，与殖民时代相比，政府与人民之间必须有一个不同的关系：新政权必须将自己的合法性建立在新的关系基础上；第二，与帝国国家不同，民族国家应该在国家生活的许多方面发挥关键作用，印度要获得社会、经济的发展，跻身世界先进民族之林，国家必须发挥指导作用。

尽管尼赫鲁认为政府机器的改革是印度面临的大问题之一，事实上他没有做任何事来改变行政制度，仍依靠帝国行政结构来实现一个自由政府的新目标。最突出的例子是文官制度。作为民族主义者，尼赫鲁曾对反民主的印度文官制度显示出极大的敌意。但到1946年，随着政权的平稳过渡，他对文官制度采取的做法更加柔和老练，反对对官员展开清除运动，除非是那些腐败和行为极为不当的官员。

国家建设中，另一项重大的任务是制定新宪法。这个过程一直进行到1949年末。从事此项工作的机构是制宪会议，它是在1946年中依据命运不佳的内阁使团的建议由省立法会议选举产生的，独立后起印度国会的作用。制宪工作由一系列委员会完成，这些委员会由大约二十名有影响的会议成员支配，包括尼赫鲁和副总理巴特尔、议会主席普拉沙德、国大党工作委员会主席阿扎德，他还是内阁中的一名部长。尼赫鲁任八个委员会中两个委员会的主席。

从1946—1949年，经过了斟酌和讨论、修改，1950年1月24日，制宪会议举行第12次会议，全体成员在宪法文本上签字，1月26日宪法正式生效，印度共和国宣布成立。

印度宪法倾注了贾瓦哈拉尔的心血，浸透着他的民主政治理念，说贾瓦哈拉尔为印度民主之父并不过分。贾瓦哈拉尔的民主精神不仅仅体现在他的著作、演讲、政策上，而且反映在他的日常活动中。有两件事可以说明贾瓦哈拉尔的开放心态和自由观点（民主作风）。一件是1956年一些人反对将两名杰出的作家吸纳为印度文学院的顾问，理由是他们具有共产主义倾向。贾瓦哈拉尔驳回了对他们的指控。还有一次，当某些人表明不愿在伦敦的国家戏院放映电影《大地之歌》（Pather Panchali），因为电影导演沙提亚吉特·赖易（Satyajit Ray）在影片中极力渲染印度的贫困，他告诉相关的部长："我不同意你们的看法。我们是一个贫穷的国家，我们不应该为此感到害羞，只是我们应该努力消除贫困。"

同样的民主精神反映在尼赫鲁与同事和部属的工作中，他允许同事与部属发表不同意见，充分了解实际情况，通过协商讨论的方式解决意见分歧。他建立了与各邦首席部长们交流的渠道，并使之制度化。他让他们定期写信告知他关于党务以及复杂的地方事务，而且允许他们讨论一些有争议的问题，如资本主义和社会主义问题。

同培育民主一样重要的是，贾瓦哈拉尔决心通过自己的影响和总理权力致力于新的民族团结。在贾瓦哈拉尔看来，印度的统一是仅次于印度自由的第二大事，他极为担心印度在非殖民化过程中被"巴尔干化"。

1950年5月他告诉首席部长们："对所有印度人来说，教派团结和世俗国家的问题必须彻底说明清楚。我们已经使用此概念够长久的了，已经走得够远的了。我们必须走回来，不是秘密地或辩解地走回来，而是公开地并相当具有进取心地走回来。"他坚持自己的信念：必须坚决地解决宗教冲突，不管代价多高。

为了维护国家团结，他支持对省邦重组。1956年前后，印度南方的一些邦因语言问题而发生骚乱，贾瓦哈拉尔因势利导，通过按语言重新划分省邦的做法，一方面激活了地方政治，另一方面又消弭了南方诸邦对中央的离心倾向，有效避免了次大陆在印巴分治之后在出现南北分治的危险局面。这项决策被认为是贾瓦哈拉尔执政时期的一项杰作。

南方问题应付过去了，东北部和西北部的问题解决起来却要困难得多。贾瓦哈拉尔力图解决喀什米尔问题，并与那加人改善关系。他期望通过政治方式解决那加问题而不破坏他们的传统和习俗。他坚持只有某些那加领导人已经使用暴力才能批准军事干预。还有，他要军队与当地那加人交朋友——"他们是我们的同胞公民而不是敌人"，应该争取他们。此外，他寻求在全国框架内调和各个区域的不同利益，努力在国大党内和中央联邦政府内安排各个区域的代表性人物。

尼赫鲁的名字与印度工业化进程紧密相连。尼赫鲁曾研究过马克思学说，并推崇苏联的计划经济，但他的社会主义不是教条主义的变种。上台后，他努力缩小贫富差距，但又不以公平为由反对发展。他知道印度错过了18世纪的工业化。他的目标是"将印度带入现代国家，使之适应于核时代"。他极力提升印度的科技水平，扩大高等教育的范围，结果是尼赫鲁时期印度能够建立仅次于美国和苏联的巨大科学人才库。

计划委员会的成立是尼赫鲁总理经济政策的里程碑。委员会设定投资规模，规定发展的优先顺序，分配工业与农业之间的比例，以及分配中央与地方邦之间的资源。尼赫鲁总理预见到经济计划作为一种长期战略不仅仅使资源得到最好的利用，也使印度经济在联邦体制内建立整体的联系。最初15年的努力的结果是实质性的：灌溉区域增加了4500万英亩，粮食产量从5500万吨上升到8900万吨，机电生产能力从2300万千瓦特增加到10200万千瓦特，工业生产增长94%。不幸的是，这些年的大部分增长被不曾预料到的、史无前例的人口增长所抵消。

尼赫鲁积极推行印度的工业化。工业化战略实施的结果，壮大了印度的国力，在印度初步建立起了较完整的国民经济体系，增强了印度本国资本的力量。在印度刚独立时，在工业部门中，外国资本占55%，本国资本仅占45%；到1956年时，本国资本已占63.7%，外国资本退居第二位，占36.3%；本国资本进一步发展，1976年时，占到82.1%，大大超过了外国资本。在工业结构上，独立前，印度工业主要是一些轻工业部门，而要实现工业化必须建立自己的重工业。经过几个五年计划，印度的传统的轻工业部门像纺织业、制糖业、水泥业等进一步发展，而钢铁、化学、机械、冶金等重工业项目的发展速度更快。在1951—1965年的14年中，印度工业的年均增长率约为8%，增长最快的是资本货物工业，在最初的3个五年计划中，生产指数分别增长9.8%、13.1%和19.6%。基础货物生产指数的年均增长率同期各是4.7%、12.1%和10.4%，也比较快。这样，到第三个五年计划结束时印度就基本奠定了促进工业长期发展的重工业和基础工业的基础。直到今天，印度仍是整个东亚以外的亚洲地区唯一称得上拥有较完整工业体系的国家，这在很大程度上不得不归功于尼赫鲁时期的工业化政策。

工业化使印度在前三个五年计划中国民经济出现较高的增长速度，国民生产总值年平均增长率分别达到一五期间（1950—1955）的4.2%、二五期间（1955—1960）的3.8%，以及三五期间（1960—1965）的5.2%。印度著名经济学家K.N.Raj这样评价尼赫鲁时代印度的经济成就："日本普遍被认为是19世纪后半叶和20世纪第一个25年里增长迅速的一个国家；但日本的国民收入的年增长率在1893—1912年间略少于3%，甚至在随后10年也未曾达到4%，与此标准相比，印度在过去15年（1950—1965）获得的增长率当然是令人十分满意的。"

尼赫鲁是50年代世界外交舞台上最忙碌的政治家，有不少人认为尼赫鲁在处理外交事务上显示了比处理国内问题更高的技巧，也取得了更大的成就。对尼赫鲁来说外交政策的实行是创建新国家形象的关键。外交政策是其对世界共同体的观点的表达，必须反映印

1961年12月，美国总统肯尼迪会见出访美国的贾瓦哈拉尔·尼赫鲁。

贾瓦哈拉尔·尼赫鲁与英国首相丘吉尔。

度的现实需求。

尼赫鲁外交思想之一是强调亚洲区域的重要性，以及印度在其中的潜在作用。1947年3月他组织了亚洲关系大会，但这次大会没有产生实际效果。1955年，第一次亚非国家会议在印尼的万隆召开，尼赫鲁为万隆会议的召开做出了积极的贡献。受当时国际政治的影响，会议上出现不同声音，尼赫鲁对反苏反共的势力予以了回击。如他曾嘲笑当时出席会议的积极追随美国反苏反共的菲律宾总统："菲律宾不就是美国大鹰上的尾巴嘛，现在却想当起亚洲雄鸡的鸡头来了"。

尼赫鲁外交思想的第二个方面是不与东西方国家集团结盟。印度决心为世界和平和非殖民化而努力。在尼赫鲁的整个任期中，正是美苏冷战高峰时期，他拒绝让印度与两者中任何一个结盟。最初，这项政策的内涵是，印度在获得独立后有权发展她的国际关系而无需受大不列颠或任何其他大国的约束羁绊。但在尼赫鲁手中，它也变成一种对战后两个超级大国争霸现实的应对。印度拒绝被打上任一集团的印记的做法开辟了一条供大部分亚非新独立国家追随的道路。不结盟运动组织维持松散的联系和不固定的形式，但它成为国际 上的一种和平力量，在反对殖民主义和种族主义争取世界和平的斗争中发挥了自己的作用。

印度也保持了与英联邦的关系。在1949年4月在伦敦召开的英联邦大会特别讨论了印度的地位问题，会议同意，按照28日发布的决议，印度将保留作为英联邦成员。

尼赫鲁具有自己独特的外交风格；这很大程度上归功于30年来他作为民族主义运动领导人所积累的经验。他持续不断地依据知识和道德规范公开地分析问题,并提出解决问题的方案。他坦率地对时事作出评论,特别是在1950年初,在西方引起了强烈的不满。西方指责他对苏联集团的行为(如匈牙利事件)的批评比起对西方大国的批评(如苏伊士运河危机)更谨慎和温和。尼赫鲁则辩解说,对西方民主国家的特定政策的尖锐批评是试图让这些国家的公众舆论对自己政府产生压力,而这种方法对苏联集团是不起作用的(媒体受国家控制),对尼赫鲁来说,通过外交渠道解决问题比公开批评是一种更好的选择。如同他曾说过的,他的目标是"带来结果而不是让人民愤怒"。在诸如西柏林和奥地利的独立等问题上,他在幕后所发挥的温和影响,比起一般人所认为的要大得多。

1956年,尼赫鲁说:了解当前世界形势,甚至表达印度各方的意见,是我的工作。因此,我的大脑中充满了世界的复杂性、国际

1954年,贾瓦哈拉尔·尼赫鲁访问中国,在北京的街头受到人群的欢迎。

形势以及战争准备。这些使我心烦意乱,因为谁知道这些战争准备将会把世界引向何方?

在处理与周边国家的关系时,尼赫鲁有时也显露出某种霸道的作风。在科伦坡会议上,尼赫鲁对巴基斯坦总理穆罕默德·阿里说,你只不过是美国的一条走狗,对此,阿里回应道,你尼赫鲁不过是俄国人的一条走狗,尼赫鲁不无失态地说出,他要将阿里撕成碎片——很快自觉到失态,又澄清说这句说针对的是阿里所说的话,而不是阿里本人。

1955年是尼赫鲁一生中最为得意的年头。作为新独立的印度国家总理,他在国际上成为为争取独立而斗争的殖民地国家受尊敬的英雄;在国内人民心目中则是个得人心的有号召力的国家领导人:温文有礼、成熟和智慧,献身于社会公正、民主,没有宗派观念。尼赫鲁经常在群众大会上演讲,"无论他在何处演说都是人山人海,男人和女人站立街道两旁等待他的汽车通过"。据他自己说,与群众的密切接触使他"克服了劳累和灰心,激起柔和的乐观主义"。

印度已经从依据教派分治(导致巴基斯坦的建立)的噩梦中醒过来,成功地抵制了内部要求将印度界定为"Hindu"(印度为印度教徒的印度)的压力,意含着将穆斯林作为外国人的地位,并让少数族群处于一种含糊的地位。在他的领导下,印度实现快速的经济增长并最终从贫困中崛起的前景被认为是光明的。世界其他地方开始将印度视为非-共产主义欠发达国家计划经济的楷模。尼赫鲁的社会主义形式似乎避免了苏联模式的极权倾向;他的声誉由于其身处在新出现的不结盟国家领导人的群体中以及他反对朝鲜战争的立场而得到极大的提高。

60年代初的危机与处理

尼赫鲁及其领导下的印度政府虽然取得令世人瞩目的成就，但也存在许多不尽如人意的地方，许多事情尼赫鲁想做而未能做到，由于一些政治与社会因素使得总理行使权力受到约束。这主要体现三个方面：一个方面是尼赫鲁虽然具有在印度推行深刻而广泛的改革的意愿，但根深蒂固的社会结构和民众心态以及既得利益的长期存在使得尼赫鲁与印度大部分人，确切地说与其自己的同僚和党的成员的脚步不合拍；第二个方面是能推进变革的政府机器的虚弱，即政府机器是否能够确实运作以有效实施尼赫鲁的希望和政策。最后，存在一个可用资源的问题，特别是财政资源，由于需要对范围广大的经济和社会项目进行重大投资，而资金的匮乏使得很难按照国大党和尼赫鲁的愿望推行印度社会和经济的重建。

在五六十年代，印度有大约一半的人生活在贫困线以下，难以维持生存。出于政治上的考虑，国大党政府没有征收农业收入税。到50年代后期，印度已经耗竭战时的伦敦英镑结存，遭受严重的粮食短缺，日益依靠从国外进口的粮食帮助度过粮荒，以及依靠国家投资和外国援助来维持计划经济的增长。1960—1961年印度接受了514.5百万美元的援助，最大援助来自美国，其后依次为西德和英国。1961年粮食进口350万吨，尼赫鲁去世那一年翻了一番多。此外，印度需要大量的维持防卫的开支。1962年后，防卫开支翻了一番，尼赫鲁在世最后一年，防卫开支占中央政府开支的40%。

令尼赫鲁极为失望的是他未能维持与两个邻居的良好关系——中国和巴基斯坦。当中国军队1950年进军西藏时他显示出极大的克制。他甚至甘冒西方集团的不快,支持中国重返联合国。但从1959年开始,印度面临中印边界问题。3年后中印进入战争状态。在印度方面,无疑存在外交和防卫上的失误。作为决策者的尼赫鲁负有重要的责任,印度遭受的失败深深伤害了尼赫鲁,加快了他1964年的死亡。

中印边界紧张时,正是果阿事件发生前后,印度民族主义高涨的时期。从1961年秋天起,入侵果阿就在计划中了。印度朝野上下对果阿问题的认识相对一致:果阿继续作为葡萄牙殖民地长期以来被认为是不正常的。在1955年葡萄牙军队对要求果阿独立的志愿者开枪射杀后印度就与葡萄牙断绝了外交关系。对果阿采取行动葡萄牙人不可能进行报复,国际社会也不会发出太多的声音。所谓收复果阿的"警察行动"在1961年12月进行,印度轻而易举地实现了自己的目的。尼赫鲁直到最后一刻一直摇摆不定,克里希那·梅农(Krishna Menon)是尼赫鲁的重臣,十分了解尼赫鲁的心理,他这样描述尼赫鲁的态度:"他抱有一种复杂的态度,他不喜欢其中的粗俗和野蛮,但同时要这种结果。"无论如何,收复果阿刺激了印度人的民族主义感情,尼赫鲁及其同僚想用同样的办法来处理中印边界问题。在竞选运动中,内政部长夏斯特里威胁说中国将遭受如同果阿一样的命运,国大党的主席桑吉瓦·雷迪(Sanjiva Reddy)大谈特谈将巴基斯坦赶出克什米尔。中国在边界问题上表现出的克制态度也被他们视为一种软弱。

1960年,中国总理周恩来按照麦克马洪线与缅甸、尼泊尔划定了边界,印度方面因此也期待中国方面也按麦克马洪线与印度划定中印边界。但1961年中印官方协商的结果只是产生相互矛盾的报告,双方都指责对方占了自己的领土。因此,印度制定并开始实施一项"前进政策"——印度人挑衅性地派出边防部队进入有争议的区域,想对所宣称的领土进行实际占领。这种荒谬可笑的政策甚至被视为甘地模式的萨蒂亚格拉哈,但是"萨蒂亚格拉哈者将是武装部队"。"我们认为这是一种游戏竞赛",一名印度军队军官1962年11月回忆说;确实国防部长梅农称之为"一种下棋游戏"。一支装备低劣,资金不足的军队——提出军事预算甚至被人民院中那些歇斯底里地主张使用武力反对中国的议员们反对——只能招惹灾难性的后果。对"前进政策"中某些更为冒险性的行动的发生,尼赫鲁并不知悉。但有理由认为,在1962年大选运作中,这是一种在印度得某些人人心的政策。

1962年10月29日,美国大使加尔布雷斯(John Kenneth Galbraith)宣布愿为印度提供美国军援;几周前,尼赫鲁曾反对一项供给,但现在他接受了——5天后西德的军事物资登陆印度。从中国人的观点看,事态变得更严峻因而不能让冲突拖下去。印度军队很快被击溃,到11月20日,在东北前线已经没有成建制的印度军队,在中国军队前面已没有任何障碍。德里处于恐慌之中;政府发出命令逮捕印度共产党中的亲华人士,结果许多亲莫斯科的人士被捕,后来又不得不一个个地释放。那个晚上,尼赫鲁惊慌失措——这位不结盟之父——要求美国军事干预:他请求美国飞行员驾驶的轰炸机进入印度与中国人作战。

中国人此后理直气壮地谴责尼赫鲁为美国的走狗。如果说组织民众和平进入果阿收复殖民地带有反殖民主义的性质，尚能获得战后世界的普遍理解的话，让武装的士兵依据英帝国主义炮制的麦克马洪线去抢占同样经历殖民主义压迫与剥削的中国的土地，是很难获得世界人民的同情与理解的。印度确实获得一些西方国家的支持，那是出于反华反共的目的。而反华反共不是尼赫鲁一以贯之的外交政策，无论在独立前还是独立后，尼赫鲁都是以反帝反殖的斗士自居的。而现在，尼赫鲁竟不得不争取美国的支持以对付中国。这不能不说是历史的讽刺。印度实际上放弃了它所倡导的不结盟政策。因此中印边界冲突及其结果对尼赫鲁来说是一种双重失败，不仅仅是战场上的失败，而且是外交上的失败。本雅明·扎查里阿（Benjamin Zachariah），尼赫鲁传记作者之一指出：对尼赫鲁政策最大的背叛来自尼赫鲁自己。无疑他对待中国的政策的失败使他在国内政治中无法处于稳固的地位。1963年8月，执政16年来第一次，他的政府面临议会不信任的动议。

随着来自国内外的挑战的加剧，国大党内部也出现危机。早在独立前夕圣雄甘地曾提出印度一旦独立国大党应该立即解散的建议。但该建议没能被国大党接受。许多国大党领导人，带着获取官位的梦想而相互争斗不休，通过各种阴谋和小团体活动来夺取各层级的权力。总理既无法消除他们的野心，也无法消除他们制造的麻烦。独立后仅两年，他就悲叹，"国大党正在我们的眼前衰退"。1952年，米拉·本（Mira Behn），一位甘地信徒，说国大党应该认识到只有理想才能征服人心，只有理想才能成功地帮助印度克服环绕国家的四周的危险。总理同意他的意见，但他太忙于驾驶印度航船通过印度政治的凶险的潮流，无心更无力去恢复国大党的理想。马丁·路德·金曾问贾瓦哈拉尔："你是说年轻的印度人将会记住甘地的教诲?"他十分悲伤地回答他想不会。

终于,国大党内有人站出来提出整顿国大党的问题。卡马拉季,一位来自马德拉斯的资深国大党人提出了后被称之为卡马拉季计划的建议。这项计划先是由几个重要领导人讨论,最后由尼赫鲁同意,作为加强党组织恢复其在群众中威信的一种办法。国大党工作委员会在8月通过这项计划,依据计划,政府中的国大党领导人应该辞去他们的职位,在党组织中担任全职的工作;由尼赫鲁决定接受谁的辞职请求。最后获得批准的是12人名单,包括6名首席部长,也包括卡马拉季自己。无论计划的倡议者的动机是什么,他们肯定意识到一旦尼赫鲁不再担任总理,很快就不可避免地有继承权的斗争。尼赫鲁自己将此看作为复兴国大党,使之在全国发挥更重要作用的措施。

作为挽救国大党的一项计划,卡马拉季计划不是很成功,但该计划清楚地影响了总理继承接班人问题。到1963年8月卡马拉季计划执行时,大部分观察家发现国大党组织处于解体中。尼赫鲁总理自己的地位由于国内对其政策的巨大反对力量,以及他的朋友们由于与中国的战争而对他的背离,十分脆弱。

尼赫鲁总体说来作风民主,但尼赫鲁与同事的关系说不上亲密友好,从好的方面讲,这是因为尼赫鲁不搞个人小集团帮派活动,从批评者的角度说,同尼赫鲁的个性以及工作能力有关。1948年蒙巴顿告诉他:他对待部长们,主要是巴特尔,态度粗暴,即使丘吉尔在其权力巅峰时期也不敢以这样的方式对待内阁部长。尼赫鲁与巴特尔的紧张关系在那年初几乎到了决裂的边缘。巴特尔感到尼赫鲁的行为方式越来越像一名独裁者,而不是民主政府的领袖。他们性格脾气不同,关于社会经济发展和教派关系的观点也不同。

另外,尼赫鲁事无巨细地亲力亲为。他不仅要制定印度的内政外交的方针政策,而且亲自处理许多小问题——诸如政府官员侍者的数量,印度应购买何种拖拉机,印度是否应该允许赛马等等。一个人的精力总是有限的,管了过多的具体事务必然会影响到对一些大事的处理,权力过于集中于个人也必然限制了其他人作用的发挥。常言道:巨树之下寸草不生。尼赫鲁执政十余年的结果之一是,印度没有产生出一个能孚众望、胜任总理职位的继任人选。

"路漫漫其修远兮,吾将上下而求索"

1959年,当尼赫鲁庆祝他的70岁生日时,关于国大党未来领导人的人选开始从官方的轻声低语变成报刊媒体上和政治圈中的公开猜测。1962年春,尼赫鲁第一次患病,不得不每个下午休息,将工作日程表从每天17小时减到12小时。"中印战争"是个转折点,他一下子从精力过人的70岁变成行动迟缓、精疲力竭的73岁的老人,不再自信,精神脆弱。英迪拉后来这样回忆他父亲当时的状况:

> 战争结束以后,我父亲的健康状况每况愈下,也许在此之前他的身体就已经不怎么好,同时克里希纳·梅农离开政府对他也是个沉重的打击。我认为最使他伤心的是他自己的同事如此反对他,还有他们那种简直是把克里希

纳·梅农逼出内阁的态度。如果我父亲能经受得住这一切，情况本来会好一些，但是，这场反梅农的运动，来势如此凶猛，就连我父亲认为跟他很亲近的人，如蒂·塔·克里希纳马查理、夏斯特里等人都反对他，这实在令人沮丧。所有这一切大大削弱了我父亲的地位，从这种意义上说，可以说政府向右摆了，没有执行什么计划。

绝食和辞职是印度政治家们时常使用的应付困难局面的两种手段，圣雄甘地时常使用绝食来达到自己的目标，而贾瓦哈拉尔几乎没有绝食过，他使用的是辞职。1928年，他第一次因为党内关于西蒙调查团意见不统一而辞职，没被接受，以后辞职成为他的一个癖好，在独立后更经常地使用。1951年在与坦顿的争执中他威胁辞职。1954年，当他感到陷入困境时，他想辞职。1957年当他想用拉达克里希南取代普拉萨德任印度总统，未能如愿时，又想辞职。1958年，当他在议会对议员们宣布要辞职时，激起极大的反响，"我想我必须给我自己一段时间从日常事务中解脱出来，做一个印度公民，而不是印度总理"。但是，又一次的，他只是说说而已，没有提出书面辞呈，而是让议员们做决定。可以想见的是，议员们纷纷说，印度怎么离得开你呀，结果是他心悦诚服地服从党内的压力。所以他实际上从未正式向总统提出辞呈。直到他去世前5天，在记者招待会上，有记者问是否在他生前不解决接班人问题不符合国家利益时，他的回答是"我的生命还不会这么快地结束"。曾有人调侃说，如果尼赫鲁在1958年离开舞台，不是由于死亡或健康的原因而放弃权力，那么他将多么荣耀，将创下先例，他也不会遇到后来那么多烦心的事。

但权力是鸦片，一旦上瘾很难根除。尼赫鲁没有辞职，在短暂休息后，继续像以往那样工作。此外，他拒绝暗示他想让谁成为他的继承者，坚持认为在民主制度下，领导人应该以恰当的民主方式选择而不是通过庇护的方式。然而，国大党的重要人物已经开始为他的去世作准备，需要快速挑选接班人。

尼赫鲁在生命的最后一刻，一如既往地在为自己的国家操劳。5月26日晚，他像往常一样清理完自己的桌子，上床睡觉。第二天早上醒来后，疼痛不已，病情加重，腹内流血，失去知觉，几小时后在德里家中去世，女儿英迪拉陪伴身旁。第二天他的遗体在火葬他的导师、朋友甘地的遗体的同一地点火葬。他时常说，甘地是不知疲倦的朝圣者，寻求真理，为自己也为自己的人民。尼赫鲁也怀抱这样的愿景，引导人民进行变革。他办公桌上摆放着他手录的英国诗人罗伯特·弗洛斯特（Robert Frost）的一首小诗，该诗表达了他一生为印度的繁荣富强而不懈努力的决心。诗的题目是"雪夜林边小驻"，诗句如下：

    林子是可爱的，漆黑而幽深
    但我有诺言要信守
    须继续前行方能休息
    须继续前行方能休息

这首诗让我们想起中国人耳熟能详的"路漫漫其修远兮，吾将上下而求索"的著名诗句。除甘地之外，没有哪一个印度人像尼赫鲁那样对印度人民的心灵和思想产生过如此长久深远的影响。作为

贾瓦哈拉尔的外孙拉吉夫·甘地和桑贾伊·甘地双手捧着盛有祖父骨灰的瓮。

独立的印度民族国家的主要设计师,以及作为世界和平的斗士,尼赫鲁位列20世纪最卓越人物之列。他领导他的国家从殖民地走向民主,从传统走向现代,从停滞走向发展。作为印度总理,尼赫鲁肩负的任务是沉重的:同时追求民族整合、政治民主、经济发展和社会公正;所有这些目标他都取得一定的成功。

但他也有失误:没能预见到人口爆炸;没能严格地实行土地改革;没能加快发展基础教育;没能阻止行政水准的滑坡。这些不足与失误既由于他自己的局限性,也由于他自己所在的党和政治制度的运作失误。

评价伟大人物的历史功过是历史学家的工作,一般老百姓更看重的是领袖人物的人品。人民敬重尼赫鲁不仅仅在于他为印度人民做出的巨大贡献，更多的是感佩于他的品格。尽管尼赫鲁出身富裕之家，自从投身独立运动后，宁愿过艰苦的生活。

独立后，作为几亿人口大国的总理，他时时处处为国家着想，不滥花国家的钱财。1954年5月，尼赫鲁出差到马德拉斯。在回答国会质询时，方知那一趟花了九万卢比。他十分不安，写信给该邦首席部长，询问具体花费，他说："如果代价如此高的话，今后我出门可要仔细斟酌了。"

在第一次访美时，与他一道同行的有巴吉拍依（Girja Shankar Bajpai）爵士，外交部的秘书长，以及私人秘书马泰（M.O.Mathai），他们乘的是商业航班。航程跨越大西洋，需在机上花费整个晚上的时间。飞机上提供卧铺，只要加付费用，整个印度代表团只要了一个卧铺，总理坚持将这个卧铺给巴吉拍依爵士，理由是他比自己年纪大。英迪拉陪同他出国访问，费用自己支付。为了减少开支，财政部长要求降低秘书的等级，要尼赫鲁带头，尼赫鲁毫无怨言地带头降低自己秘书的薪酬。

尼赫鲁对别人宽容，对自己严格。1961年共和国举行游行，英国女王是主要贵宾。一些政治家来晚了没有座位而抱怨。志愿者要他们像其他人一样坐在地上，他们向尼赫鲁提抗议。尼赫鲁平静地带着女儿和议长离开女王，与议员一道坐在草地上。在议会大厦招待会上，见一些人将香蕉皮随手扔在地上，他端起盘子，在众目睽睽之下将地上的香蕉皮一一捡起放入盘中。

像历史上所有伟大人物一样，尼赫鲁也给世人留下一些不解之谜。尼赫鲁是否想过建立"尼赫鲁王朝"，或者说，从尼赫鲁去世后几十年里，由于尼赫鲁的后代们在印度政治中一直占据重要地位，人们不仅会问,这是否与尼赫鲁生前的刻意安排有关。不像甘地,甘地没有让自己的子女参与政治,甘地家族至今在印度默默无闻。但是,指责他想建立一个政治王朝是站不住脚的。确实,他顽固地拒绝指定一位继承者。去世前一周,他还在说:"如果我任命某人,那是他不能成为总理的最确定的方式。人们会妒忌他,不喜欢他。"但是,在他生病的最后一刻,他将夏斯特里召回他的内阁中,这暗示他倾向夏为他的继任者。他女儿的机会还要再等17个月,夏突然去世后。

尼赫鲁离开历史舞台,宣告一个时代的结束。在尼赫鲁活着的时代,政治家们大多怀抱救国救民的理想,尼赫鲁去世后,理想主义退出了印度政治。他的继承者们是真实政治的精明实践者,但他们所关注的目标远为狭小和庸俗。从那以后,印度政治及印度政治家们自身成为急需"拯救"的对象。

胜过一千个小伙的女孩

第五章

  英迪拉·甘地曾经描绘自己的童年生活是"不安静和不受保护的"，动荡的局势、久病的母亲、长期坐牢的父亲、没有兄弟姐妹的孤独处境，对年幼的英迪拉的思想、生活都产生深刻的影响：一方面情感脆弱、羞怯，以自我为中心；一方面意志坚强、志向远大、努力在每一件事上都想超过别人。不如人意的婚姻似乎最终也没能还她一颗女人的平常心，最终，她宿命般地卷进了政治的漩涡。

在印度，人们常说"尼赫鲁—甘地王朝"，而不是"尼赫鲁王朝"，虽然大家都知道所谓的"尼赫鲁—甘地王朝"实际上指的还是尼赫鲁家族，这个称呼同大家知道的圣雄甘地家族没有任何关系，圣雄甘地的后人自圣雄甘地之后基本脱离了印度政坛。之所以称"尼赫鲁—甘地王朝"，是基于这么一个事实，即贾瓦哈拉尔没有儿子，只有一个女儿英迪拉，英迪拉嫁给了一个姓甘地的印度小伙子，因此英迪拉被称为英迪拉·甘地夫人，英迪拉的两个儿子分别叫拉吉夫·甘地和桑贾伊·甘地，他们俩的夫人及儿女们全都带有甘地的姓。加上英迪拉·甘地及其儿孙们在独立后印度政治中的重要地位，印度人因此习惯称"尼赫鲁—甘地王朝"。在独立以来的历史中，英迪拉是同其父贾瓦哈拉尔一样重要的角色，尽管父女俩在个性及行事风格上具有那么大的差异。简单地说，如果说贾瓦哈拉尔具有女性的温柔气质，英迪拉则具有更多男性的刚强气质。这恰恰应了英迪拉祖父莫提拉尔在英迪拉出生时说的一句话："这是一个将胜过一千个小伙的女孩。"

成长于动荡年代

白桑特夫人访问阿南德宫6周后，1917年11月19日那天，阳光灿烂，天气凉爽宜人。这是印度北方一年中最爽快、可爱的日子。欢喜宫内，人头攒动，熙熙攘攘。除了尼赫鲁家的直系亲属外，还来了不少堂兄弟姊妹和姑母姨母，连一些远亲也一起赶来了。他们都在等待一个婴儿的诞生。

按照印度教的习俗，孕妇通常是回娘家生第一个孩子的。人们一般认为新媳妇在生第一个孩子时尚未完全融入丈夫的新家庭，从心理上讲，在自己娘家生第一个孩子精神上更加放松，能有效舒缓由于缺乏经验而带来的紧张情绪。不过盼孙子心切的莫提拉尔执意要儿媳妇留在阿拉哈巴德生产坐月子，并请当地最好的英国医生来接生。

医生抱着刚出生的婴儿走出产房，来到贾瓦哈拉尔面前，宣布说："生了个漂亮的姑娘，先生。"

婴儿不足4磅，满头黑发，又大又黑的眼睛，精巧的小嘴，只是鼻子稍大了些。

英迪拉的祖母斯瓦鲁普·拉尼深感失望，脱口而出："哎呀，可惜不是个男孩。"贾瓦哈拉尔是她唯一的男孩，她和整个家庭热切盼望第一个孙辈是男孩而不是女孩。尽管莫提拉尔的心情与自己的妻子一样，然而还是表现出他应有的风度，对妻子当着众人的面所表露的偏见很恼火。他正色告诫他的妻子，她不应该说出那样的话，甚至不应该有那样的想法。"我们抚养自己子女

还是一名小婴儿的英迪拉·甘地和母亲卡麦拉在一起。

的时候，难道对他们有过什么不同的对待吗？你不是同样地疼爱他（她）们吗？你要知道，贾瓦哈拉尔的这个女儿可能会胜过一千个儿子呢。"

实际上，莫提拉尔同那时代的印度大家长一样，头脑中的重男轻女的思想还是很重的，他可以花重金让儿子贾瓦哈拉尔在英国受最好的教育，却甚至不愿送女儿上本地的学校。

莫提拉尔以自己母亲的名字来命名自己的孙女——英迪拉。贾瓦哈拉尔夫妻在英迪拉名字前面再加上普里雅达希尼一词，意思是好看的。童年时的英迪拉长得并不好看，尽管父母属印度人中的俊男靓女，英迪拉似乎不仅没有综合父母的优点，而且是将两者的不足处结合在了一块，她的姑姑甚至公开说她长得很丑。

来自全国各地的贺信贺电淹没了阿南德宫，其中有一封是萨罗吉妮·奈都写来的，她是一位政治家兼诗人，有"夜莺"的美称。她在信中把英迪拉描绘为"印度新的灵魂"。

"新的灵魂"从出生起，就生活在美丽的大花园中。从欢喜宫走廊阳台外望，可以看到大花园，种满剑兰、水仙、香豌豆以及大片的玫瑰，成百上千的鸟在周围飞翔，甜美的鸣叫和色彩增加了它的美丽。不奇怪，从她的童年起，英迪拉喜欢躺在草地上，仰望树梢和蓝天，任由思绪驰骋。她喜爱爬树并藏在树中，将大树当做属于自己的小世界。"当我还是个小女孩的时候，我喜欢吹口哨、跑跑跳跳和爬树，这被认为没有小姐风度。"

然而，墙外世界的急剧变化打破了花园内的宁静与甜美。英迪拉两岁时，印度历史上发生了阿姆利则惨案。阿姆利则惨案是印度历史上的一个转折点，它赋予印度民族斗争以新的广度与深度，从少数知识分子的反英斗争，扩展到整个知识分子阶层和各个阶层的人民，犹豫的情绪一扫而光。该事件对英迪拉的家庭来说，也是一个转折点，她们一家的生活方式从此完全改观。祖父、父亲、母亲、姑姑们全都跟随圣雄甘地，全力投入印度的民族解放运动。英迪拉的童年生活也随之发生激烈的变化。英迪拉曾经描绘她的童年生活是"不安静和不受保护的"，实际上是不安全的，这对年幼的英迪拉的思想、个性都产生深刻的影响，某些冲击给她留下创伤，但也锻炼了她的意志。

英迪拉刚满4岁时（1921），祖父与父亲双双第一次被捕入狱，她坐在祖父的怀里接受审判，然后一人独自回家。她后来回忆说："进行争取自由的斗争时，警察不断来抄家，没收了我们的家具杂物，还要抓人，我们不得不藏起违禁的印刷品。当时我虽然还小，但这一切我都有份。我参加了游行和集会，我的童年生活是十分没有保障。人们今天不知道明天谁还会活着，谁还会在屋子里，而下一步又会发生什么事情。"

当时英国当局对于参加自由运动的人的惩罚，通常是处以有期徒刑和一笔数目相当大的罚款。尼赫鲁家族的人按照圣雄甘地制定的方针，宁愿坐牢，拒绝缴纳罚款。于是警察就时常跑到欢喜宫抄家。小英迪拉有时会握紧小拳头，向警察冲过去，尖声叫嚷："不许你们拿走这些东西，那是我家的。"

1922年，英迪拉5岁，尼赫鲁家为了响应甘地的非暴力不合作运动，决意将从欧洲高价买来的西装、天鹅绒、绸缎、窗帘等等，都搬到欢喜宫的平台上，付之一炬，焚烧的场面给英迪拉留下难以磨灭的印象。不久后，一个亲戚来看望他们，给英迪拉带来一件漂亮的外国衣服。英迪拉很喜欢，但很快意识到不能要外国货，"把它拿走，我不要穿这个"。"为什么？难道你手中抱的娃娃不也是外国货吗？好啊，小圣人，我会把衣服拿走，可你干嘛还留着洋娃娃呢？"这给英迪拉带来了人生的第一次挑战，她思想斗争了好几天，最后把洋娃娃拿到欢喜宫屋顶阳台上，划着了火柴，含着眼泪把火点着，鲜红的火苗烧着了娃娃，火焰发出滋滋的响声，英迪拉痛哭起来，眼泪滴滴嗒嗒往下掉。这天，小英迪拉病倒了，一连几天发着高烧。许多年以后，她回忆说："我确实记得当时自己的感受，我觉得自己好像是在谋杀一个人。"从此以后"我讨厌划火柴"。

那年，莫提拉尔给了英迪拉一辆小手纺车。母亲卡麦拉按照男孩子样式给英迪拉着装，全身国大党志愿者服装，包括头戴甘地帽。从小英迪拉就将自己当男孩子，她给父亲的信中署名"英杜——男孩"。

英迪拉最引以为骄傲的是她童年时代组织的"猴子军"。那时英迪拉刚刚12岁。1929年，贾瓦哈拉尔接过父亲的担子担任拉合尔国大党年会主席。当年12月31日午夜，新年即将来临的时候，国大党的旗帜在拉合尔拉维河两岸升起，贾瓦哈拉尔和国大党的其他一些领导人正式宣誓要取得印度的完全独立自由。在莫提拉尔的建议下，得到甘地的全力支持，贾瓦哈拉尔被推举为拉合尔会议主席。这是第一次由儿子继承父亲担任这个职位，也是至今为止国大党历史上唯一的一次。

英迪拉听她的姨祖母拉吉瓦蒂讲过《罗摩衍那》的故事，其中有这么一段：当罗摩决定向邪恶的兰卡国王拉瓦那开战，惩罚其诱拐他的妻子悉多时，他得到猴王哈努曼的帮助。哈努曼的猴子军造

第五章 "胜过一千个小伙的女孩"

童年时期的英迪拉一身男孩子的装束。

了一座大桥,使罗摩能够跨过大海,到达仇敌的老巢,消灭了拉瓦那。英迪拉就根据这个故事把她的组织命名为"猴子军"。猴子军中有男孩也有女孩,这个猴子军就像传说中的哈努曼的猴子军那样伶俐,又像他们那样乐于援助正义事业。

在欢喜宫举行猴子军成立大会时,出席的有一千多名男女小孩。英迪拉站在讲台上宣布成立猴子军的意义、目的。祖父在狱中得知此事后,半是得意半是调侃地说:建议这个组织的每一个成员都装上一条尾巴,并视级别的高低来定尾巴的长度。猴子军的成员们忙于写通知、开信封、做旗子、烧饭做菜、传递消息、收集情报。"有时候,一栋房子可能被警察包围,你不能将信息传递出去。但是没有谁会注意到一个在警察设立的封锁线上跳进跳出的孩子。没有谁会想到他能做出一些什么事情来。而这个男孩却默记住了信息的内容,并把它送到目的地。坐在警察局里的警察常常谈一些当时发生的事情——什么人将被逮捕、什么地方进行抄查等等。四五个在外面玩造房子游戏的孩子不会引起任何人的注意,然而往往就是他们把消息传给了搞运动的人。

一次,国大党最高执行委员会开会,制定不服从运动新计划,警察闻讯,包围了那栋房子(欢喜宫)。参加会议的人为保住党的机密,便把会议的记录和文件匆匆塞进汽车后面的行李箱里,英迪拉非常伶俐、机警地坐到车子上,让司机将车开出去,当车开到大门口时,一名警官挡住了汽车,并进行盘问。英迪拉非常沉着、勇敢,她佯装恼怒地说:"如果你们不让我去上学,我就要迟到受罚了,我只好把实情告诉老师,说你们警察任意拦截别人的汽车。"警察一听,只好让这辆带着秘密文件的汽车开走了。

母亲的病

给童年和少年时代的英迪拉生活带来重大影响的是母亲卡麦拉的病。英迪拉在给父亲的一封信中谈到世间冷暖:你在时,大家都来,你不在,没人来看望母亲。

你知道你不在家时家里是什么样子吗？你知不知道，当妈妈身体状况恶化时，虽然满房子都是人，却没有一个人去看她，或和她坐一会儿，她忍受痛苦时没有一个人伸出帮助之手？只有马丹白来的时候她才得到些许安慰。你一获释，一切都变化了——四面八方的人蜂拥而至，问候她，陪她坐着。现在你又走了，马丹白不能像以前那样经常来了。因为家里的人反对他的出现。

在阿南德宫，小英迪拉只能无助地和母亲一起忍受着一切。卡麦拉躲进自己的避难所，从宗教中求得解脱。她能数小时地把自己锁在房里，小英迪拉则静静地待在一旁，无声地表示同情，她们之间的感情纽带也就日益紧密。50年后，英迪拉回忆说："我深深地爱她，当我认为别人侮辱她时，我就与他们争吵甚至打架。"

卡麦拉从巴黎给一位友人信中袒露自己的悲愁："不断地生病使得生活变得无法忍受。在此世界上，我已经变成无用的人，由于无所事事只是吃饭和睡觉使得生活日渐沉重，但是即使死亡令我恐惧，我也希望我能很快地结束我的生命，我已成为大家的负担。你的兄弟（贾瓦哈拉尔）由于我而做不好自己的工作。"

有一点英迪拉没有说出来，母亲的病以及所遭遇到的羞辱给她灌输了一个坚定的信念：不让任何人以同样的方式对待她。后来证明英迪拉除了对深受苦难的母亲怀有强烈深厚的感情外，卡麦拉对女儿个性的形成产生了长期又最为巨大的影响。

莫提拉尔对英迪拉与卡麦拉之间的亲密接触带着深深的忧虑，在给贾瓦哈拉尔的信中公开表明自己的担忧，"前往孟买的火车上，

母亲卡麦拉去世时英迪拉19岁,在甘地写给她的一封言辞感人的信中有这么一段话:"卡麦拉的去世使你今后要承担更多的责任,但我一点也不担心你。卡麦拉拥有一些在别的女人身上非常罕见的品质,我希望她的这些品质在你身上能以同样的质地显现出来。"

英迪拉一路不停地亲吻卡麦拉。应该终止这样做。如果可能的话她们应该避免像那样的相互紧紧拥抱,因为甚至排汗都会带有病菌"。

值得庆幸的是,到20年代末30年代初,贾瓦哈拉尔夫妻之间的关系有了很大的改善。这时期,夫妻关系突然升华为同志与战友的关系,英迪拉后来回忆说,母亲突然间成为父亲政治上的同盟者与支持者让父亲惊喜万分。他深为因自己的事业给妻子和女儿带来的痛苦而不安,妻子的耐心和毅力使他吃惊。对卡麦拉来说,她所承担的角色让她兴奋不已,能够支持丈夫,给予丈夫力量对她无疑是一种滋补剂,她的健康也有所改善。

不稳定的生活、久病的母亲、长期坐牢的父亲、没有兄弟姐妹的陪伴,这一切增加了她的孤独感。加上对伟大事业的期待,使她的情感极其脆弱且不全面,导致她产生一种双重的自我保护心理。一方面,尽管她的羞怯令她苦恼,但却努力在每一件事上都想超过别人;另一方面,她又把自己紧紧包裹起来,尽力保持独处,除了极少的几位朋友以外,她无法向任何人袒露心怀。

1936年2月,卡麦拉在瑞士洛桑去世。时年英迪拉19岁。

5年前,她告别疼爱自己的祖父,现在母亲又离自己而去。英迪拉虽然也很热爱和崇拜父亲,但与母亲感情上的联系更为紧密。她一生都没有忘记身体脆弱、受尽磨难的母亲。能自称了解英迪拉的人并不多,但凡是了解她的人都异口同声地说,卡麦拉去世时,英迪拉性格中的基本特点实际上已经形成,在此后的岁月中,没有人能对她产生堪与母亲相比的影响。

卡麦拉在瑞士去世后,贾瓦哈拉尔与英迪拉却无暇来安慰自己。父亲必须迅速赶回祖国,那里有使命在召唤着他。但首先,他必须解决一直被忽略的问题,把女儿送往何处继续学业。

孤寂、读书和沉思,使英迪拉成长为"一个严肃而庄重的孩子"。在父亲的影响下,她阅读了许多严肃的书籍,开始有了英雄与牺牲的概念。童年时代她崇拜的英雄是贞德,她7岁左右第一次读到圣女贞德的生平故事时,对她崇拜备至,在给父母的信中一再表示决心要做另一个贞德。一天她的小姑克里希娜发现她正摆出一副奇怪的姿势:她站在走廊上,眼睛闪闪发光,四肢伸开,嘴里念念有词。小姑问她在做什么,她严肃地回答,她正在扮演圣女贞德。"我一直在续写她的书,有一天我要像她那样,领导我的人民取得自由。"圣女贞德的影响一直伴随着她,直至生命的终结。

政治动荡给英迪拉的教育带来负面的影响,使得她的教育不完整、不连贯。在甘地的倡导下,印度人所要抵制的不仅是英国法庭,而且还包括受政府资助的学校。于是私立学校匆忙地建立起来,这些学校是临时凑合的,校舍简陋,教职员工及教学设备也少得可怜,常常是各种年龄的学生挤在一间大教室里。莫提拉尔坚持将英迪拉送往欧洲人办的私立学校,贾瓦哈拉尔反对。双方争执的结果是实行折中方法:安排英迪拉在家学习。因为母亲的病,她走马灯似的转学,英迪拉像个游牧学生,她的学生时代就这样过去了。

在狱中,贾瓦哈拉尔想尽父亲的职责,于是决定将英迪拉送到泰戈尔办的圣蒂尼克坦大学受教育。在申请表家长一栏中他写道:她的教育已经由于国内的政治动乱而受到妨碍。父母努力发现她自己的倾向是什么,但未能成功。她应该在大学做些事"使她在成年后能有效地为社会做有用的事,同时使她能够在经济上独立。她是不可能没有收入的,父母也不想让她依靠丈夫和其他人。"

英迪拉是贾瓦哈拉尔和卡麦拉唯一孩子。关爱她的父亲希望她能为未来梦想的印度的建设添砖加瓦,父亲不时从巴雷利(Bareilly)县监狱写信,督促、鼓励她,克服"忧郁与闷闷不乐"。1931年,他先是让她进了位于普纳的一所学校,后来,又送她到了圣蒂尼克坦,这是一块体现泰戈尔精神的地方。但在这里,年轻的英迪拉也陷入她惯常的孤单的情绪之中。1934年9月16日她写道:"当我被一大群人包围,并处于他们的嬉笑玩耍之中时,他们的粗野与吵闹,使我感到很可怕,会有一种孤独的感觉。"

知女莫如父。在别人只看到英迪拉孤僻忧郁的一面时,贾瓦哈拉尔看到爱女的自私与不负责任的一面。在给妹妹的信中他抱怨英迪拉不常给父母写信，完全不顾及他们，变得极其以自我为中心，明显地自私。她沉溺于一个梦想的、异想天开的、漂浮在云端上的世界中。"英迪拉常使我神经紧张，她成长为一个没精打采的、故作感伤的女孩"。第二封信做了更明确的说明，"我所不喜欢的那种无病呻吟的人，是没有决心，终生依靠别人照顾的人。英杜在许多方面已经具有这样的品行。她明显地对他人缺乏爱心和关怀。这是一种严重的缺点，自我中心，很少想到别人"。

刚到圣蒂尼克坦时，英迪拉要求有自己独立的住房和厨子，这一想法立即遭到父亲的批评，父亲批评她像"威尔士王子"一样。

> 关于瓦齐尔建议你用索尼本在圣蒂尼克坦的房子，单独住宿，并且要带厨师等等，我恐怕不能同意。我很不喜欢你离群索居，要求特殊的照顾，正如威尔士王子上中学和大学一样。就我看来这会滋生粗俗和势利。在任何地方大声训斥别人，认为他们是劣等人，而你是需要特别照顾的高等人，这是最坏的开始。你认为任何有自尊心的男女生会乐意与处于这样情况下的你交朋友吗？还有老师、教授以及学校管理人员，他们会有什么想法？我们越过他们的头而做出自己的安排，他们是否感到某种程度上受到侮辱？不，这种事不能做。不论去哪里，一定要与周围的环境保持同一水平，不要想象自己比别人优越……我长期的愿望是，你的教育的一部分——也是每个学生的教育——应该包括在工厂和田间的诚实的劳动。

贾瓦哈拉尔一直计划英迪拉能在适当的时候到英国或欧陆留学。英迪拉愿意去英国留学,那里是父亲曾留学过的地方。

1936年11月5日,父女俩与英国牛津大学萨默维尔学院的院长和教务长友好会面,他们讨论了关于英迪拉1936年10月新学年入学的问题。考虑到她母亲在瑞士病得很严重,英迪拉小姐无法达到印度学生进入高一级学校学习的条件。因而校方允许其参加1937年3月的考试,同时参加现代语言和历史的统考。也就是说,校方愿意为贾瓦哈拉尔的女儿放宽入学条件。即使如此,尼赫鲁父女还是为考试,尤其是拉丁语的考试担忧。

1937年3月再次进行过关考试,她通过了法语、宪法和历史以及政治经济学等科目的考试。但拉丁文还是没过。因为其他学生在入大学时学过多年的拉丁文,而她只突击补习了7个月,假如当年在印度进的是英国人办的好学校,她也许能过,但她上的是圣蒂尼克坦,学的是梵文。如果她要继续待在萨默维尔学院,就需第三次参加6月的考试,这是她最后的机会。

拉丁文考试不及格,甚至补考也还是没有通过,她被迫离开牛津。她在牛津大学没有获得学士学位就离去,自己不怎么着急,她父亲倒有些失望。总之,在英国期间,英迪拉学习上虽没有太多的进步,但却加强了其与生俱来的自立性,开阔了心胸,拓展了精神视野。所有这些对她日后的一切都大有裨益。

一年冬天,英迪拉也被发现得了肺结核病,被送到瑞士山区疗养。当她准备重返牛津时,第二次世界大战已经爆发,旅程也变得异常艰苦,不得不绕道而行。在里斯本,还被迫滞留了一段时间。

回到牛津,英迪拉便宣布准备尽快回国。费罗兹始终在努力追

求她，当然毫不犹豫地决定与她同行

爱情与婚姻

事实上，卡麦拉患病后，无论是在印度的博瓦利疗养院还是在瑞士，费罗兹都一直守护在她身边。许多人相信，英迪拉之所以决定与费罗兹结婚，至少部分原因在于后者对于其母始终如一的热爱和照顾。当然，她单独待在欧洲时，费罗兹一直是唯一的朋友和伴侣，这也是使她做出以上决定的另一个强有力的原因。

费罗兹·甘地与圣雄甘地没有任何血缘上的关系。圣雄甘地是印度教徒，而费罗兹是拜火教徒，圣雄甘地的拼写是"Gandhi"，费罗兹·甘地的拼写是"Ghandy"，这两个姓就如同我国"黄""王"两姓之间没有任何联系一样。甚至有人说费罗兹父亲姓"Khan"，费罗兹的名字原本是"Feroze Khan"，只不过母亲姓"Ghandy"。因此，"Ghandy"一族与圣雄甘地八竿子打不着。不过也有人说，费罗兹用甘地作姓，是得到甘地本人允准和鼓励的，因为甘地赞同并支持费罗兹与英迪拉的婚姻。自从他们结婚后，他们有意模糊其中的差别，给外人以英迪拉一家似乎是圣雄甘地后人的印象，甚至，在印度也有许多人愿意这样认为。

费罗兹的父亲是一位海军轮机军官，1914年费罗兹刚两岁时，他父亲就把全家搬到阿拉哈巴德去住。第一次世界大战爆发后，他必须长期离家出海，而他的姑姑是阿拉哈巴德一所医院的外科医生，父亲觉得家里人在妹妹那里可以得到更好的照顾。小费罗兹在一所学校读书,12岁的他加入童子军,副团长就是独立后任内阁部长的马拉维亚。

在阿拉哈巴德市举行的一次示威游行中,当时16岁的费罗兹受到了政治洗礼。那时他刚读完中学,进了当地一所美国传教士办的尤因基督教学院。这个学校也发生过学潮和政治性骚动,但起初他是与政治保持一定距离的。一次,费罗兹正靠在自己刚买的自行车旁与许多人在一起看游行的热闹,警察不仅打了游行的人,将看热闹的他也打了。回到家后,他又挨了哥哥的训斥,责备他不该和"颠覆"分子混在一起。他哥哥的态度是可以理解的。那时候,殖民当局不但要求其雇员个人向其效忠,而且强烈谴责他们听任自己的受监护人或家属参与政治性鼓动。费罗兹家住的平房是政府分配给他姑母的,而他的哥哥和姐姐又都渴望进入政府机关。如果家中出现一个"动乱分子",他们的前途就毁了。

但费罗兹参加政治斗争的热情有增无减。1930年他第一次进了英国人的监狱。他母亲哭哭啼啼地找到圣雄甘地,要甘地劝儿子不要荒废学业,甘地对她说,你的儿子正从事一项正义的事业,不应拖他的后腿,在独立的印度,对于一个人来说,重要的不是他靠用功读书得到的学位有多少,而是他自己被捕下狱的次数有多少。"如果我有7个像费罗兹这样的男孩为我工作,印度7天就可以获得独立。"

费罗兹与尼赫鲁一家相识具有某种偶然性。一次他在路上行走时,恰逢游行队伍路过,走在游行队伍前面的卡麦拉突然晕倒,费罗兹见状送其到家。从此,费罗兹成为欢喜宫的常客。

卡麦拉当时正患肺结核,不论是在家里或是在疗养院里,她都不得不长时间卧床休息,为生存做斗争。费罗兹对卡麦拉的真挚情谊，被贾瓦哈拉尔的妹妹克里希娜说成是"传奇式的，但丁与比阿特丽斯类型"的。当卡麦拉病情略有好转，可以按照国大党的安排到附近村庄活动时，费罗兹就提着一个盛着茶点的小盒子，得意洋洋地跟随着她。每当出席政治集会时——这类的集会通常是冗长而沉闷的——他总不肯把这个宝贵的小盒子放在一边，或者托别人照管一下。卡麦拉在病中甚至受到费罗兹更多的关心和爱护。她卧病时，由于肺结核十分容易传染，所以许多近亲都避免去探望她。那些偶尔去看她的人，也都是提心吊胆坐上片刻就走了。可是费罗兹却未存有这样的顾虑。每当她发病时，他总是在她身边供她差遣，用说不完的故事和政界小道新闻给她解闷，细心地看护她。他甚至乐意为她干洗痰盂这种脏活，这种事是连欢喜宫里的仆人都不愿干的。有一次她病得厉害，被送到山区的一个疗养院里，费罗兹就经常定期地去探望她。还有一个时期，她住在洛桑的一个医院里，费罗兹那时在伦敦经济学院读书，就常常请假去瑞士探望她。

　　费罗兹对英迪拉的爱是谨慎的。长期以来，英迪拉并没有把费罗兹向她求婚当一回事。英迪拉在泰戈尔学院有一位追求者，当时在该校任教的德国人，名字叫法兰克·奥博多尔夫。在瑞士，尼赫鲁在改他的自传，他要英迪拉去滑雪，英迪拉知道母亲来日无多，不愿去。她偷偷地与法兰克·奥博多尔夫通信。当时英迪拉17岁，奥博多尔夫三十多岁，他1922年在南非结识泰戈尔，1933年在圣蒂尼克坦任教。他爱上英迪拉本人，同尼赫鲁家族没有什么关系。英迪拉在圣蒂尼克坦生活得很愉快，不仅是因为有了自己喜爱的学习科目——艺术舞蹈，而且有了相爱的人。但母亲的病打断了英迪拉的生活。费罗兹决心陪同英迪拉母女到欧洲疗养。一天，英迪拉收到奥博多尔夫的信,尽管不愿离开母亲,她还是写信让人将滑雪用具送到巴登威勒。英迪拉秘密地在温根——瑞士一个旅游胜地——与法兰克·奥博多尔夫见面。她是12月27日离开巴登威勒的,两天后,费罗兹一声不响地出现在巴登威勒,让卡麦拉和贾瓦哈拉尔大吃一惊。12月31日费罗兹追随英迪拉到温根,当时法兰克·奥博多尔夫应该也在温根。他们三人如何相处不得而知,确定无疑的是费罗兹在新年之夜离开温根,回到巴登威勒,按原定计划,待在那里,而不是回伦敦。

费罗兹的到来使得卡麦拉和贾瓦哈拉尔不得不考虑女儿的婚事。卡麦拉非常担心女儿与费罗兹的关系,认为费没有职业,无法养活英迪拉,因此不愿女儿嫁给费罗兹。她对人说:"我会竭力劝阻,只是我来日无多,贾瓦哈拉尔无力指导英迪拉。她将犯下终生的错误。"

1936年2月28日,就在贾瓦哈拉尔准备回国时,凌晨5点,卡麦拉去世,丈夫与女儿在身旁,还有费罗兹。他在英迪拉生命中最糟糕的时刻待在她身旁,分担她因母亲去世的极度悲伤,由此他们之间建立起最大的亲密性和相互信任。许多年后,英迪拉说:"费罗兹总是为了我而待在那里"。英迪拉生命中的人一一离去,母亲走了,父亲也为了自己的事业回国了,由于有了费罗兹,她想她将永不会孤单。

尼赫鲁独自一人捧着卡麦拉的骨灰罐踏上回国之路,途经巴格达时,他给英国的出版商拍了个电报,说要在即将出版的《自传》扉页上写上"献给与世长辞的卡麦拉"这句话。

卡麦拉去世后,英迪拉到伦敦,准备进牛津大学。此时,费罗兹占据了英迪拉生活的中心舞台。他们之间的关系在印度人中广为知晓。但奥博多尔夫没有彻底放弃自己的努力。那年9月，奥博多尔夫到伦敦找英迪拉，督促她到德国过圣诞节。她不知所措，但并没有过多的犹豫，在他离开后，很快给他写信说：她不会到德国去见他，因为她认识到她并不爱他。她断然说，她也不想爱他，即使地球上只剩下他一个男人。

费罗兹没有了情敌，但能否顺利娶英迪拉，他心中无数，担心尼赫鲁家族能否接纳他。两个家庭的地位与影响差距实在是太大了，加上女大十八变，当时的英迪拉已是楚楚动人的印度美人，而费罗兹则相貌平平。有人说两个人反差越大，相互之间吸引力也越强：英迪拉和费罗兹在许多方面绝对不相称。她非常漂亮，身材修长，明显瘦弱；而费罗兹则又矮又胖。她内向，不容易接近，经常是好长时间不说一句话；他却非常合群又精力充沛，有时甚至闹得慌。费罗兹的中下阶层出身更是与英迪拉的贵族背景形成鲜明对比。

1941年英迪拉回到了印度，告诉父亲她打算和费罗兹结婚，贾瓦哈拉尔感到十分惊讶。费罗兹没有大学文凭、没有一份稳定的职业和收入。他只是知晓一些欧洲古典音乐和艺术，思考过一些马克思主义的理论。而且他们两人的性格迥异。

贾瓦哈拉尔反对女儿与费罗兹婚姻的最重要原因是费罗兹经济上缺乏自立的能力，作为父亲，总是希望女儿能过上富足、衣食无忧的生活。自从参与民族运动后，尼赫鲁家族的经济状况也大不如前，贾瓦哈拉尔委婉地将此利害关系给英迪拉说明。然而英迪拉此时已听不进任何人的意见，包括自己的父亲，作为一位明智的男人，一位绝对慈爱的父亲，尼赫鲁最终还是让步了。

英迪拉要嫁给费罗兹的消息在印度教社会引起巨大的反对声浪。

英迪拉与费罗兹在结婚典礼上的合影。

"全世界都在反对我和费罗兹的婚事。"反对的声音主要来自印度教社团,问题出在英迪拉出身高贵的婆罗门家庭,而费罗兹则是一个拜火教教徒,不同教派人士之间的婚姻在印度是惊世骇俗的,"难道在千百万印度教徒青年中就找不到一个适当的对象吗?"有人这样质问。

贾瓦哈拉尔不得不在报上发表一篇声明,口气温和而又庄严地斥责了那些批评者。甘地收到了甚至更多的漫骂信件,于是他按照自己的惯例,在他出版的《贱民》周刊上发表一篇文章,答复这些来信,竭力为费罗兹与英迪拉的婚姻辩护。

甘地劝他们举行一次相当体面的婚礼,并邀请许多朋友来参加。理由是既然他们的婚姻在印度激起那么大的反对声浪,如果他们只举行一次由少数至交参加的简朴的婚礼,那可能就会给人一种印象:仿佛他们两家人已经被批评者吓倒,因此偷偷地结婚,贾瓦哈拉尔并不是真心地表示同意和为他们祝福。听从圣雄的建议婚礼安排在1942年3月26日举行。

婚礼上,英迪拉披一袭粉色手织纱丽,这是她最喜欢也最引以为自豪的一件礼物(60年后,英迪拉的孙女普里杨卡再度穿着这身纱丽当新娘），它是用父亲在监狱中纺织出来的纱线编织而成。

来自印度各地的贺礼堆满了阿南德宫，这些礼物不得不小心地被打好包，寄回送礼者，因为他们同尼赫鲁家族没什么关系，不能随便收下。

婚礼举办后，年轻的英迪拉夫妇选择去克什米尔度蜜月。

从幼年起，英迪拉就不断从祖母、外祖母以及父亲那里听说克什米尔山谷如何神奇，如何美丽。英迪拉钟爱克什米尔的群山，尤其是秋天里漫山遍野的红枫树。每年夏天，莫提拉尔及家人都将她带到她所钟爱的山区。她爬起山来，灵巧娴熟，祖父看了开玩笑说，她"前世必定是只山羊"。

度完蜜月，回到阿拉哈巴德以后，费罗兹在距离阿南德宫不远的镇上租了一栋小平房，建立了自己的小窝。然而一场政治风暴已经出现在印度地平线上，温馨的小窝顷刻间被刮走。

贾瓦哈拉尔信奉民主，反对法西斯主义，赞同站在民主阵营一边对法西斯作战。甘地也宣称：自由的印度会站在英国一边反对德国和日本；但不自由的印度将与英国作战。然而英国人不予理睬。1942年8月7日，甘地在孟买举行的全印国大党委员会上发动了著名的"退出印度"运动。要求英国人打点行装，离开印度，还为这次运动提出一个响亮的口号："不达目的毋宁死。"他说，个人的非暴力不合作主义很快会换来全民的不合作，四面楚歌的英国政府就会支撑不下去了。

8月9日清晨，当局逮捕了甘地、贾瓦哈拉尔及其他国大党领袖，并将他们关押在一个"无人知晓的地方"。全国上下对英国统治的不满与愤恨，极大地鼓舞了国大党左派领导人，他们因为受甘地牵连而被捕，出狱以后，立即抓住时机，发动了一场全民性的行动推翻不得人心的英国统治。起义之火迅速蔓延。"8月暴动"是对英国人的严重挑战，后来转化为1857年印度士兵起义以后最厉害的一次。然而正如人们后来所认识的那样，早在这种转化之前，暴动的声势已经非常浩大了。

英迪拉和费罗兹也出席了那次具有历史意义的全印国大党委员会会议，针对英国当局在全国的镇压行动，他们采取了谨慎的办法，分别取道回家。英迪拉搭乘一列火车回到阿拉哈巴德，就在她抵达的那天，姑姑潘迪特夫人被捕。于是，英迪拉不得不暂时照管起已处于严密监视下的阿南德宫。

消息很快传来，警察要逮捕她了。于是她决定不能坐以待毙，而是走出家门，来到一个群众集会上演讲。她刚刚开始发言，警察便扑上来抓她。当时费罗兹正在旁边的一个窗口观望，决定暂不露面；然而当他发现一个警察的枪口离妻子的头只有一码时，便不顾一切地冲上前去，愤怒地要求警察移开枪口。于是他也立即遭到逮捕，被送到另一个地方监禁起来。

1942年9月11日，对英迪拉来说，这是令她骄傲的时刻，她感到一种完成使命后的满足，将之称为生命中"最富戏剧性的事件"，"我决心已定，必须走向监狱。如果不能实现，那么有些事情就不会完整"。

1943年5月13日，英迪拉被释放，不到一个月后，姑姑潘迪特夫人也获释。随着"八月暴动"的渐渐平息，越来越多的人走出监狱。8月，费罗兹也自由了，幸福地与妻子再次团聚，并以保险代理人和自由记者的职业谋生。

家庭矛盾

费罗兹婚后不久就感觉到生活的拮据,并日益感到在家中被边缘化的地位。在婚前,他曾担心能否被尼赫鲁家族接纳。在他们的结婚庆典上,费罗兹曾给英迪拉一捆布匹象征他所能在物质上给予英迪拉的关怀。但当他与英迪拉1942年被捕时,不得不退租福特路5号的房子,第二年释放后夫妇俩就住在阿南德宫。拉吉夫出生后,费罗兹的唯一的工作是为阿拉哈巴德和勒克瑙的国大党法律援助委员会工作,为那些入狱的国大党工作人员和他们的家庭提供法律帮助和安排经济援助。为这项工作,他可以每月从岳父账户上支取100卢比。尼赫鲁还给过夫妻俩1000卢比为礼物。但即使他们住在尼赫鲁家中,仍很难在经济上自立,至少,英迪拉对靠父亲支持心感不安。

尼赫鲁从狱中写信说,"无论何时费罗兹认为有必要都可从我的账户上支取",得知英迪拉心有不安,又说:"你真是个傻丫头,竟为我的钱而操心。我已经告诉你从我的账户上支取。"生活拮据,主要是由于费罗兹没有正当稳定的收入,更要命的是,费罗兹抽烟喝酒,过不惯贫穷的生活。

1946年夏天,英迪拉发现自己再次怀孕。当时她与费罗兹正一道在阿拉哈巴德过着相对平静的生活。数年后,英迪拉说当时她最想要的是与丈夫、孩子一起过私密的家庭生活。独立已经出现在地平线上,她认为独立后可以主宰自己的命运。这时,费罗兹得到他第一份正式工作,1945年,尼赫鲁让费罗兹当上自己创办的《国民先驱日报》的经理。这是一份1937年创办的国大党机关报,在勒克瑙出版。1942年因为"退出印度"运动停刊,1946年9月复刊。费罗兹每月工资600卢比。

11月,英迪拉和费罗兹搬到勒克瑙,租住在一栋平房里。费罗兹终于成了养家糊口的男人。但费罗兹在报社的工作并不太令人满意。费罗兹既不是新闻记者出身,也不尚商道,在报社中人事关系紧张。

随费罗兹到勒克瑙一个月后,英迪拉就回德里与父亲住在一起,父亲需要帮助。她也想与费罗兹保持距离。在勒克瑙住下不久,她就听说了费罗兹与各种女人之间关系的传闻。她尤其生气的是费罗兹与自己堂妹雷卡·潘迪特(Lekha Pandit)的关系,费罗兹喜欢她为她找工作,英迪拉极其妒忌,雷卡后来离开报社。这对英迪拉是个痛苦的经历,在像勒克瑙那样的地方小城,这种事如同丑闻。

但费罗兹最严重的行为是与一位年轻的穆斯林妇女私通,她父亲是当地一位名叫阿里·扎希尔(Ali Zaheer)的政客。费罗兹在勒克瑙与她相识,她在德里为全印电台工作。对其他妇女,费罗兹只不过逢场作戏罢了,英迪拉也就假装看不见。但费罗兹与这名妇女的关系却是认真的,他动了真心告诉她他要与英迪拉离婚后再娶她。她也爱他,并将费罗兹的意图告诉自己的父亲。

女方的父亲阿里是联合省政府里的一名部长,也是国大党人,他写信提醒贾瓦哈拉尔。贾瓦哈拉尔将信寄给费罗兹。费罗兹没有胆怯,他告诉贾瓦哈拉尔他要与英迪拉离婚,承担婚姻破裂的责任。贾瓦哈拉尔叫来英迪拉,问她作何打算。英迪拉清楚表明她不想离婚。此时,贾瓦哈拉尔决心尽其所能地维持他们的婚姻。他将此事透露给自己的密友基得怀(Rafi Ahmed Kidwai),要他干预,终止费罗兹的丑闻。基得怀负责任地到勒克瑙,首先向阿里保证费罗兹与他女儿之间的关系根本不可能有结果。然后说服费罗兹放弃这个女人，在经历思想斗争后，费罗兹很不情愿地照办了。英迪拉最终赢得了这场胜利。但这是一次痛苦的胜利。事情结束了，第三者很快嫁了他人，但这种强行维持费罗兹与英迪拉婚姻关系的做法给他们之间增加了更多的积怨。

毫不奇怪，英迪拉开始越来越长时间地离开勒克瑙。在德里尼赫鲁总理需要她，面对社会上的质疑声，英迪拉说："我必须这样做，因为我父亲的工作比我丈夫的工作更重要。""我感到帮助我的父亲是我的责任。需要某个人照顾他对我们的国家来说也是重要的，除了我没有别人能胜任这项工作。"住在德里使英迪拉回避了自己婚姻上的难题。不可避免地，这种长期分居伤害了费罗兹，他继续在外面寻欢作乐。

这使两人的关系形成恶性循环。在以后5年里，直到费罗兹当上议员，搬往德里，英迪拉一直带着孩子在德里与勒克瑙两地奔波。贾瓦哈拉尔也曾感觉自己对他们婚姻负有责任，曾想让英迪拉更多地住在勒克瑙。表面上两人从未分离，但越来越少在一起。在50年代末，当贾瓦哈拉尔侄女的婚姻发生危机时，贾瓦哈拉尔说要么结束，要么修好，"别像英杜，总让问题留在那里，既不和好也不离婚"。

1946年12月13日，英迪拉和费罗兹住在德里，因为第二个孩子要出生了。费罗兹住在花园临时搭建的帐篷里。

早在他们的第一个儿子拉吉夫出生前，医生曾警告英迪拉为了健康不要怀孕生孩子。因为当时英迪拉患有肺病，生育对她的健康极其不利。如同英迪拉在许多事情上的态度，越是遇到反对的阻力，她的决心也越大。她到孟买的姑姑那里坐月子，刚刚要了一片烤面包吃着，"拉吉夫便降生了"，做母亲的快乐是无以伦比的，"对女人

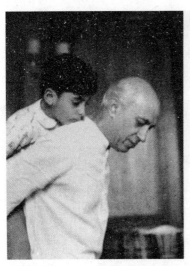 

(左）拉吉夫·甘地与外祖父贾瓦哈拉尔，(右）桑贾伊·甘地坐在父亲费罗兹的肩头上。

来说，当母亲才是最大的完满"，"让一个新生命来到这个世界上，看着这么完美的小东西，梦想着他未来的辉煌，是最令人激动的事情，真能让人欣喜若狂"。

1946年12月14日，英迪拉的第二个儿子桑贾伊出生。

1949年春，英迪拉第三次也是最后一次怀孕，然而不幸流产。英迪拉决定陪同父亲出国访问。这两件事标志着她的麻烦不断的婚姻的终结。流失的不仅是孩子，还有自己的婚姻。英迪拉怀第三个孩子是自己的意愿，费罗兹只想要两个就够了。英迪拉如生下第三个孩子，就会把更多的精力与时间放在孩子和家庭上，也许印度的历史可能有所不同。

此时，在英迪拉的心目中，第一位的是父亲，第二位是儿子，第三位才是丈夫。

从女管家到女总理　第六章

从总理府的女管家到国大党主席,到印度历史上第一位女总理,英迪拉·甘地登上了政治舞台。帮助父亲打理事务历练了她的政治经验与能力,出任国大党主席培养了她的政治自信和手段,而第二任总理猝亡留下的政治真空状态又顺理成章地把她送上了总理宝座。虽然期间她也曾远离政治,回归家庭,但丈夫的去世使她最终义无反顾——身为尼赫鲁家族的女儿的命运注定了她不可能过寻常女人的一生。

"尼赫鲁是否有意建立尼赫鲁王朝"是人们经常议论的话题，否认者指出尼赫鲁生前没有这样的公开表示，尼赫鲁去世后，继承者是夏斯特里而不是自己的女儿，英迪拉·甘地当上总理是在尼赫鲁去世后由印度人民通过全国选举产生的。肯定者则认为，英迪拉·甘地在尼赫鲁生前就当过总理府的女管家、国大党的主席，尼赫鲁去世后任夏斯特里内阁里的部长，如果没有这些经历，她怎么可能当上总理。

总理府的女管家

卡麦拉去世时，尼赫鲁47岁。他不是一个禁欲主义者。实际上，他对性的态度在他那时代的人中算是十分开放的。他自己曾谈到在英国留学时"我们许多人被性强烈吸引，我怀疑我们中有谁会为性行为而生罪感，当然我是不会的，不存在宗教禁忌。我们谈论它与道德无涉，性行为既说不上道德，也说不上不道德。"在卡麦拉活着的时候，尼赫鲁忠诚于自己的婚姻。卡麦拉去世后，他确实以有节制的态度与一些妇女发生关系。他与蒙巴顿夫人的关系众所周知。他对蒙巴顿夫人的感情如此热烈，甚至在潘迪特夫人——印度驻伦敦高级专员——的正式晚宴上，与夫人一道消失，将客人们晾在一旁。尽管如此，尼赫鲁与蒙巴顿夫人之间仍只是维持亲密的朋友关系，没有谈婚论嫁的意图。有人问潘迪特夫人有关尼赫鲁为什么不结婚的问题，回答是："他感觉到英杜受到的伤害已经够大了，他不能再伤害她。"卡麦拉临终前曾与女儿谈及自己死后尼赫鲁再婚的问

1955年，贾瓦哈拉尔与蒙巴顿夫人在伦敦一起出席一个官方招待会。

题，母亲对女儿的遗言与忠告是：世上只有一个妈妈。英迪拉把这句话牢记在心头。

在独立后的三年中，英迪拉遇到了她一生中最为重要和最难解决的两个问题。第一个问题是：现在印度已经赢得了自由，她应该继续参与政治呢，还是应该成为好主妇呢？第二个问题是：她应该留在她丈夫工作的地方勒克瑙呢，还是应该搬到德里去呢？她父亲已在德里做了总理，他不但需要一个能在官场上应酬的女主人，而且需要一个人能在他的晚年照顾他，为他减轻那种使他感到苦恼的寂寞。

要英迪拉断然抛弃政治并成为一个相夫教子的家庭主妇，这也许是不可能的。"善良的印度人会说，我命里不该做那种微不足道的家庭妇女。"费罗兹其实并不反对她关心政治。英迪拉曾对一位记者说："我无论做什么事，都是那样热情，如果我把这一切热情都集中在他的身上，他一定会害怕的。所以他希望我有其他的事分心。"英迪拉意识到离开勒克瑙去德里会影响夫妻关系，但一开始她得到了费罗兹的支持。

尼赫鲁的总理府前身是英国驻印三军总司令部，因为大门前有着象征印度三军的铜像，也叫做三像府。房内挂满前英国将领的画像。英迪拉作为总理府女管家干的第一件事就是取下这些画像，将它们送入库房。三像府每天都接待来自世界各国的贵宾。对这些贵宾的接待事务必须由女管家亲力亲为。

三像府内还养着一大批各式各样的动物，包括3只小老虎，它们是父亲和孩子们的最爱。总之，总理府的家务事没完没了。英迪拉努力做到不出差错。当然，英迪拉不是那种埋头家务的家庭妇女，真正吸引她的是发生在总理府里的政治。人们说，在她多半没有意识到的情况下，在三像府她受到一个未来总理所能受到的最好的政治训练。她经常在尼赫鲁身旁，每逢世界各国领袖与她父亲就广泛的国际问题进行讨论时，每逢印度政治家来请他父亲解决各种难题和争执时，她总是在场，虽然她在党和政府中不占据高位，但由于靠近权力宝座而耳闻目睹的一切使她从中积累了丰富的政治经验以及阅历。

英迪拉在总理府扮演了一位官方的女主人的角色,频频陪伴父亲进行国事访问,得以历练了自己的政治和外交才能。

在50年代,印度在国际舞台上异常活跃,她陪同尼赫鲁访问过美国、中国、苏联和法国,出席过英国女王伊丽莎白的加冕典礼,参加过在印尼万隆召开的第一次亚非各国领导人会议,在国外见到过杜鲁门、丘吉尔、赫鲁晓夫、铁托、纳赛尔、苏加诺等世界政坛风云人物,以及毛泽东、周恩来等中国领导人。其中许多人也做过三像府的客人。

其实,英迪拉并不仅仅是三像府的女主人和管家。虽然刚开始时不易察觉,但是她的作用却在慢慢地、稳固地扩大。很快她就成了父亲的心腹和顾问。父亲每次出访,她都伴随左右,得到了第一夫人的待遇。她也得以与各国领导人建立起一种轻松愉快的关系,这为她日后直接与他们打交道奠定了基础。日后的事实证明,她只是简单地看着父亲工作,便轻而易举地学会了领导艺术。

那些要向尼赫鲁汇报工作的党的官员,有时不得不与英迪拉谈。"我父亲从来不对我谈政府内部的事,所谓'从来不谈',我的意思是说,我没有问过他,他也没有主动告诉过我。他从来没有对我说过政府内部的什么事。但是他的同僚却不是这样,夏斯特里先生,还有蒂·塔·克里希纳马查理先生都会给我讲一些情况。"尼赫鲁本人也对党内同事说,有事可以和"英杜"谈。她成了沟通父亲和党的桥梁,在她进入党的领导机构后,这种倾向更加突出。

国大党主席

1955年,接替尼赫鲁担任国大党主席的U·N·德巴邀请英迪拉进入党内最高的决策机构:国大党工作委员会。英迪拉接受了邀请,但要求经过选举,而不是由主席任命。如同一位朋友后来指出的,英迪拉被选进国大党工作委员会标志着英迪拉政治生命中一个急剧的转折。在此之前,她仅仅被视为父亲的女管家,一个好女孩,但随着这一任命的宣布,人们对她的态度一夜之间发生了变化,她被视为政治活动家。许多大人物纷纷前来向他讨主意,她像个"老政治家"形象。

此后两年内,她晋升为国大党议会委员会的成员(相当于中央政治局委员),1959年被一致推举为国大党主席。党内之所以力劝英迪拉同意担任国大党主席的职位,大概主要就是因为她有办法左右尼赫鲁。虽然这职位是经过选举产生的,但是按照传统,凡是看来为最高领导宠爱的人物,党都同意他担任正式首脑。由于U·N·德巴在任期前一年放弃了党的主席职务,因此这一职位出现了空缺。戈文德瓦拉布·潘特原先不愿意支持英迪拉任国大党主席,但当他认识到可以借此影响尼赫鲁,对尼赫鲁的权力偶加限制时,就表示赞同了。潘特和其他人认为,一旦英迪拉具有自己的一套政见以后,就不仅仅是与贾瓦哈拉尔联系的一条渠道了。她可能会禁不住诱惑而公开同他对抗。

事实上,在尼赫鲁活着的时候,英迪拉是被召唤到一个负责任的职位的。1959年,她当选为国大党主席。达斯(Durga Das)对此事的发展过程十分了解。最初,尼贾林伽帕(S·Nijalingappa)被提名为下一任主席,他已提前接受了各种各样的祝贺。但后来即将离任的德巴尔(U·Debar)召集国大党工作委员会会议,会上,夏斯特里平静地宣布英迪拉任下届主席。潘特不明就里,对夏斯特里的提议十分诧异,说:英迪拉健康状况不好,她首先要……,未等话说完,尼赫鲁激动地打断他:英迪拉的健康没事,一旦工作忙起来,她很快就会好了。

长期以来,英迪拉一直受肺结核病的困扰,这种病早年没有有效的根治手段,医生只是建议静养、增加营养,随着新药物的发明与使用,肺结核不再是不治之症,1956年在世界卫生组织的支持下,印度也开始采用药物方式治疗肺结核。英迪拉接受药物治疗后疗效显著。黑眼圈消失了,皮肤光鲜起来,眼睛明亮,浑身充满精力。

英迪拉只是装模作样地犹豫了一下之后就接受了这建议。在她担任国大党主席的11个月当中,她显得越来越有主见,这使潘特也感到惊奇。自从国家独立以来,国大党主席这一职位原有的权力和权威已经丧失不少。甚至那些风言风语地认为她只是因为身为尼赫鲁的女儿才得以担任此职务的人，后来也承认她不愧是这历史悠久的组织的精干领袖。在她的领导下，国大党采取了几个难以贯彻、引起争论的措施，有时，国大党看来像是在领导政府，而不像以前那样有意作为政府的仆人办事了。她与担任此职3年的前任行事作风大相径庭，给人耳目一新之感。

这是英迪拉政治生涯的里程碑，是印度历史上的里程碑，同时也注定要成为争论的焦点。

在1955—1959年间，英迪拉插手两件事：一是将原来的孟买邦一分为二建立马哈拉施特拉邦和古吉拉特邦；二是对共产党执政的喀拉拉邦实施总统治理。1957年共产党在该邦经选举上台，尼赫鲁先是容忍，1959年年中却宣布实施总统治理。英迪拉在那时是国大党主席并决心战胜共产党，她远比其父更少顾虑民主程序。有不少人指责英迪拉对喀拉拉事件处理不当。英迪拉不赞同父亲认为的民主制度能够挽救不稳定环境的观点。在面对冲突和不稳定时，她本能地选择秩序而不是民主。她自己辩解她担心的是无序与失去控制。

1959年，英迪拉作为国大党主席尽管做出了成绩，但还是坚决拒绝了党高级领导人要她再担任一期主席的建议。她决心辞职的表面理由是，她丈夫近来患心脏病，她父亲年届70，开始显出老态，她需要关心他们俩人的健康。

1952年，费罗兹在北方邦赖巴雷利竞选人民院议员成功，很快成为议会中最活跃的议员。由于他大胆抨击权威，深切同情一般被压制者，因此很快誉满全国。在人民院连任期间，他是最有人气的议员。他在人民院不常演讲，但每当他发表演讲时，主题总是非常鲜明的。他在国大党议会党团会议上，在讨论有争议的重大政策问题的秘密会议上,他甚至敢于毫不留情地批评尼赫鲁。特别是,他时常将攻击的矛头指向一些与政界有联系的商业巨子,令人信服地揭露了他们聚敛财富和争夺权势的恶劣手段,促使政府采取反对他们的措施,于是在人们心目中他成了大卫王的形象。由于他在议会里的一次揭发,司法机关进行了调查,终于迫使印度财政部长蒂塔·克里希纳马查理辞职。他常常坐在议会休息室的一角,一边喝咖啡一边同他的朋友和同僚谈论政治;不久这个地方就被大家称为"费罗兹角落",而部长们则往往急于想知道他们正在那里议论一些什么。一位诗人议员说他是"一阵柔和的微风,但瞬间可以变为一场暴风骤雨。"

在费罗兹执行他的议员职责,并得到应有的喝彩时,英迪拉平静地操持她父亲的家务。政治和社会事务也吸引她的兴趣,因此,她担任了中央社会福利局主席(1953—1957),服务于工作委员会和中央选举委员会(1955)、中央议会局(1956),主持全印青年国大党(1956—1960)。她发现作为国大党主席的经历"时而令人兴奋,时而令人沮丧,但是绝对是值得的。"总之,她不太关注公众的喝彩或反对。主持一次国大党会议或发表一个演讲对她说来没有特别的意义或吸引力。

然而,费罗兹与英迪拉的婚姻危机却在加剧。按照规定,国家为每个议员在德里提供一处住所,费罗兹也就不用住在总理府,尽管每天到总理府吃饭和见孩子,但大部分时间待在自己的住所中。在首都,人们背后都称他为"驸马爷",对此他深为恼火,这也在一定程度上促使他在议会中充分展示其个性。

英迪拉对自己婚姻的失望与无奈在国内无人可以诉说,只有同国外友人偶尔谈及。1959年7月21日她在给美国女友多萝西的信中写道：在家里，费罗兹一直对我表示不满。我当上了国大党主席以后，他对我甚至流露出一种敌对情绪，似乎连空气中都弥漫了这种情绪。他开始不停地吸烟，甚至无视国大党的禁酒令，经常酗酒，以至酩酊大醉。终于在1958年9月，患上心脏病。对此，朋友们都非常痛苦，却一点也不感到吃惊。

费罗兹患病期间，英迪拉正陪同父亲访问不丹。她抵返德里之时，费罗兹已经痊愈，但大夫仍不让他下床。英迪拉从机场驱车直接来到费罗兹身边，几个星期一直守在身边照顾他。几个月后，英迪拉因切除肾结石手术住院，费罗兹也一直精心照料她。两人都为婚姻出现的一线转机而深受鼓舞。他们甚至还带上儿子，来到曾度过蜜月的克什米尔度假。

"在担任国大党主席的工作中，我信心大增，党内外要我连任的呼声也很高，但我不想连任有许多原因。日常事务占据了我太多的时间和精力，我太受约束，像一只关在铁笼里的鸟。"1959年10月30日夜，英迪拉辗转反侧，夜不能寐，凌晨3点多起床给父亲写信表明自己不想连任的真正原因：现在我要自由，寻找我自己的方向。国大党主席的工作一直是令人振奋的，有时也是令人沮丧的，当然也是值得的。但如果我继续做下去只能令自己性格扭曲和不快乐。

1959年费罗兹第一次心脏病发作，英迪拉坚决拒绝连任国大党主席，愿意多花时间关心自己的丈夫。费罗兹为她的决定所感动，于是他待在总理官邸的时间也越来越多。英迪拉自己说："到最后，不知什么缘故，我们变得十分亲近了。"他们在克什米尔度过了她认为几乎是完美的一个假期。1960年9月的一天，当他在议院里开会时，心脏病第二次发作。那时英迪拉正在南方出差,一听到费罗兹发病的消息,立刻飞回德里,但费罗兹没等到她赶回来就去世了。时年仅48岁。在他弥留的最后几小时中,还不断地问英迪拉什么时候可以到。

费罗兹去世后,英迪拉给住在学校的16岁的儿子拉吉夫的信中写道:"在最初那些天里,我已经麻木,虽然我的眼睛发疼和燃烧,我无法真正地痛哭——但现在我已经开始痛哭了,似乎无法停止。从前我从不知道这般的极度孤寂、凄凉和悲伤。我注视着人与事,但没能真正明白他们。世界似乎如此黑暗。我将要做什么?正当我想所有的事情都在往好的方向发展,我们又可以像一家人那样生活在一起的时候,可怕的事却发生了。你年轻、勇敢,有许多我们引以

费罗兹于1960年9月8日去世,16岁的拉吉夫捧着父亲的骨灰盒,身后是母亲英迪拉和弟弟桑贾伊。

为自豪的品质。你生活的道路还很长，我不想让我的悲伤成为你的负担。无论一个人如何热爱自己的父亲，但还是无法与夫妻之间的感情相比。有一件事我要告诫你。你从没有谈起你脑中真正想的是什么。这是与你爸爸同样的性格，但这种性格造成他多大的精神折磨，使得我无法做更多的事帮助他。如果你不说，我如何能知？正是这一点造成你的孤僻。"

费罗兹的去世使得英迪拉身心俱伤，她大病一场，还因此停经。"我的整个精神和身体突然大变，身体机体发生变化，多年调整不过来。"

自此以后，她不再穿颜色鲜艳的沙丽，按照印度的传统习俗，全身素白。

"老太婆内阁中的唯一男人"

丈夫去世后不久，1964年父亲也离开了英迪拉。尼赫鲁是在任上去世的。尼赫鲁一死，国大党立即面临由谁当总理的问题。尼赫鲁的继承问题在他去世前已经引起人们私下甚至公开的议论。人们排出一长串可能的人选名单，其中莫拉尔吉·德赛认为自己最合适。他早年追随圣雄甘地，当过甘地的秘书，与甘地同为古吉拉特老乡；独立后，长期在尼赫鲁内阁中担任一些重要部门的部长，他当时67岁，认为论资历、地位以及能力，自己都是当然的人选。

德赛是个怪人，他坚持练瑜珈功，每天晨起先喝一罐自己夜间的尿，说是能治病强身。他不信科学，他说："西方人太浪费钱财，何必花那么多钱于外层空间研究,瑜伽大师只需一二秒钟便能到月亮上去。"为了表达他对甘地精神的信奉,他连出国访问都随身携带一架手纺机。在政治观点上,他同情有产者的利益,坚决主张禁止屠宰母牛,被认为是党内右翼势力。

但其他元老们反对德赛当总理。尼赫鲁去世后,国大党中的一些人,主要是一些重要邦的首脑们形成一个集团,以卡马拉季为首,他们被人称为辛迪加(联合体)。主要成员有:桑吉瓦·雷迪,曾任国大党主席、安德拉邦首席部长、钢铁与矿产部部长、人民院议长,1977年后任过印度总统;B·恰范,马哈拉施特拉邦人,曾任尼赫鲁时期的国防部长,夏斯特里时期继任此要职;斯瓦兰·辛格,旁遮普锡克教徒,曾任外交部长;卡马拉季,马德拉斯邦首席部长;阿·高士,西孟加拉邦国大党党魁;尼贾林加帕,卖索尔邦首席部长;萨·卡·巴蒂尔,孟买邦党魁,等等。他们并非无意于最高权力,而是由于某种原因,自觉自己争不到这个位置。如卡马拉季就说过自己既不会英语,也不愿说印地语,如何能领导印度;他们都是实力雄厚、独断独行的地方长官,控制了党机器和政权;他们都属于非印地语区域,并且知道他们当中没有一个人有当总理的机会。他们早先已经相互接触了一段时间,到1963年10月,组成了一个精心构建但又非正式的小群体,当时他们中的4个人在安德拉邦蒂路帕蒂聚会,仔细考虑尼赫鲁死后的情势,并对选择继承人出谋划策。他们不愿一个强有力的像尼赫鲁那样的人来统辖自己,他们宁愿选择一个比较软弱、容易控制的人来当自己的领导。他们因而成为"国王制造者"。他们选择了夏斯特里———一位教师出身的谦谦君子,对谁也形不成威胁。

英迪拉和夏斯特里在一起,后者继任贾瓦哈拉尔成为第二任印度总理。

印度公众舆论调查机构的一份调查也表明,在"谁将是尼赫鲁的继承人"名单中,排在第一位的是夏斯特里,第二位是卡马拉季,英迪拉第三,莫拉尔吉·德赛第四。

当时夏斯特里与德赛都想当总理,都知道尼赫鲁家族的政治影响力,想以许诺英迪拉以内阁部长职位来获取尼赫鲁家族的支持。英迪拉以夏斯特里有求在先断然拒绝了德赛而选择夏斯特里。夏斯特里想让英迪拉当外交部长,英迪拉建议由其姑姑潘迪特夫人担任这一职位,未被夏斯特里接受。在夏斯特里眼中,英迪拉比她的姑姑更好合作。但最终英迪拉接受新闻广播部部长这一不太重要的岗位,在政府中排位第四。

在英迪拉眼中,"夏斯特里先生刚上台时看上去信心不足,是否真的如此我并不知道,他总是讲和尼赫鲁相比他只是个小人物。这给人一种不安全的感觉。不管谁,处于领袖地位就应该确信自己是领袖"。另外,夏斯特里比较重视印美关系,有意识地对尼赫鲁时期左的经济政策进行调整,这都令英迪拉不快,她曾警告新政府不要偏离社会主义道路,"当时我看到某些政策得不到贯彻,在我父亲去世后,比较保守的集团占据了很重要的地位"。

由于英迪拉对夏斯特里抱有以上看法,也可能是个性使然,她做出了一系列让夏斯特里颇为难堪的举动。1964年苏联的赫鲁晓夫下台,为了摸清苏联的政治走向,维护已有的印苏友好关系,英迪拉没有征得夏斯特里的同意,自己直飞莫斯科。

1965年,印度南方发生因语言问题引发的骚乱,英迪拉没有同中央政府进行任何的协商与沟通,独自飞马德拉斯处理。这令夏斯特里颇为恼火,认为英迪拉作出了"越权之举"。对此,英迪拉对记者坦言,她不认为自己只是一名部长,而是党和政府领导人之一,并且公然说:"你认为今天如果我辞职的话,这届政府还能存在下去吗?我告诉你,它存在不下去。是的,我爬到了总理的头上,我还要告诉你,无论何时情况需要的话,我都会这样做。"

紧接着,她飞往克什米尔,在斯里那加对着大群记者媒体说:"我们不能放弃一寸国土给入侵者。"她视察旁遮普边界空袭区域,访问军队医院,一路上,"每到一处,都受到民众的热烈欢呼"。英迪拉这些举动影响了夏斯特里政府的威信,人们觉得这是一届不干事的内阁,如同只会忙于琐事的老太婆,而内阁中唯一的女性英迪拉则大放光彩,被人誉为"老太婆内阁中唯一的男人"。

辛迪加的选择

1966年1月10日,在塔什干会议上,夏斯特里突然去世。

夏斯特里去世后,继承人问题又摆上国大党的议事日程,同样,以卡马拉季为首的辛迪加还是不愿德赛当总理。"一有空缺出现,他们(指德赛一帮人)就到处游说,但没有人相信他们。应该说我曾经担心有人想推举莫拉尔吉·德赛先生出来当总理。他的政策同我们一向所主张的背道而驰,我担心印度会马上改变方向。"他们的目光很快集中在英迪拉·甘地身上。

国大党内各种势力都在为新总理人选奔忙。S.K.Patil要南达继续代理总理直到1967年大选,戈什(Atulya Ghosh)为卡马拉季当选而奔忙。帕特奈克(Biju Patnaik)和拉姆(Jagjivan Ram)倾向于莫拉尔吉·德赛。在一片混乱中,只有一人保持清醒,像一只不声不响的猫,接近自己的目标。他就是卡马拉季,他属意英迪拉。在飞赴德里参加夏斯特里葬礼途中,他说:"我们应该让英迪拉当总理,她认识世界上所有领导人,曾与她父亲一道周游全世界。在自由运动的大人物中成长起来,具有理性和现代思维,完全没有任何派别主义——邦、种姓或宗教。"

尼赫鲁去世后,印度左派一些人曾鼓励英迪拉接班,如马拉维亚(K.D.Malaviya),尼赫鲁在国大党内的亲密同盟者,认为她任总理对社会主义者说来是最好的机会,但这些建议被英迪拉婉拒,说自己不是当总理的料。具有反讽意味的是,1966年1月11日,夏斯特里去世后,英迪拉却自己站出来要当总理。

夏斯特里执政期间,她担任新闻广播部部长,这是当时不太重要的部门,也没什么油水,她在任期间没有什么可圈可点的业绩。政府中排位第四。但她做了一些本职之外的事,赢得"老太婆内阁中唯一的男子汉"的声誉。这对夏斯特里造成巨大的压力,但在党内、民间却快速积聚起巨大的人气。辛迪加的元老们看中她,一是她年轻,党内资历毕竟浅,长期以来被他们视为"娃娃",又是个妇道人家,在男性主宰的印度社会,她要领导印度,离不开老人们的扶持。而作为尼赫鲁家族后人,更容易在即将开始的全国大选中吸引民众选票。"英迪拉只是吸引选票的装置,选举结束后就将她弄到后座上,更有经验的领导人会出来取代她,管理这个国家。"1967年1月15日卡马拉季在德里召开8个邦首席部长会议,只经过一个小时的讨论,他们便一致拥戴英迪拉,据说卡马拉季坐飞机从马德拉斯到德里,一下飞机就念叨着一个名字"英迪拉"、"英迪拉"。

英迪拉不仅是辛迪加的选择,她还获得中央邦首席部长米斯拉(D·P·Mishra)的支持,他是一位关键性人物,因为他与许多邦的首席部长关系良好,她感觉他们之间可以结盟。1月11日,凌晨5时30分,夏斯特里去世后数小时,英迪拉就打电话让他到德里。英迪拉的判断没错,他为她争取到8个邦首席部长的支持,11月15日,他们发表一个支持声明。同日,另有4个邦的首席部长上了英迪拉的船。这样在当时的14个邦中,她获得12个邦的支持。当晚,大批民众拥到赛弗达琴路1号来祝贺她。

她的另一位重要的同盟者是印度总统拉达克里希南(Sarvepalli Radhakrishnan)表面上看,总统在德赛与英迪拉的权力斗争中保持不偏不倚,但实际上作为尼赫鲁的老朋友,他更倾向英迪拉,并充当了出谋划策的教头。据其儿子说,总统实际上私下同国大党元老们谈话，并通报英迪拉哪些人会支持她。

英迪拉明了这一点，"与其说他们是为了我，不如说是他们不想让德赛得逞"。她从没宣布自己为候选人，而是等待召唤。她将成功归之于卡马拉季、米斯拉、拉达克里希南将她推到前台，归于父亲给予她的"名和精神"，以及德赛坚持的秘密投票。

也有些人，他们原本并不想推举英迪拉，但看到大势所趋，也不得不随大流。英迪拉的姑姑原本想支持德赛，但后来也转而支持英迪拉，只是担心英迪拉身体能否吃得消。

1966年1月19日，这是国大党议会党团选举的日子，凌晨寒冷有雾的天气，英迪拉很早醒来，小心地梳洗完毕，穿上手纺白纱丽（与当国大党主席时穿的是同一件），披上素色的喀什米尔头巾，戴上一串深色灰念珠，在关键时刻她习惯地戴着它作为护身符，它是母亲的精神导师，孟加拉的女圣人安南达玛仪（Anandamayi）赠送的。在整个德里城尚未醒来时，英迪拉乘车通过空旷的街道来到朱木那河畔，在甘地和父亲火葬地前静静地站立，然后到三像府，现在是尼赫鲁纪念馆，徒步走过安静的走廊，站立在父亲的画像前。

从三像府，英迪拉在代理总理南达和女议员约西（Subhadra Joshi）的陪同下前往议会。在议会入口处，有人给英迪拉献上一束花。约西从花束中摘下一朵红玫瑰，插在英迪拉的头巾上，如同过去日子里尼赫鲁习惯性地将红玫瑰插在上衣纽扣上。

国大党的议会党团选举上午11点开始，秘密投票进行4个半钟头后出结果。526名国大党议员出席，一个接一个，将票投在密封的箱中，然后人工点票。大批民众聚在圆形的议会大厦外。当国大党领导人最后出现在阳台上宣布结果时，有人在人群中叫喊着"是男孩还是女孩?""女孩",欢呼声立即从人群中响起。英迪拉以355对169票击败德赛。

英迪拉走到讲台前,用印度语发表她就任总理的演讲:"我的心中有千言万语,我不知该如何感谢你们。当我站立在你们面前,我的思绪回到伟大的领袖——圣雄甘地——我在他的注视下成长——我的父亲潘迪特,以及夏斯特里。这些领袖指明了道路,我将沿着他们的道路前进。"在离开中心大厅前,她走到对手德赛跟前,双手合十问候致意:"你愿祝福我的成功吗?""我祝福你。"

然后英迪拉来到等候的人群中接受欢呼和花环。"英迪拉·甘地万岁""红玫瑰万岁"的口号声此起彼伏。5天后,英迪拉面对总统,宣誓就任印度总理。

"印度女王" 第七章

英迪拉·甘地也许是20世纪印度历史上最有争议的人物：政治上实行威权主义，寻求权力的集中；经济上注重发展农业，重视维护弱势群体的利益以稳固其统治基础；一手制造了曾是独立的印度的政治力量中坚的国大党的分裂；为解决政治危机实行紧急状态法，后又终止紧急状态法，重回民主，恢复全国大选。一系列的选择既彰显了她的个性，也彰显了印度历史与现实的复杂纠葛。

"英迪拉即印度，印度即英迪拉"，这是70年代国大党主席巴鲁阿在紧急状态期间说的一句话。这句话非常经典地概括了紧急状态时期印度政治的特征。英迪拉·甘地是20世纪印度历史上颇有争议的人物。她曾是世界上最有权力的女人，担任印度总理达15年之久，无论是在担任总理的时间上还是权力的集中上都超过了其父。如果没有英迪拉·甘地，尼赫鲁家族的历史就要大打折扣。为什么要采取紧急状态法？为什么要终止紧急状态法，重回民主，恢复全国大选？如何评价英迪拉的政治风格，尤其是她在紧急状态期间的所作所为？这些是独立后印度政治最具争议的话题。

走上威权主义道路

英·甘地一上台就面临国内外问题的严峻挑战，当时印度刚经历第二次印巴战争，虽凭借军事实力上的优势在战场上获得了主动，但战争耗费了印度的大量财物，雪上加霜的是1965年季候风延误，极大影响了第二年的粮食收成，1966年粮食产量只有7600万吨，比上一年减少1200万吨，印度面临饥荒。同时，印度的西北边疆克什米尔人在闹独立，锡克人要求建立旁遮普语言邦，东北部边疆的那加兰、米佐兰、阿萨姆部族矛盾冲突不断。英迪拉自己说："1966年，印度面临着各种各样严重的问题：前所未有的大旱、严重缺粮、通货膨胀、官方语言纠纷、建立旁遮普语邦的要求、那加问题、中印争端以及外交的孤立，等等。"

英迪拉上台的第一项政策是将卢比贬值。1966年6月当英迪拉宣布印度卢比从 4.76:1 美元贬为 7.50:1 美元时，印度反对党领导人将此行为解释为官方承认印度计划经济的失败和总理对美国压力的屈服。政府的威信像贬值的卢比一样急剧地下降。英迪拉当时是听信了身边周围一些经济专家的意见，他们认为要扭转印度经济停滞低迷的状态，首先要增加出口，而要提高出口产品在国际市场上的竞争力，就必须先把当时的卢比价值降下来。英迪拉听信了专家们的建议，并且要一步到位，她说："没有哪个国家能不经历地狱与火的洗炼而获得经济增长或任何政治经济进步的。除非大胆尝试，我们不可能期待有所突破。"卢比贬值的结果是增加了进口的外汇支出，而出口却没有增长，加深了印度的经济危机。此项政策大大降低了新总理在全国的威信。这件事对英迪拉产生两方面的影响：一是知道专家们的话并不可全信，二是对以美国为首的西方阵营产生

1971年，英迪拉·甘地与理查德·尼克松在华盛顿会面，后者也许是最不喜欢英迪拉的外国领导人。

更大疏离感,更加靠向苏联。

1966年7月1日,英迪拉发表一份声明,对美国轰炸河内和海防表示遗憾。然后在对苏联的进一步访问中,她与柯西金总理签订一份联合声明,谴责帝国主义对越南的侵略。美国的约翰逊总统对此十分恼怒,作为报复,有意扣住发往印度的运粮船。美国驻印大使切斯特·鲍勒斯(Chester Bowles)提醒约翰逊,联合国秘书长吴丹和罗马教皇不是也在批评美国在越南的政策吗?约翰逊的回答是,"但吴丹和教皇不需要美国的小麦"。

这些危机加深了国大党的统治危机。也可以说,英·甘地是临危受命,她上台时的印度同其父执政的时代相比在许多方面已经发生重大的变化。独立后不久就出现的一些社会经济和政治因素开始累积起来影响印度的政治发展:人们逐渐开始淡忘国大党独立前领导人民反对帝国主义和殖民主义斗争的历史,各式各样的新的精英已经崛起,挑战国大党的绝对权威;独立后人口快速增长,独立时出生的一代人到六七十年代已经成人,同他们的父祖辈相比,在政治上更加激进和活跃,他们成为可能被各种政治势力动员和组织的社会力量;商品化程度的提高和民主思想的传播破坏了旧有的人际关系,这些旧有的人际关系以保护—被保护的垂直纽带为特征,这种关系在相当一段时间里约束了底层社会的人们参与政治;最后,六七十年代印度经济发展相对缓慢甚至停滞,使得大多数人的生活状况没有重大改变。

以上因素促使印度政治转型的发生。按照印度选举制度规定,全国划分为五百多个选区,印度独立时已有数亿人口,到七十年代人口已近十亿,但选区的数目基本没有太大的变化,因此,一个选区小的一般有几十万人口，大的一般有几百万人口。每个选区选举产生一名人民院议员。一个选区中，甚至一个村庄中，居民不仅有贫富差别，还有种姓和教派的差别。印度的选举规则与印度社会文化的多样性特征决定了政治竞争者们为了当选，必须尽量争取各类群众的支持，避免认同于单一社会集团。但如果认同的群体过大，同样也不可能获胜：如果某个政党宣称自己代表全体穷人的利益，由于穷人占全国人口的大多数，穷人都投该政党的票，那么无论在地方或中央，该党都可能获胜成为执政党，但这只是理论上的假设，实际上，穷人并不会都投所谓代表穷人利益的政党的票。所以，在很长一段时间里，就全国而言，任何打着代表特定阶级、种姓、教派、地方利益旗号的政党都不可能问鼎全国政权，因为它们不可能获得执政党所必需过半数的席位。国大党能在最初一二十年维持其一党独大的局面就在于它坚持自己代表整个印度民族的利益，而不是代表某一阶级、种姓、教派、地方利益。国大党能这样做而别的政党做不到有许多原因，这些我们在前面已有过评述，比如国大党领导人民反帝反殖的历史；国大党调和主义的政治传统，激进的纲领口号与温和的政策实行相结合；印度传统社会中垂直的人际关系纽带，等等。然而，国大党作为代表印度全民族利益政党的形象也只能是暂时性的历史现象。在独立20年后，前面提到的那些社会经济变化因素使得国大党越来越难以让人相信它真的能代表整个印度民族的利益，以及它真的有能力领导国家走上繁荣富强。随着时间的推移，怀疑失望的人越来越多，人们出于各种不同的动机开始寻求国大党的替代物，转而支持最能代表自己利益的政治力量，这时，种姓主义、地方主义、教派主义的诉求开始大行其道，国大党一党独大支配印度政治的局面受到了严重的挑战。

1967年大选中,英迪拉没有选择继承父亲的选区,而是丈夫的选区,她的姑姑潘迪特占有父亲的选区,虽然姑姑说愿让出来,但英迪拉执意要在巴雷利竞选。1952年,正是她与丈夫同心协力,使得丈夫第一次在巴雷利当上国会议员。她接过丈夫的选区,同时也接受丈夫的激进主义。但是英迪拉不愿人们仅将她视为尼赫鲁的女儿和费罗兹的妻子,英迪拉需要建立自己与选民的联系。人们往往因为性别认为她软弱,当时印度许多老政客往往蔑视她为"小女孩""哑巴娃""丫头片子""小女人"。她自己则要将其女性气质张扬为力量和热情的源泉。

她将自己定位为印度人民的父母官,以此占领道德的制高点,

1967年印度大选期间,当英迪拉在一个公众集会上演讲时,一块石头砸中了她,这场事故发生两天后,她与总统拉达克里希南会面。

来获取选民的支持。她到处演说:"我的家庭不是局限于几个人。它包括千百万的人民。你们的负担相对是较轻的,因为你们的家庭是有限的。我的负担不知比你们大多少倍,因为我的家庭成员中大部分是极为贫困的,我必须关照他们。由于他们属于不同的种姓和教派,有时他们自己相互争斗,我必须干预,特别是照顾家庭中的弱势成员,以使得强势成员不能占他们的便宜。"

这种话语产生了积极的效果,"英迪拉大妈"的神话由此产生,但仍没能扭转国大党在全国人民心目中地位的衰落。

1967年2月,印度举行第四次全国大选,选举结果,国大党在人民院515席中只得到279席,比上一届361席少了82席,微弱过半数,勉强维持住执政党的地位。在邦一级的选举中,国大党形势更为严峻,在各邦议会总共3453席位中国大党仅赢得1661席,在西孟加拉、比哈尔、马德拉斯、奥里萨、喀拉拉、旁遮普等邦国大党失去多数党地位,不得不让反对党组织政府。国大党主席卡马拉季在自己的家乡被一学生领导人击败。还有9个中央联邦部长和4个邦首席部长在自己的选区被击败。在国大党的基地印度人口最多的北方邦,国大党勉强组织联合政府,但不到两个月便垮台,在拉贾斯坦邦,国大党领导的内阁局势不稳,不得不宣布总统治理。1967年大选因而成为印度政治的一个分水岭,此前国大党在印度政坛上一党独大,不仅独揽中央大权,而且在绝大多数邦执掌政权,1967年的大选结果显示印度政治中地区性政党及其支持基础状大的趋势,宣告国大党一党独大体制结束,预示着印度政治进入由国大党执掌中央大权反对党执掌邦政权的新阶段。在全国17个邦中的9个邦议会中失去多数,国大党面临独立以来的第一次政治危机。

英迪拉从其1967年选举以及与辛迪加的对抗的经历中得到3个教训：第一，要获得对政府的完全支配，就必须控制党的组织；第二，不能让邦首席部长们拥有独立于中央的权力；第三，必须对党的资产实行控制，而无需仰仗他人资助选举和其他政治活动。

国大党上上下下感到了危机，但国大党没能在危机面前加强团结与内聚力，反而加大了内部矛盾。国大党元老卡马拉季放弃政治前嫌，建议英·甘地与元老们合作，方法是在内阁中增设副总理一职，让另一党内元老——自己的政治对手——莫拉尔吉·德赛担任该职。英·甘地极不情愿地接受卡马拉季的建议，让德赛当上了副总理，但她竭力限制德赛的实际权利，德赛要求分管内政部，英·甘地只让他负责财政。

辛迪加支持英迪拉的动机本来希望像英迪拉这样没有施政经验、性格内向羞怯的人顺从于他们，但是英迪拉对自己的角色却有一个十分不同的定位：她不准备与别人分享权力。毫无疑问，她不想与卡马拉季商量组织内阁。不仅如此，她还成功地在1968年12月反对卡马拉季第二届任满后连任国大党主席，虽然卡马拉季本人十分热衷于再一次连任。

在此不信任和敌对的气氛下，传统的国大党以互谅互让的精神通过低调、有节制、密室谈判的方式解决分歧的方式就被敌对的姿态和责骂、民粹话语所取代。因此，每一个重大问题都成为权力斗争的引信，导致进一步的分裂冲突。国大党首先遇到的问题是下任总统选举。

1967年5月3日侯赛因总统去世，副总统吉里代理总统。国大党议会党团决定让人民院议长桑吉瓦·雷迪作为总统候选人，而英迪拉却执意要吉里辞去代理职务，争取当选总统。此举被外人视为纯粹是为了加强英迪拉个人的权力，因为无论是从资历、人望，还是能力上，吉里与雷迪都不能相比。英迪拉当面无法公开反驳，背后却竭尽全力扶持吉里，不让雷迪当选。英迪拉此举是向辛迪加集团的挑战，被认为无视组织纪律。一个月后，吉里在英迪拉鼎力支持下当选总统。

由此辛迪加（仍由卡马拉季为首）和德赛结为同盟，成为英迪拉的反对派。到1968年初，德赛和卡马拉季要赶英迪拉下台；但他们需要首先说服尼贾尼伽帕（S·Nijalingappa），当时她继卡马拉季后任国大党主席，站在他们一边。

终于在1969年底，英·甘地借故解除德赛的职务。1969年11月12日，国大党则以英·甘地不守党的纪律蔑视党的领导为由将她开除出党，并暗示英迪拉将印度出卖给苏联，派亲信P.N.Haksar充当自己与苏联驻印使馆和莫斯科的联系人。次日，国大党主席宣布了这一决定。英·甘地针锋相对，召集内阁议会中自己的支持者，宣称"这是一小撮人专横地对由民主程序选举产生的人民的领导所采取的惩戒性行动。难道我们要服从他们（党的老板们），还是清除这些不民主的组织和法西斯个人？"英迪拉的拥护者们打出"新国大党"（R）的旗号，以区别元老们的国大党（O）。国大党分裂为分别以英·甘地为核心的和以一些元老为核心两大集团，也称执政派国大党和组织派国大党。二者同时在德里开会，英派国大党得到人民院中200多名国大党议员的支持，德赛一派国大党只得到65人支持。国大党分裂削弱了国大党的力量，但加强了英迪拉的力量，是英迪拉加强自己权力的一次胜利，由此结束了长达五年多的国大党集体统治，英迪拉现在摆脱了元老们的羁绊，英迪拉时代真正开始了。

英迪拉对国大党分裂没有表现出丝毫的内疚。早在三年前在一次访谈中她就说过："我不怕说国大党已经变成为垂死的人。党内没有哪位领导人具有现代思想。国大党从来就没有成功地演进为一个现代政党。有时，我甚至感到我们的议会制度也是垂死的。每件事都是讨论又讨论，就是迟迟不实行。而具有政治目的的事情则大加利用。最严重的是，我们的文官制度的惰性是令人难以置信的。"

为了防止她的地位和权威再次受到损害，英迪拉需要集中权力，她试图不仅仅控制印度总统、而且要控制印度内阁、国大党主席、国大党工作委员会、议会局和中央选举委员会。

英迪拉还要控制德里之外的各邦，随后一些年里，英迪拉先后将那些在同辛迪加斗争中立场不鲜明的邦领导人清理掉，它们中有拉贾斯坦邦、安德拉邦、中央邦和马哈拉施特拉邦，然后换上自己信得过的人，提名让他们当各邦首席部长。她要保证这些人对自己的忠诚，同时在当地又没有权力基础。

这样做的结果，英迪拉将德里的分裂扩散到全国，"打断了保护与被保护的细丝，瓦解了他们拥有的选举库，结果是党退化为获取选举不受审计的公司。"

一些专家分析认为，形成英迪拉政治风格的有3个因素：首先，她有很深的怀疑性格；第二，天生的不安全感；第三，缺乏资历。当她1966年组织政府时，所有内阁成员在年龄和经验上都比她强。该内阁同1962年尼赫鲁内阁多少相似，夏斯特里继续没有做多少改动，英迪拉在这么一批头发灰白的人中当老板自然感到不舒服，她必须设计一个避开他们的属于自己的系统。

"厨房内阁"在此心理作用下产生,其成员有:米什拉(D.P. Mishra),辛格(Dinesh Singh),古杰拉尔(I.K.Gujral),桑卡尔·迪西特(Uma Shankar Dixit),塔帕尔(Romesh Thapar)等人。最初主要依赖辛格,几乎所有文件都通过他的手,这自然令高级部长们不快,因为他当时不过是一名部长。英迪拉十分小心,不让厨房内阁成员聚到一起抱成一团,她努力在他们之间制造互相猜疑的氛围。当她与一伙人讨论完某个重大问题后,习惯性地会将某人留下来,让其他人产生他似乎会说自己坏话的印象。有一次她对古杰拉尔说:"你知道我对你很生气",古杰拉尔沉默不语,"你知道为什么吗?因为你是辛格的朋友"。当古杰拉尔说:是你介绍我们才认识的呀,是你要我们一道工作的呀。回答是:"政治是不讲友情关系的。"所以她不让任何人与她保持长久的友谊。她只需要"服从的官僚"。

同时,面对来自国内外的各种压力与挑战,英·甘地试图推行民众威权主义的策略。一方面,英·甘地对贫苦大众许诺"消除贫困",推行具有激进改革内容的"20点纲领",以期获得群众支持。英迪拉宪法修正案的纲领受到莫汉·库马拉曼伽拉姆(Mohan Kumaramangalam)的捍卫,他从30年代起就是费罗兹和哈克沙尔(P.N.Haksar)的朋友,1966年脱离共产党加入国大党,1977年大选胜利后,他被任命为钢铁重型机械部部长,成为国大党内的左派——社会主义行动论坛——的代表人物,他主张改革的首要目标是改变印度的宪法,以使宪法中基本权利与国家政策的指导原则之间的关系被颠覆,更大的社会利益应置于个人的利益之上,因为没有理由说个人的权利比社会的权利来得更重要。哈克沙尔主张"服从的官僚机构",库马拉曼伽拉姆则强调"一个服从的司法机构"。

在经济发展战略上,英·甘地比她父亲更加重视农村和农业发展问题,尼赫鲁统治时期强调工业尤其是重工业在国民经济发展中的作用,英·甘地则采取后来被称为"绿色革命"的农业发展新战略,引进高产小麦和水稻新品种,加大对那些具有增长潜力的地区和农户的投入,让一部分地区和一部分农户首先发展起来。仅3-4年时间,"绿色革命"已初见成效,1969年印度粮食产量首次达到一亿吨,初步扭转印度极度缺粮的局面。随着农业生产的进步,1969年印度工业的年增长率达到7%。

1971年3月1日,印度举行第5次大选,大选前,英·甘地大打民众主义的牌,1970年,英·甘地提出废除前土邦王公们的年金(总额为4000万卢比)和特权,提出"消灭贫困"的竞选口号,许诺如当选,将尽力解决城市的失业与农村的房基地和无地农户的问题。投票结果,英·甘地的国大党获得515下院席位中的350席,反对英·甘地的国大党一派只得到16席。选举结果表明,分裂后的国大党已经成功地渡过了分裂前国大党面临的危机。英·甘地赞叹道:"选举成为一场运动,一场人民的运动。农民、工人、青年学生打破种姓、宗教和其他壁垒,以极大的热情参与运动。大选证明民主根基在我国是何等之强,我们的人民的鉴别力又是多么高!人民用投票表明他们赞同我们的政策和纲领。"

1971年大选也标志着老一代国大党人的退场,虽然他们在争取自由的斗争中坐过牢,受过迫害,但时代已经不属于他们了。年青一代对政治采取更加专业的态度,将之视为一种职业。另外,由于政治中盛行赢者通吃规则,使得成功成为至关重要的大事,无论通过什么方式和代价。他们信奉成王败寇的信条,成功者理应得到奖赏,享受奢侈舒适的生活;另一方面,利用群众支持将权力集中在自己手中。英迪拉即是这种政治观念的典型代表,她将自己的心腹安排到全国的政治职位上,排挤那些向她挑战的人。这些进一步激化了印度的各种矛盾。

国大党分裂的结果是,英迪拉派国大党失去一小部分元老支持,换来的是一批包括印度共产党在内的印度左翼政党的支持,英·甘地随之在内外政策作上出一系列调整来扩大自己的支持基础。英迪拉与辛迪加之间的基本冲突是关于分配权力。但是随着冲突升级,它需要一种意识形态的标签。政治上的权宜之计使得莫拉尔吉·德赛——辛迪加竭尽全力排除出局的人,现在成为辛迪加亲密的伙伴。英迪拉天生地倾向中左政治,但她不是坚忍不拔的社会主义者,当然她自己有社会主义倾向,国大党社会主义行动论坛的其他成员也有,但是英迪拉的左倾思想很少成为自己行动的指针。分裂实质上是一种权力斗争,导致执政的激进化只是为了巩固她自己的地位。

因此,60年代末英迪拉的所作所为对印度的真正危险不是她的的左的激进的姿态,而是她日益相信她能够领导国家。这种判断来自她个人的一种强烈的使命感。这种使命感是自幼形成的,自幼年起,她父亲就不断地在她脑中灌输关于尼赫鲁家族在印度历史中的特殊地位的观念。那些年尼赫鲁一再对英迪拉说:"英迪拉,你生在一个暴风骤雨和麻烦不断的世界上。你要勇敢地面对它。"

印度有许多专家分析指出,英迪拉认为自己不仅继承尼赫鲁家族的传统,而且具有对印度现在和未来的责任,这本来也不是什么坏事，但她错误地将她的义务和责任看做是印度历史的必然选择。更糟糕的是她日益不在意履行职责时的方式。1969年的分裂说明她对民主的结构整体性地忽视，由于她对印度民主制度缺乏信仰，因而不相信这一点——即印度没有她，照样能生存下去。

肢解巴基斯坦

在外交方面，英·甘地面临比其父更为复杂的局面。中印边境战争后，中巴之间交往更加频繁，印度如芒刺在背；而1971年7月8日，基辛格经巴基斯坦秘密访问北京，更使印度感到巨大的压力。一个月后，英·甘地采取了极为大胆的举措，1971年8月9日，印度与苏联签订了20年和平友好和合作条约。该条约规定，任何一方遭受攻击和威胁，双方应立即进行协商来清除这一威胁并采取有力措施来确保国家的和平与安全。英·甘地完全明了签订这一条约会惹恼美国，而独立以来印度又是多么有求于美国。英·甘地之所以不惜得罪美国，是要用这一条约达到她的战略目的——肢解巴基斯坦。印巴分治后，巴基斯坦实际上由地理上互不相连的东巴与西巴组成，两部分相同的只是都信奉伊斯兰教，但语言、生活习惯并不相同，政治、军事精英绝大多数来自西巴，东巴对此深有怨言。久而久之，东巴产生出与西巴相分离的要求，要求成立独立的孟加拉国。

1970年7月，东巴大部分地区遭受洪水袭击，使得大约一千万人无家可归，兴起一股到印度西孟加拉邦寻找食物和定居的浪潮。而西孟加拉早就由于人口压力和失业成为不满的中心。而西孟加拉

（上）1971年，在旁遮普前线，英迪拉与印度士兵交谈；
（下）1972年，英迪拉出访孟加拉国，与该国的创建者穆吉布·拉赫曼签订了一份友好、合作和安全条约。

邦地方政府腐败,纳萨尔巴里分子活跃,他们反对政府和选举,使用恐怖暗杀作为主要政治手段,杀害地方有名望领导人和政府官员,加尔各答已成死亡恐怖之城。印度政府面临严重压力。

大批东巴分离主义分子进入印度,印度设立营地对他们进行军事训练,在1971年时,已有三万多名经印度训练的分离主义分子潜回东巴,他们展开破坏交通、收集情报、袭击巴基斯坦官员和军警的游击战。巴基斯坦政府一方面对这些分离主义分子做出让步,另一方面从西巴急派军队前往东巴加强控制。无奈西巴与东巴之间横亘着巨大的印度,在西巴军队进入东巴前,印度已经有3个装备精良的师进入东巴,同时印度与西巴之间战斗打响,西巴自身已自顾不暇。万般无奈之下,驻在东巴的巴基斯坦军队只好投降,孟加拉国随之产生,巴基斯坦被肢解。巴基斯坦被肢解后,元气大伤,只剩下一半国土与人口,再也不是印度的对手,新成立的孟加拉国不会对印度构成任何威胁;克什米尔人还在闹事,但由于其重要支持者巴基斯坦伤了元气,克什米尔人闹事已成不了大气候。就这样,英·甘地通过第三次印巴战争达到了一石三鸟的目的,奠定了其南亚霸主的地位。战争期间,美国虽对印度施加各种压力,但始终没有采取任何实质性的举动来阻止印度在东巴的军事行动以挽救巴基斯坦,因为印度有印苏条约在手,美国不愿也不敢因南亚事务与苏联决一雌雄。印巴战争的胜利使英·甘地成为印度人心目中的英雄,凭借印巴战争胜利的余威,英·甘地政府进一步巩固东北边疆,在属于中国的一块土地上建立一个新邦——阿鲁纳恰尔(黎明的意思)邦。

肢解巴基斯坦使得英迪拉在印度的威信直线上升。英迪拉成为这场战争的英雄,比福克兰战争后撒切尔所得到的更多。1971年3月1日,印度第五次大选开始,英迪拉领导的国大党获得惊人的胜利,在人民院515席位中赢得其中350席,原国大党中的反英迪拉派只获得16席。对此,英迪拉充满自信地说:我国人民已经给出了一个明确的判断,赞同我们党的政策和纲领。

此时,英迪拉在印度已经获得如同神一样的地位,她在议会中被人颂扬为新的印度女战神——杜尔加,甚至连外媒也不吝言词称她为新的"印度女王"。1971美国盖洛普民意测验显示英迪拉被列为世界上最受尊敬的人物。事实上,印巴战争之后,孟加拉国的独立和西姆拉协定的签订使英迪拉在1972年夏天的地位已巩固,无人能够撼动。由于爱国主义与激进主义的独特结合,作为总理的英迪拉获得了史无前例的权力。这为她赢得了右派、中派和左派的尊敬和崇拜。连一些激烈批判英迪拉的记者也不得不承认她既赢得了战争也赢得了和平,她是印度无可争议的领导人;知识分子们的讥讽让

1917年印度对巴基斯坦战争的胜利,使英迪拉甘地在国内的威望剧增,被视为"母神"。

位给崇敬，群众的崇敬更甚。她被视为印度历史上最伟大的领导人。

紧接着，1974年5月18日，印度在西部拉贾斯坦沙漠第一次进行了成功的地下核试验，印度从此成为拥有核武器的国家。1975年印度吞并锡金，将之变成印度的第22个邦。英·甘地以自己的所作所为为自己赢得了"铁女人"的称号，"她不再被人视为尼赫鲁的软弱可爱的女儿，而是具有自己主见、自己统治手腕和自己政党的政治家"。

但顶峰也是下坡路的开始。

紧急状态

核爆成功的硝烟尚未散尽，英·甘地就发现自己已坐在国内政治斗争的火山口上。70年代，英·甘地虽然对外以穷兵黩武对内以民众主义政策措施来吸引群众的支持，群众确实在一段时间里为她喝彩。但老百姓关心的毕竟是日常生活，绝大多数的印度人感觉到他们的生活没有改善，反而恶化了。"绿色革命"影响的区域有限；将一些银行和企业国有化的措施也没有带来整体经济效益的改善；连年战争和核武实验耗竭了本来就资金短缺的国库；印美关系紧张，美国虽不能阻挡住印度军队进入东巴，但对印度实行的经济制裁却能影响到印度经济的发展乃至印度老百姓的一日三餐；英·甘地许诺的给予贫苦农民房基地的土地政策实施不力；城市知识青年的就业问题因经济不景气而愈益严重；而将一些银行和企业国有化，取消王公年金特权，土地改革的政策以及靠拢苏联的外交策略对印度上层统治阶级利益形成了威胁,这些人原本都是国大党的统治基础。

英·甘地的反对派们利用国内出现的对英·甘地不满情绪组织群众上街游行、绝食抗议。他们甚至到法院控告英·甘地在1971年的大选中有舞弊违法行为,1975年6月12日,阿拉哈巴德高等法院竟然判决对英·甘地在1971年的大选中舞弊的指控成立,判定英·甘地在6年内不得竞选公职。英迪拉被指控犯了两项罪:一是派公务员帮助自己的选举事务;二是利用国家财物搭建竞选演讲台。所谓这两项罪名,无论从哪个角度讲,只能说英迪拉竞选中有违背公正公平之处,但错不当诛,英国媒体就指出,这如同"一个人因违反交通规则而被解除总理职务"。该判决宣布的第二天,英·甘地的政治对手德赛在古吉拉特邦议会选举中获胜。反对党在首都德里组织群众成天到总统府要求总统解除不名誉的英·甘地总理的职务。英·甘地感到已无路可退,她悲伤地对新闻界说:"印度从来是一个不容易被人理解的国家,她太深奥、太矛盾、太多样化,很少有人愿意透过表面现象进行深入分析。"英·甘地没有退缩,这不是她的性格,她回答世界的是:实行全国紧急状态。

1975年6月25日夜,总理府,英迪拉的小儿子桑贾伊拟定逮捕名单以及对一些报社和法院在凌晨实施停电。次日,法院照常开门,但发现电源已被切断。这件事,据英迪拉密友报道,是非常重要的。它表明,紧急状态时总理府内存在两个中心——一个在桑贾伊领导下,另一个在他的母亲领导下。桑贾伊的领导是粗暴生硬、威权主义的。英迪拉的方式则自然地更为成熟、更为节制、更为实际。但无论两者在什么地方发生冲突,毫无例外的是桑贾伊的路线占上风。更为重要的,两个中心的状态没有存在太长。逐渐地两个中心联合

1975年，英迪拉和她最疼爱的小儿子桑贾伊在一起，后者成为她国内政策最坚定的捍卫和实施者。

到一块，至少在外表上。

　　1975年6月26日凌晨4点，英·甘地派出军队和警察逮捕所有的反对派政治领导人，6时，她召集内阁会议，一小时后，印度总统宣布国家处于紧急状态：暂停宪法赋予公民的一些基本权利，一大批政党被取缔，实行新闻检查，加强公务人员的工作纪律，在一些特定时候对一些特殊地区派驻军队。紧急状态法颁布后不久，成千上万的被控从事颠覆活动的政治家、学生、新闻记者、法官被捕入狱，许多邦的大学被封锁，闹事的教职员工被抓，到8月据报道有一万多名政治犯被捕。大街上到处张贴英·甘地的大幅肖像宣传画，上面写着"印度就是英迪拉，英迪拉就是印度"，"英迪拉就是秩序"。

紧急状态的实施标志印度政治的重大转变，英·甘地力图采用威权主义的方式来治理印度。

1975年7月22日，英迪拉在联邦院说："我们没能够给人民以他们需要的食物或住所、教育，但我们已经给予他们以自信心，我想，这是一个很大的事。"但是英迪拉也像任何其他人一样知道没有食物的"自信心"无法维持太长时间。在她看来，紧急状态的全部合理性是去除人们朝向改革和政策道路上的障碍。她认为知识分子的意见可以被忽视，如果人民大众生活有一个可观的改善，以及法律、秩序状况得以改善的话。

在庆祝印度独立28周年大会上，她发表演讲称："如同自由一样，民主也不意味着每个人可以任意按自己的意愿行事。我们并不想实行一党统治。"她要求人民"努力工作，擦亮眼睛，意志坚定，遵守严格的纪律"，将之作为新的伦理道德。她通过报纸媒体大力宣传"清除贫困唯一的灵丹妙药是努力工作"，"多干少空谈"，"传播流言蜚语的人是最坏的敌人"。她也利用各种机会努力消除国际上对她实行紧急状态的不良印象。在1975年11月15日在新德里召开的印度第56届国家贸易联合会的开幕式上，她发表讲话谈及她的意图："看问题，一定要有大眼光。我们到底想要看到我们的国家变成什么样子？我们到底想要哪一种类型的国家？民主只不过是一个不断变化中的概念，在现时代，它必须适应更广泛的大众参与的需求。虽然一直以来我们都在为政治上的自由而奋斗，但是我们很清楚，政治自由并不是最终目的。我们的领导人已经充分意识到，自由只有在它能够解决最多的贫困和最大的压迫的时候才是真实的。这就需要对我们的社会进行一场大规模的社会和经济改造。……对印度

在紧急状态法实施期间,英迪拉出席一个关于"民主"的集会。

而言,世界上大部分国家或地域所采取的发展模式,都是错误的模式。"她虽然没有明确指出何为适合印度发展的模式,但是她坚信这种模式一定能够"将所有的贫困驱逐出这块土地"。

为了让印度民众拥护其威权主义,在实现紧急状态的同时,英·甘地政府宣布实行经济改革的20点纲领,主要内容有:降低物价,推行激进的土地改革,清理农村债务,废除债务奴隶,扶助手工业者,城市土地社会化,没收投机分子的财产,防止和惩罚偷漏税者,加强对许可证的管理,加大工人就业训练的力度,保障全国道路交通安全畅通,减轻中产阶级的税负,控制和降低有关学生的食宿费用、书本费、文具费等等。这20点纲领几乎涉及印度社会各个阶层,她希望借此力图争取各阶层人民支持紧急状态法。"重新开始一场向贫困进攻，为新社会秩序奠定基础的战斗"。

紧急状态的实行使得英·甘地遭到来自国内外的大量批评，也使人们对印度民主的前景担心。

值得指出的是，同亚非拉许多国家的威权主义政权不同，英·甘地并不想将威权主义贯彻到底。在宣布紧急状态一年多以后，当国内形势趋于平稳后，1977年英·甘地决定取消紧急状态法，恢复本应在1976年进行的全国大选。她认为实施紧急状态法以来近两年时间里，印度已经发生可喜的进步，人民会像1971年上一次大选那样将票投向她，即使人民可能对她的有些做法不满，但她不相信反对派能在短时间内集合起来，在选举中战胜她。

大棒加胡萝卜的政策似乎取得了成效，原来10点半不到不上班的官僚们现在9点准时上班，火车准点了，黑市和囤积居奇、走私、逃税现象似乎一夜之间消失了，人们都在说，英·甘地是个铁女人，说到做到，坏人们不敢以身试法。连老天爷都似乎愿意帮英·甘地的忙，1975年季风雨及时到来，印度风调雨顺，好收成结束了延续3年的饥荒，基本消费品的物价下降到1971年的水平，一个月内大米和小麦的价格下降了5%，工业产量从1975年的年增长率6%上升到1976年的10%。由于禁止工人罢工和强调劳动纪律，印度的大资产阶级们对英·甘地颇有好感。因此，有些研究者认为，这是一个社会主义和资本主义合流，国家支持自由企业发展的独特时期。一方面，英迪拉政府以左派政府面目在国际上努力同苏联保持和发展良好关系，与苏联签订的20年和平友好条约使得印度能保证得到所要的重型武器，有助于她对军队的控制；另一方面，不断推出的改善农村穷人状况的新政策，为她赢得了左翼和农村群众的好感与支持。同时，也就在紧急状态期间，桑贾伊公开发表文章反对马克思主义和印度左派政党，鼓吹自由主义企业经济，呼吁印度的银行家和企业家们团结在以英迪拉为核心的国大党中央政府周围，发展印度的资本主义，桑贾伊还利用特权，开办马路蒂（风神）汽车制造公司。

一些分离主义倾向强烈的邦，在实施紧急状态法后，领导人被捕入狱，分离主义运动暂时偃旗息鼓。

有相当一批印度知识分子相信缓慢的、繁琐的民主程序不适合贫穷的发展中国家，这是只有工业化了的、富裕的国家能够消费的奢侈品。还有，如果必须将民主作为必要之恶，那么必须要有一个非常强大的中央来监管分裂的倾向。

尽管如此，英迪拉却对将紧急状态坚持到底的信心产生动摇。紧急状态时期英迪拉面临的主要问题是，她要现实与她的想法一致。但吊诡的是，两者之间的差距是如此之大，只有通过让理想屈从于现实才能调和二者的矛盾。另外，英迪拉可以拒自己于世界之外，并逃离现实，但她不能逃避来自自己内心的声音。如同她的父亲，她强烈地意识到她在历史中的位置，而自由、民主、选举、公众舆论是伴随她一道成长的概念。

最终，英·甘地决定于1977年取消紧急状态法，恢复本应在1976年进行的全国大选。为什么英迪拉执意要重开选举，有几种解释：一种解释是英迪拉虽然实施紧急状态法但并不想根本抛弃议会民主制，议会民主制毕竟是自己父祖辈参与建立的，正是这一制度赋予国大党政府比莫卧儿帝王和英国总督们更大的权力和统治合法性。议会政府、民主选举、言论出版自由、依法治国毕竟是现代国家的基本内涵。英迪拉想做的是"民主"的帝王,"宪制"的帝国,印度人民当务之急是穿衣吃饭的生存问题。只要物价能够控制得住,投资继续高涨,季候风来得及时,风调雨顺,她相信自己还是得民心的。印度人素以忍耐心、宽容心闻名于世,长期受苦的人们已经将一千多年来的文化传统融进血液,会接受这种开明专制作为他们生活的一部分的。印度人民欢迎英迪拉甚于对民主的体认。她认为实施紧急状态法以来近两年时间里,印度已经发生可喜的进步,人民会像1971年上一次大选那样将票投向她的,即使人民可能对她的有些做法不满。第二种解释是她自己的政治本能已使她认识到实行紧急状态是错误的,事态正在失去控制。当普普尔(Pupul)带她去见克里希那穆尔提(J. Krishnamurti),印度一位著名的神智学家时,英迪拉承认:"我不在乎老虎吃了我,但我不知道如何从它的背上下来。"所以英·甘地已经感到"骑虎难下",不怕被老虎吃,被人抛弃,不管是左的还是右的,只要从老虎背上下来。至于这是一只什么虎,她没有点明。纳拉扬在狱中日记中这样写道:至于国大党,我不明白它为何如此无骨气,当然相当一部分国大党人是伪装的共产党人,在他们背后的是印度共产党,在印度共产党背后的则是苏联。苏联支持英迪拉,但英迪拉走得越远,苏联对印度的影响就越大,一旦英迪拉失去利用价值,苏联人将通过印度共产党和他们藏在国大党内的特洛伊木马的力量将她抛到历史的垃圾堆里,换上自己人来代替。这样甘地和尼赫鲁的工作不就灰飞烟灭了吗?这是多么可怕的前景呀?英迪拉自己也谈外国的威胁,但她显然不是担心苏联,而是另一个世界大国。她担心紧急状态长期下去会疏远右翼力量,导致右翼力量在外国势力的支持下上台,最终危及自己的统治以及前人创立的民主制度。有些学者甚至认为，随着桑贾伊势力急剧膨胀，已经危及英迪拉的统治，英迪拉已经控制不了他了，必须通过选举来遏制他。第三，对反对派的力量估计不足。她不相信反对派能在短时间内集合起来，在选举中战胜她。

1977年大选及其结果

1977年1月18日，英·甘地宣布释放所有的反对派领导人，决定在3月举行大选，取消对各反对党的禁令，让它们恢复活动。从监狱里出来的反对派领导人很快在反对英·甘地的旗号下联合起来，他们组成一个新党——人民党——与英·甘地的国大党竞争，他们的竞选口号是："自由和面包"，"这是选择民主和独裁的最后一次机会，请投上你神圣的一票"。英·甘地则以"能干事的政府"和"消灭贫困"为竞选口号。选举结果，人民党获得43%的选票，国大党只得到34%的选票。1977年大选，英·甘地的国大党在542个席位中只得到153席，人民党却得到299席，国大党下台，人民党上台，国大党第一次成为在野党。

印度民众为什么宁要民主而不要威权主义的面包值得我们认真思考。

印度的民主政治传统是由国大党建立并巩固的，是对印度社会伦理的认同，其实质是认同共识和妥协的原则。宪法本身规定广泛的政治权力分散，保证在每一个阶段和步骤上都对执政党加以监督和平衡。1969年，英·甘地不仅破坏了党——她是该党创始者的后代,而且破坏了党的协商共识文化。从那以后,一步步地,她日益将权力集中在中央政府,培育起高度个性化的工作作风,这不可避免地造成国家各种组织活力的流失,造成它们的效率低下。其直接和不可避免的结果是印度政治中出现去政治化、去制度化以及去意识形态化的趋势。英迪拉非常可能没能认识到此过程的意涵。

当英迪拉初入政坛担任国大党主席时,一次曾对内政部

屡遭排挤的德塞终于与1977年如愿以偿,成为印度第四任总理。

长潘特谈及需要清除政府内的腐败。潘特温和地对她说:"孩子,你不明白,你还太年轻。只有当你老了你才会认识到涉及的问题会是多么复杂。"该告诫是富有意义的,也曾被英迪拉认真记取。然而,在腐败方面,英迪拉走得如此之远,超出了潘特的想象。

在其个人生活中,英迪拉是节俭的,她自己的所求并不多,她厌恶奢侈。她最初感到自己手上需要控制大笔资金是在1967年大选时,当时钱控制在辛迪加们手中,他们紧抓钱袋子,让英迪拉觉得自己处处受到掣肘。她获胜后,由于辛迪加们仍然控制着国大党,她开始通过她的宠臣米什拉(L.N.Mishra)建立自己的"小金库",他是独立的邦商业部长,成为她的主要资金募集者。在许可证批准制度下,他对各项许可证批准设置价格,从而积聚起巨大的钱财。这

是腐败制度化的开始。每天"封好的信封"从他的住所发往各种受益者,不仅仅包括政治家们,还有各路记者和被收买的人。

由于这种做法传播开来,几个部长和英迪拉的助手成为"党的资金筹集者",在每次大选中为各个首席部长们定了指标。毫无疑问这些财神们不会将所有收集到的财富都交到党的金库中。

他们究竟获得了多大数量的政治资金可以从纳伽瓦拉(Nagarwala)丑闻中得到说明。1971年5月,印度国家银行的首席出纳接到一个电话,据猜测是英迪拉打来的,要提取600万现金,交给等待在一指定地点的人。出纳提着现金赶往指定地点,等在那里的人出示自己的身份证件,出纳将钱给了他。该出纳后来知道,他成为一起欺诈事件的受害者。但取钱者很快被抓获,他是一个军队上尉,名字叫纳伽瓦拉。罪犯受到审讯,但只判监禁3天。他死在狱中。

这是一个神秘的案子,秘密始终未能揭开。为什么一个出纳,即使他真的接到来自总理的电话,能够独自从银行提取出大笔的钱?钱来自何处?在何人账户名下?这样性质的提取以前是否有过?这件事让人相信涉及总理的许多传闻。

官员腐败文化的传播有许多原因。首先,大选变得越来越昂贵。英迪拉极具个人风格的选举需要精心的安排,在她的会场要日益增加听众,首席部长们接二连三地组织巨大的集会,从四面八方转运群众;然后,党的机构运作由于用商业雇佣者取代志愿工作人员变得非常昂贵,也不得不支付候选人大笔资金去为党竞选。最重要的是,筹集资金本身变得非常有诱惑力,各种政客自己热衷于此项事务。

英迪拉本人可能声称从没花过一文这样肮脏的钱。但在金钱能帮助赢得选举的错误信仰下,她开始了印度政治腐败化的过程。尽管 1977 和 1980 年的大选的结果说明她的想法是错误的，两次都是无钱者大获全胜。但钱能帮助获得大选的神话一直存在。

她曾这样告诉采访者：一个国家领导人怎么可能会不是一个实用主义者。每一天你都必须从实际出发。你必须将你的实用主义与某种理想主义结合，否则你永远不会让人民对你想做的事感兴趣和兴奋。

有人这样评价英迪拉时期与尼赫鲁时期印度政治的不同特点，"英迪拉由于侵蚀政治制度和国家机构的自主的、专业的标准，程序性规范而耗尽了印度的政治资本。尼赫鲁是学校校长，英迪拉是逃学顽童"。这种"政治资本的耗尽"产生两大结果。首先，长期建立起来的制度和规范被侵蚀而产生的真空被非正式的结构所填补。金钱骗子和掮客的扩散，地主和达利特各自组成地方武装，用于保卫个人安全的武器装备日益扩散，过去由国家提供的服务现在则日益由私人机构提供。这些都是腐败的征兆。

即使在个人层面上，英迪拉手中拥有了更多的权力，她却变得更为虚弱。最好的说明是紧急状态时期的统治。她在此时期权力达到顶峰，但她仍感到是如此的无助，无法控制事件的进展。这是专制统治导致的必然结果，随着党的组织解体，首席部长们被阉割，沟通和指挥的渠道堵塞了，迷你型的暴君们横行各地。制度化的衰败的影响是如此令人丧气，英迪拉总理的最后任期没有取得任何显著的成就。

英迪拉下台了，新上台的人民党政府能解决腐败、非道德、非制度化问题吗？或者，恰恰相反，新上台的政府只不过换了一拨人，印度政治中的腐败、非道德、非制度化问题不仅没有得到抑制，反而以加速度加剧。

命运过山车 第八章

从1977年大选失利下台,又在1980年的大选中重新上台,最后于1984年遇刺身亡。英迪拉·甘地的命运在7年时间里如同过山车,经历急剧的上下翻腾。生长于动荡年代,少年丧母、中年丧夫、老年丧子,人生的几大不幸她全都一一品尝。英迪拉的一生将政治人物的喜剧和悲剧演绎到了极致,让世人不胜唏嘘。

从 1977 年大选失利下台，不到三年，又在 1980 年的大选中重新上台，最后于 1984 年遇刺身亡，英迪拉·甘地的命运在 7 年时间里如同过山车，经历急剧的上下翻腾，最后进入生命的终结。她是当时世界上最有权势的女人，也是世界上最不幸的女人，她生长于动荡年代，少年丧母、中年丧夫、老年丧子，人生的几大不幸她全都一一品尝。英迪拉的一生将政治人物的喜剧和悲剧演绎到了极致，让世人不胜唏嘘。

英迪拉的复出

1977 年大选刚刚失败的时候，英迪拉母子的政治生命遭受了最严重的挑战。不用说儿子的接班问题化成了泡影，就连母亲的政治前途似乎都成问题。如果说人们对尼赫鲁的女儿英迪拉还只是政治上不信任的话，那么人们对作为尼赫鲁小外孙的桑贾伊·甘地则不仅在政治上不能信任，而且在行为方式上也不能苟同。他在党内外都受到了最严厉的指责。他与他的打手们成了胡作非为的象征。在这期间，针对他的案子有许多起，但最终把他送进监狱的一起案子是，他曾乱用特许权，"恫吓和贿赂"起诉证人，企图使证人作伪证。1978 年 5 月 5 日，最高法院根据上述指控，决定把桑贾伊置于法律的监控之下（拘押），时间为一个月。他在当天被关进蒂哈尔监狱。当时他的母亲正在外地竞选议员，得知消息后，匆忙中断在外地的活动，赶回德里到狱中与儿子见面。在监狱里，母子进行了五十分钟的会见。为了给儿子打气，母亲还特意带来了一些支持者和一名美国律师。英迪拉对儿子说:"孩子,不要紧,这将是你政治上的再生。"

桑贾伊的被捕震动了整个尼赫鲁家族。英迪拉跑去向自己的老政敌德赛求情,让他放桑贾伊一马,说:"怎么办都行,只求不要伤害他的生命。"长子拉吉夫一家,由于妻子索尼娅系意大利国籍,一家四口拥有意大利护照,带着两个儿女寻求意大利驻印使馆的帮助。尼赫鲁家族的一位经商朋友从中斡旋,找到当时的总理莫拉尔吉·德赛说情。德赛表示印度国内举国上下都知道拉吉夫与桑贾伊是不同的两种人,拉吉夫不参与政治,对自己母亲尤其是弟弟的做法保持一定的距离,应受到审判的是英迪拉与桑贾伊,他保证新政府不会为难拉吉夫一家。索尼娅这才打消逃亡意大利避难的想法。

实际上,英迪拉始终没有入狱,桑贾伊也只被关押短暂一段时间。一方面按照印度司法程序,要判英迪拉和桑贾伊有罪,不是一件易事。有些事比如敲诈勒索、伤害人命,据说是桑贾伊指使他人所为,但缺乏证据,要找到确凿证据难度很大,因为英迪拉虽然下台,但几十年的经营,在印度拥有丰厚的人脉,桑贾伊的帮派势力成千上万,没有什么人敢于在法庭上出面作证。印度老百姓最痛恨的莫过于强制绝育一事。但英迪拉及桑贾伊辩解说,印度实行计划生育、鼓励少生孩子是独立后不久就定下的国策,过去执行得不力已经严重地妨碍了印度的发展步伐,紧急状态期间采取强硬的措施,在实行过程中下面出现一些问题,只能算是有错,但无法说是有罪。主要的问题是新上台的政府从成立的第一天起就是大杂烩。各派势力忙于争夺政府中的关键位置,没能制定一个新的解决经济和政治问题的路线,人民党得到了一个热衷捣鬼、吵嘴、权力斗争的名声。

J·P·纳拉扬是人民党政府的灵魂与核心，他没有进入政府，他力图将人民党中的左中右力量团结在一起，把非共产党党派融合进该党，为所谓的第二次自由斗争而战斗，但结果发现自己靠边站。1979年10月8日，纳拉扬去世，人民党内部的权力斗争更加白热化。人民党政府成立之初，由德赛担任总理，但在印度北方农民中拥有强大影响力的查兰·辛格不买他的账。

1979年7月15日德赛不得不宣布辞去总理职务。德赛辞职后，印度政坛及人民党内出现力量"多极化"的现象。英迪拉决定利用这一有利形势，暂时支持查兰·辛格组阁。在国大党支持下，查兰·辛格当上了总理。英迪拉支持查兰·辛格，虽然没有换取辛格的公开表态放弃对英迪拉和桑贾伊在紧急状态期间罪行的审理，但实际上将这项工作停止了。新组建的辛格政府摇摇欲坠，根本不想也无力顾及审判英迪拉一家。

很快，印度的民心与舆论发生某种变化。一份1979年2月6日的报纸报道：

> 当劳工动乱、种姓和宗教暴力横扫印度时，许多人以类似怀旧病的情感在向后把眼睛盯住从前的总理——英迪拉·甘地——实行的紧急状态统治。紧急状态的某些最严厉的措施几乎已经被忘记，或者说至少不再像三年前那样引起敌对。

1979年8月20日，执政仅24天的查兰·辛格宣布辞职。印度总统宣布1980年1月举行全国大选。1980年1月14日，在经历33

个月的中断后，62岁的英迪拉依靠"选举一个能工作的政府"的口号重新上台。在整个过程中，33岁的桑贾伊——他从阿梅提选区当选为人民院议员——身着手纺白棉睡裤和宽松及膝的印度长衫，一直站在母亲的一旁。选举中，他攻击人民党政府是如何迫害他的："他们串通一气想将我作为不适合政治的白痴傻瓜开除出局。"他信誓旦旦地表示："现在，如果人民重新选举我，就为我提供一个机会帮助母亲实现其为印度弱势群体服务的理想。"

事实果如英迪拉所言。桑贾伊虽然开始时与母亲一样遭到了一些打击，但桑贾伊周围的年轻人并没有弃主人而去，而是对主人忠心不二。这使得在1980年大选前筛选国大党（英）参加大选的候选人时，桑贾伊的少壮派取得了很大的优势。选举结果，在541个获胜的党员中，有230人不仅是第一次进入议会，也是初次登上政治舞台，其中有150人是桑贾伊的铁杆支持者。一名支持者公开说：如果桑贾伊要我把头伸进榨油机，我会照着去做。

这一年，桑贾伊与母亲一道，在北方邦参加竞选，母亲在赖巴雷利选区竞选，儿子在阿梅提选区竞选。3年前，他们也是在这里遭到惨败的。这次，母子双双获得胜利，由此，桑贾伊子承母业已成定局。他们至少可以不再担心人们对此说三道四了。他们可以说，他们可不是想建立世袭的王朝，桑贾伊在政治上的崛起是印度人民自己选择的结果，而不是他们母子利用手中的权力强加给印度人民的。

政治新星的殒落

英迪拉自己曾多次对人说过,她从未有建立世袭王朝的想法,自己的儿子对政治没有兴趣。她自己尽力让他们在权力之外,不想将家族的负担再传给他们。但实际上并不是这样,英迪拉在培养自己儿子继承尼赫鲁家族的政治事业上是下了一番苦功的。

英迪拉有两个儿子,大儿子拉吉夫出生于1944年,小儿子出生于1946年。俗话说,自己没能得到的,往往想在孩子身上得到补偿。英迪拉生长在动乱年代,自己的童年过得很不正常,母亲常年生病,父亲经常被捕入狱,缺乏双亲的爱抚,后来又有了不忠实的丈夫,生活充满了孤独与不安。当了16年的总理,享有巨大的权力,但她内心仍没有多少快乐。"由于参与政治斗争,我自己的生活是不正常的,这是为什么我愿花全部的时间在我的孩子身上的原因。"

英迪拉在她的孩子们中寻找心灵的乐园,她下决心要拿出足够的时间来照顾她的两个孩子。她说:孩子之需要母亲的爱抚,犹如幼苗之需要阳光和雨露一样。对一个母亲来说,她应该经常把孩子放在首位,因为孩子们对母亲有着非常特殊的依赖。

在拉吉夫和桑贾伊还是婴儿的时候,她就不赞成那种叫别人来关照孩子的想法。她尽自己所能为孩子多做些事情。在他们上学以后,她就将工作和与他人约会见面安排在孩子上课的时间里,好让自己有时间在孩子放学后和他们待在一起。不管她多么忙、多么累、多么不舒服,她总要抽时间和自己的儿子们一块玩,一块读书。桑贾伊上幼儿园时,一次一个同幼儿园的小朋友和他的母亲来到英迪拉家,那位母亲想当然地对英迪拉说,作为公务人员,你可能没有时间与精力照顾孩子吧。这立即招来幼小的桑贾伊的反驳：我妈妈有许多重要的工作要做，但是，她同我玩的时间比你同你儿子玩的时间还多。

英迪拉十分注意培养孩子的意志和品质，一次，11岁的拉吉夫在假日时与费罗兹到外郊游摔断了胳膊。从德里，英迪拉写信鼓励他："一个人不能害怕受伤。世界充满各式各样的伤害，只有勇敢面对它们，我们才能变得强壮和顽强。你知道我是多么想让你在心灵和身体上都勇敢无比。世界上有千千万万的人，但他们中大部分是随波逐流，害怕死亡，甚至也害怕生存。"

成年后的拉吉夫和桑贾伊两兄弟。

一个人的精力与时间是有限的。一般人尚无法完满地处理好女儿、妻子、母亲三重角色，故有无数的家庭纠纷，而在尼赫鲁这个特殊家庭中就更难了，"重要的是如何处理好我所负责的公职和我对家庭、孩子应尽的义务这两者之间的关系"。当将主要精力放在父亲和孩子身上时，对丈夫的感情需要就被忽略了。这给英迪拉与费罗兹之间的关系带来了严重的伤害。

1968年，拉吉夫与索尼娅结婚。赛弗达尔琴路上的住宅已过于拥挤，有人建议重修三像府，搬回去住，但不被尼赫鲁基金会同意。后来政府将阿克巴路1号平房给英迪拉办公。

当拉吉夫一家过着淡泊名利、与世无争、称心如意的小家庭生活的时候，1969年，在英国学习汽车制造的桑贾伊也回国了。与哥哥完全不同，刚刚20岁出头的桑贾伊变得更为好斗骄横、以自我为中心。有人说，拉吉夫身上更多父亲的影响，而桑贾伊则继承母亲的性格特征。他野心勃勃地试图干一番大事业，出人头地。这个"大事业"就是要建一个零部件百分之百国产化的汽车制造厂。

关于生产国产小型轿车的问题，早在50年代印度政府就提出过。政府有关部门曾多次召开专家委员会研究这个问题，仔细考虑了各种方案在经济上和技术上的可行性。甚至还同一些国外著名的汽车制造厂家进行了初步接触，探索合资建厂的可能性。但以当时印度的工业基础，甚至连生产的自行车尚不能满足要求，更何谈生产国产汽车。所以，这些计划一直停留在纸上谈兵的阶段，未能得到实施。

但当桑贾伊回国提出创办汽车制造厂后，这项计划却突然启动了。桑贾伊压住了许多私人厂商生产小汽车的申请，领取了开办马鲁蒂（风神之子）汽车公司的许可证。1971年6月10日，公司成立，25岁的桑贾伊正式出任公司总经理。印度报刊把他吹捧为印度的亨利·福特，还有的报纸登出了桑贾伊童年时坐在玩具汽车里的照片，并在照片旁边加以说明："桑贾伊自幼就喜欢玩具汽车，并表示长大后，要去制造汽车。"

桑贾伊以25岁的年龄去创办一家年产50000辆汽车的大工厂，明眼人一看便知这是由于他的身后有母亲英迪拉的缘故。而英迪拉出于对桑贾伊的钟爱和欣赏，在支持桑贾伊办工厂这件事上也确实到了不加掩饰的地步。她针对一些人指责她偏袒儿子创办马鲁蒂工厂反驳道：难道一个年轻人，仅仅因为恰好是总理的儿子，就不允许他从事自己选择的职业吗？我倒希望他能成为教授，可惜他没有这样的本事。她颇有些愤愤不平地说：一个实业界巨头扩大他的企业，不会招致任何异议，但是一个年轻人白手起家想有所创建，就会受到怀疑和敌视。她还反复声明，她对一些指控进行了调查，并谨慎研究了工厂的发展，相信并没有任何非法或越轨的行为。

尽管在议会中她收到大量有关她儿子办工厂的不当举动的指控，英迪拉顽强地为自己的儿子辩护。"我有什么办法，我的儿子恰好不是那种当教授的材料。""你知道，桑贾伊是个行动者，而不是一个思想家。"事实上，她将帮助桑贾伊作为自己的责任。"当我的儿子担当风险时，我不能对他说不是。我习惯于鼓励我们的年轻人。"

尽管英迪拉不断为桑贾伊辩解，但事实却与她讲的刚好相反，正是由于她的支持和纵容，马鲁蒂公司从一成立，便黑幕重重，丑闻迭爆。英迪拉也因此在政治上陷入了被动。

兴建工厂需要征用土地，哈里亚纳邦首席部长班西·拉尔认为这是一个巴结英迪拉的好机会，便在自己的所在邦为桑贾伊强征了345英亩肥沃的良田。这些土地是以每英亩10000卢比的低廉价格从农民手中收购上来，再转拨给马鲁蒂建厂的。而当时临近这块地皮的土地的市价是每英亩3.5万卢比，所以桑贾伊得到了极为便宜的地皮。为了能把地皮征购到手，班西·拉尔采取了高压政策，凡是不同意出让土地的农民，都被他关进了监狱。但征购的这些土地，建厂根本用不了，最后不得不把其中的约二百英亩改建成农场。

在这个地方建厂还有个棘手的问题，这就是附近有一座军方的弹药库。按照印度国防部的规定，在距离军事设施1000米以内，不得兴建民用建筑物。反对党曾就此向国会提出质询，而国防部为了支持马鲁蒂公司竟采取了一个极为荒唐的做法，把弹药库迁往他处。班西·拉尔由于为马鲁蒂建厂征地有功，得到了英迪拉的青睐，后来被委以国防部长的重任。

桑贾伊办厂的特权还不止于征用土地上。当时，印度的水泥、钢筋等建材极为短缺，要想得到，必须经过繁琐的手续，而且还不能立即得到。但马鲁蒂工厂兴建时，完全无需申请，便得到大批现货。后来，建厂使用不了这些材料，便被拿到黑市以高价出售牟取暴利。

公司建立后，内部的管理也很混乱。按公司的章程，只有拥有100股以上面额为10卢比的股票，才有资格成为公司的董事。但桑贾伊只拥有10股照样进入了董事会。后来董事会又为此做出决定，总经理不需要具备拥有股份的资格。这样一来，即使马鲁蒂公司倒闭了，桑贾伊也不会因此而受到任何经济上的损失。刚刚建厂时，桑贾伊以十分自信的口吻对外界说，马鲁蒂公司将在第二年生产10000辆价格低廉，能够满足大众需要的"人民车"。但3年后，人们连汽车的影子也没见到。不得已，桑贾伊不得不摘下"纯国产"的招牌，请来德国的工程师，仿照外国车来生产，但依然无法生产出汽车。白白亏损了600万卢比，股票价值也跌到不及面值的1/10。

生产国产小汽车陷入困境，桑贾伊又搞起了马鲁蒂重型车辆制造公司。这个公司主要靠从国外进口零部件，在国内进行组装，然后以高价向国营部门进行强行推销。这个企业倒是办得很成功，桑贾伊因此赚了不少钱。

除了建立生产企业外，桑贾伊还仗着母亲的权势把手伸到了对外贸易领域。他置印度管理对外贸易的法律于不顾，陆续和外国企业签约，包揽了印度国内总代理商的权利。这些外国企业包括美国国际机器公司、通用汽车公司、西德的曼汀钢铁厂、意大利的汽车公司等一流产商。通常情况下，代理商的佣金为0.5%–1%，但桑贾伊从这些公司拿到的佣金却有时高达25%。

1974年，桑贾伊和一名锡克陆军上校的女儿玛尼卡结婚。婚礼未事张扬，草草了事。玛尼卡长得漂亮，在学校时是校花，后来又当过时装模特儿，进入尼赫鲁家族以后，也对政治产生了兴趣。1979年，她生下了他们唯一的儿子。英迪拉对这个小孙子格外喜爱，用丈夫的名字给他命名，叫费罗兹·瓦伦。

长期以来，英迪拉一直有一种使命感，那就是要使尼赫鲁家族的政治事业能够在她的下一代得以延续下去。通过长期观察，她得出了结论：拉吉夫无意从政，也缺乏这方面的能力；而桑贾伊则有政治头脑，有领导才能，敢作敢为，是尼赫鲁家族未来的希望所在。因此，她更加着意从各方面培养桑贾伊，而桑贾伊果然也不负母亲的期望，在很短的时间，便使自己成为叱咤印度政坛的风云人物。

英迪拉培养桑贾伊为政治接班人的计划大获成功。自实施紧急状态法后，英迪拉对于身边幕僚越来越不信任，在所有重大决策问题上越来越依靠桑贾伊。而桑贾伊虽然在国大党内和政府内没有担任任何职务，但其权力却迅速膨胀，很快便成为一人之下万人之上的举足轻重的人物。他亲自确定大逮捕名单，插手政府改组，参加内阁紧急委员会会议，从总理办公室向政府官员下达指示，替英迪拉接见来访者。

为了建立自己的权力基础,桑贾伊在实施紧急状态法后,迅速建立了一个效忠于他的小集团。这个集团中的成员或是他的旧时同学,或是中上层阶级的子弟,他们野心勃勃,打着总理儿子的"同窗"、"好友"的招牌,为桑贾伊摇旗呐喊,欲借桑贾伊这棵大树飞黄腾达。而桑贾伊则尽量把这些人安插到各个关键部门去。自实施紧急状态法以后,政府机构局长级以上的任免大权落到了英迪拉私人秘书拉邦的手里,此人原是英迪拉家中的管家,对英迪拉母子忠心耿耿,他在任免政府官员时的一个重要标准,就是要看这个人对桑贾伊是否忠诚。

1976年1月,国大党在阿萨姆邦的首府高哈蒂举行年会,桑贾伊陪同母亲出席。3个星期前,他才正式加入了青年国大党并控制

不像兄长拉吉夫,英迪拉的次子桑贾伊积极从政,在政界人气颇旺。

了这一组织的实权。这一次，他借用国大党年会召开之际，公开登上了印度政治舞台。当他和母亲步入国大党年会会场时，列队在门口欢迎的国大党代表除了高呼"甘地夫人万岁"外，还高呼起"桑贾伊·甘地万岁"的口号。从此，他那张戴着墨镜、留着大鬓角的面孔便为所有印度人所熟悉，他在国大党内也俨然以"王储"身份自居。

国大党年会后，桑贾伊欲乘机扩大他在全国的影响，便前往各邦进行巡回演讲。他所乘坐的交通工具是只有印度总统、总理和少数部长才有权动用的空军专机。他所到之处，所在邦的首席部长和高级官员都要亲往机场欢迎，并在从机场到市区的路上，搭起用鲜花装饰的欢迎拱门，动员群众和学生夹道欢迎。

桑贾伊在政治上完全站在大垄断资本的一边，他在各地的演说中，反对国有化，攻击印度共产党，致使长期支持英迪拉的印度共产党与国大党关系恶化。当双方之间相互进行指责时，英迪拉则挺身而出，为儿子辩护，声称："谁攻击桑贾伊就等于攻击我。"

为了树立个人形象，桑贾伊在母亲抛出"二十点经济纲领"之后，提出一个五点纲领，其内容包括节制生育、植树、整顿城市、铲除社会弊端等。英迪拉对这五点纲领大加称赞，称它是"独立以来我国政府的施政纲领，人民可以从实施这一纲领中得到好处"。

桑贾伊知道应该做什么以及如何做。民主程序太繁琐了。应该快刀斩乱麻。令外国游客不快的群集在德里的乞丐被赶走；星星点点散布在首都的贫民窟太有损印度的形象，被强行迁走；德里的某些部分太拥挤和肮脏，用推土机铲平它；穷人如同兔子般生成群的孩子，强制让他们绝育；一些人调侃政府太过分，将他们关进监狱；

媒体批评政府太过分，对之实施新闻检查。

当桑贾伊到各邦访问时，邦政府要员通常全体出动到机场迎接，首席部长们等候着他的指示，为他安排巨大的群众大会。关于他巨大人气的报告被送到他母亲那里。

1980年1月14日，英迪拉第四次宣誓就任印度总理。这次组织的内阁班子，与竞选时一样，国大党（英）年轻的一代占据了重要地位，形成了以英迪拉母子为核心的新政府。在22名部长中，平均年龄55岁，其中45—50岁的有8人，51—60岁的有9人，只有2人过去担任过部长级职务，除3人之外，其他人都未参加过反英的民族斗争。据说，其中有半数以上是桑贾伊的密友。

当然，英迪拉扶子接班的意图并非人人都举手赞成，特别是重少轻老的做法，更是遭到了老一代国大党成员的反对，他们对英迪拉提拔重用年轻一代颇为反感。他们虽然凭着自己的政治经历仍然在党内有一定的声誉与影响力，但想形成一股政治势力，特别是组织起来对这种局面进行反抗，已经不可能。所以，人们几乎都在开始公开谈论桑贾伊时代的到来。

就在桑贾伊接班几成定局的时候。1980年6月20日，桑贾伊突然坠机身亡。当天上午8时，桑贾伊同德里飞行俱乐部首席教练苏巴斯·萨克森纳驾驶新买来的一架单引擎双座红色滑翔机飞上蓝天，起飞后没过几分钟，滑翔机上下翻腾，地面上的人们以为，这是飞机在进行翻跟斗的特技表演。但是在他们还没有清醒过来的时候，滑翔机就随着一声轰响栽倒在地上，机上两人同时毙命。

性格决定命运。事后调查证明，在一个月前，印度空军元帅兼民航总经理J·扎希尔曾以书面形式向上级报告说，桑贾伊违反飞行安全规定,从而有可能危及他本人及其他人的生命。由于面对的是总理的儿子,这位元帅和总经理没有直接发出书面命令,而只是建议民航局长悄悄给甘地夫人捎个话。由于种种原因,民航局长直到桑贾伊命丧黄泉,都没有把这话传给总理。但鬼使神差地,元帅给有关方面的书面报告却被桑贾伊看到了,不过几个小时,空军元帅扎希尔便被告知离职休假。接替扎希尔任职的卡恩帕利亚原是扎希尔的副手,在桑贾伊驾驶飞机时,他曾多次恭候在旁,但这也没有能够阻止悲剧的发生。

英迪拉获悉儿子遇难的消息后,心如刀绞,当着众人的面失声痛哭。出事后,英迪拉曾两次来到现场。第一次,她只是匆匆地看了看摔在地上的滑翔机,而第二次,她却在飞机的残骸里寻找桑贾伊的手表和钥匙。

对桑贾伊的死,有人表示哀悼,但也有不少人感到大大松了一

桑贾伊喜欢开飞机,最终也因为飞机而送命。

口气。有人在大庭广众之下大声说："上帝拯救了国家。"一名议员当天得知桑贾伊死讯后说："印度的历史今天改变了。"另一名议员立即补充道："是朝着好的方向。"

"天堂造反"

桑贾伊之死，世上两个女人最伤心，一个是他的母亲，另一个是他的妻子，她们的不幸由于她们之间的相互伤害而更加加剧。对英迪拉来说，白发人送黑发人是人间的最大不幸，尤其是失去自己寄以厚望的尼赫鲁家族的政治继承人。对玛尼卡说来，自己才23岁，儿子尚幼，孤儿寡母，今后的日子怎么过。

玛尼卡1956年8月26日出生在旁遮普，父亲是印度军队中一名上校军官，玛尼卡先是在Sanawar的劳伦斯学校上学，毕业后考入新德里的一所女子学院。后来她在孟买一家著名的服装公司当模特。她第一次见到桑贾伊是在1973年12月14日一次派对晚会上。该次晚会是由她的姑父专门为自己即将结婚的儿子而举办，她的姑父当时在印度军队中任职。玛尼卡自然在应邀之列，而桑贾伊是作为主人儿子的校友而应邀出席的。当天桑贾伊兴致很高，因为那天恰好是自己的生日。桑贾伊成了晚会上大家关注的对象，作为尼赫鲁的外孙，现任总理的儿子，尚未婚配，是印度最有价值的单身汉，也正在物色自己的新娘。他一方面极力寻找可心的姑娘，同时也小心提防着那些想乘机进入尼赫鲁家庭的人。当时玛尼卡年方二八，在学校时就是有名的校花，身材苗条，五官清秀，立即吸引了桑贾伊。

从那以后，桑贾伊与玛尼卡每天见面，形影不离。1974年初，桑贾伊邀请玛尼卡到家吃晚饭，实际上是带玛尼卡见自己的母亲。可以想见玛尼卡当时心里既兴奋又紧张，见了英迪拉时竟说不出话来。还是英迪拉首先打破局面："既然桑贾伊不给我们介绍，最好还是由你自己告诉我你叫什么名字，做什么工作？"英迪拉本人从不向桑贾伊介绍自己认为可心的媳妇，认为这是孩子自己的事，应该由孩子自己决定。就像大儿子娶了个外国媳妇，她也能接受。这也不是桑贾伊第一次将女孩带到家里来。玛尼卡的母亲则不太同意这门婚事，认为门不当户不对的，不愿高攀，因此极力劝阻，将玛尼卡送到博帕尔与祖母住在一起，想让他们暂时分离一下，冷却他们的关系。但没过多久，玛尼卡就逃回来了，她与桑贾伊更感到双方谁也离不开谁。

从博帕尔回来后，玛尼卡就与桑贾伊在总理官邸住所举办了一场正式的订婚仪式，随后安排一次午餐，双方家里人都参加了。英迪拉给未来的儿媳一些金银首饰和衣料作为见面礼。同年9月23日两人举办了婚礼。人们常说爱屋及乌，虽然很难说当时英迪拉对自己的儿媳有多大的喜爱，但看到小儿子对玛尼卡真心喜爱，加上当时桑贾伊已步入印度政坛，正鞍前马后地积极为尼赫鲁家族的政治事业奔忙，注定要成为尼赫鲁家族政治事业的继承人和掌门人，英迪拉对他不能不倾注自己的全部爱心。她不仅送给儿媳大量的黄金首饰，还将当年尼赫鲁在狱中纺的纱制成的布料送给了玛尼卡，她甚至亲自布置新人的新房，过问新娘婚礼上的服饰佩戴。

由于婆媳二人个性因素，在玛尼卡嫁入尼赫鲁家后，婆媳之间平时的关系就比较紧张，两人都是个性极强、互不相让。玛尼卡不同于索尼娅,索尼娅虽然是一名外国女子,但对政治不感兴趣,一心在家相夫教子,善于关心人与体贴人,与一家老小关系处理得很和谐;而玛尼卡浑身大小姐派头,追求享乐,与桑贾伊是一类人,但不是英迪拉理想的媳妇。桑贾伊活着的时候,双方本着"家丑不可外扬"的古训,生活在同一个屋檐下,勉强相互容忍。

　　桑贾伊一死,随着对桑贾伊遗产的争夺,婆媳双方关系立即转为白热化。这里所说的遗产主要指政治遗产。桑贾伊有无经济遗产,有多少遗产,如何分配,尚未见到具体的描述。桑贾伊的政治遗产主要是尼赫鲁家族的政治继承人问题。玛尼卡想全盘接管桑贾伊的政治地位和政治势力,因为在她看来,自己虽然才23岁,但已与桑贾伊一道打拼多年,"桑贾伊的事业"有自己的一份功劳;她不认为桑贾伊的上升依赖于婆婆的威权,而是婆婆的权力很大程度上有赖

1981年1月,拉吉夫获得了开波音飞机的资格,这是一个飞行员职业生涯中的里程碑。然而,迫于与日俱增的压力,他不得不从航空公司辞职,参加阿梅提地区的议员竞选。

于桑贾伊及其一班人鞍前马后的拼杀；前面谈到，桑贾伊确实已建立起自己的人马，这些人没有随着桑贾伊的去世而分崩离析，而是想继续拥戴玛尼卡来保住自己已经得到的利益；再有，可能对玛尼卡掌权不利的是拉吉夫，他毕竟是尼赫鲁家族的长子，印度毕竟是个男性主宰的传统社会，从传统上，儿子自然比媳妇更有权继承家族的事业，但拉吉夫不是口口声声说对政治不感兴趣吗？当桑贾伊为了尼赫鲁家族的政治利益冲锋陷阵、浑身是伤的时候，拉吉夫做什么了？再说，为什么女的就不能从事政治，婆婆不也是女的吗？

玛尼卡的不满只能加剧婆媳之间的矛盾，英迪拉加快了让拉吉夫从政的步伐。她趁玛尼卡尚未满25岁，不够竞选议员的年龄，让拉吉夫在阿梅提选区竞选议员，该选区原是桑贾伊的地盘。1981年6月，拉吉夫在阿梅提选区当选议员。这令玛尼卡怒火中烧，印度人都明白，玛尼卡住在总理府的日子屈指可数了，大家都在猜测玛尼卡会在什么时候以什么方式离开总理府。

玛尼卡做了两件令英迪拉十分不快的事：一件事是将桑贾伊创办的杂志卖给英迪拉的政治宿敌；第二件事是，1982年3月29日玛尼卡参加勒克瑙召开的桑贾伊支持者大会，发表演讲，大肆宣扬桑贾伊对国大党的巨大贡献，公然以桑贾伊的继承者自居，引得英迪拉满腔怒火。当时英迪拉带着索尼娅参加在英国伦敦举办的印度节，拉吉夫将玛尼卡讲话的文本电传到伦敦。英迪拉认为是该到解决这个麻烦不断的儿媳妇的时候了，她已经忍受了很久，应该乘这个机会下手了。

英迪拉从伦敦回来后，告诉玛尼卡，今天她不能与家里人一道同桌吃饭，饭会让人送到她的房间。大约下午一点，又让人告诉她，总理要见她。当英迪拉光着脚走进玛尼卡房间时,玛尼卡正准备梳洗。同英迪拉一道进来的还有英迪拉的两名秘书,她要让秘书当见证人。英迪拉满脸怒气地不停地在玛尼卡面前晃动着手指,指向玛尼卡,"你立即从这间房间搬出去",玛尼卡满脸无辜地反问道:"为什么?难道我做错了什么事?"

"就为你演讲中的每句话。"

"这是经你同意的,你事先都清楚的啊!"

"你说的每句话都含有毒液,你立即给我搬出去。我已经派了汽车,将你及你的东西送到你妈那里去。"

玛尼卡站着不动,她不想回到她妈那里去,再说,她也需要时间打点行装。

"你要到我让你去的地方,过后我会让人将你的东西送去。"英迪拉又说了一遍。

英迪拉说完走出房间。玛尼卡的哥哥姐姐们闻讯后急忙赶来,但被挡在了门外,这时,得到消息的印度媒体纷纷赶来,在总理府门前摆开阵势。玛尼卡的哥哥借着这个机会对媒体发表讲话。有人将情况通报给英迪拉,英迪拉这才下令让玛尼卡家人进门。玛尼卡的家人进屋后,看见玛尼卡正以泪洗面,将自己的东西放进皮箱中。英迪拉突然走进来,下令玛尼卡不许带走任何东西。这下,玛尼卡的哥哥说话了:

"她不能走,这是她的家。"

"这不是她的家,这是印度总理的房子,没有我的允许,她无权将任何他人领到这座房子来,我不想同你多费口舌。"

"你不能这样同我的妹妹说话,这也是桑贾伊的家,她是桑贾伊的妻子,所以这也是她的家,没有什么人能命令她出去。"

英迪拉自感有些理亏,辩解说:"我没说要她出去,是她自己要出去的。"

站在一旁的玛尼卡姐姐也参加战斗,"你说谎"。

"我一生中从来没有说过谎。"

"你一生中从没有说过一句真话。"

在玛尼卡兄妹的围攻下,英迪拉开始有些歇斯底里了,秘书见状赶忙将英迪拉扶出房间。很快,尼赫鲁家人叫来了警察及安全官员,将玛尼卡兄妹赶出总理府。晚上11点,玛尼卡带着行李、狗还有睡意朦胧的儿子瓦伦出了家门,从此再没有回来。英迪拉还写了一封信,信中历数玛尼卡的种种不是。玛尼卡也不甘示弱,写了一

桑贾伊去世后,他的遗孀玛尼卡与英迪拉的关系急剧恶化,1982年2月29日夜,她离开了婆家。

封回信为自己辩解,并将之发给媒体。

总理家发生的争吵成了当时印度媒体热议的话题,印度人称这些为"天堂造反"。这件事对双方的声誉都造成极大的伤害。媳妇顶撞婆婆自然违背印度教文化传统,但婆婆将守寡的媳妇赶出家门同样也遭人非议。1984年,英迪拉遇刺后,玛尼卡也赶往医院,对没能在婆婆生前实现和解表示歉疚和悔恨,但为时已晚。

离开婆婆家以后,玛尼卡更加积极地投身政治和各种社会活动中。1984年初,在北方邦议会补缺选举中,来自玛尼卡集团的候选人击败英迪拉的候选人,这让玛尼卡欢欣鼓舞,因为该选区紧靠阿梅提。她宣布议会选举无论在什么时候举行,她都将亲自出马,与她的大伯一决高低。那时,她已满竞选议员的最低年龄。结果议会选举在英迪拉遇刺身亡、拉吉夫担任总理后才举行。玛尼卡没有食言,她仍与拉吉夫展开竞争。她怀抱幼儿,精力充沛地投入竞选。然而,选民们对遇刺身亡的英迪拉万分同情,致使玛尼卡遭到惨败,而拉吉夫却赢得了印度历史上最大的一次胜利。

致命的枪声:金庙事件与英迪拉遇刺

1980年重新上台的英·甘地面临国内外变化的新形势。在国际上,中国开始经济改革;波兰等原社会主义国家出现民主化运动;伊朗发生霍梅尼领导的伊斯兰革命,并成功地推翻巴列维王朝;拉美和东亚的威权主义政权面临学生、工人运动要求民主的挑战。经历1975—1977年失败的英·甘地十分清楚不能重蹈覆辙。她必须

第八章 命运过山车

1980年8月15日，印度的独立日，英迪拉·甘地视察德里红场的卫队，她的脸上似乎深深地镌刻着痛失爱子的悲伤。

调整自己的政策，以维持国大党的统治。在经济上，英·甘地逐步放弃原来的民粹主义的纲领与口号，放松经济管制；在意识形态上改变其父世俗主义的立场，更多地与印度教教派势力调和。有人统计过，英迪拉生前曾到庙进香达17次之多。

80年代初英·甘地政策的转变没有扭转国大党日益严重的危机。旁遮普和阿萨姆的分离主义运动如火如荼；南方的许多邦也出现动乱；在绿色革命中崛起的农村精英阶层在政治上更加咄咄逼人；印度教教派主义势力开始占了上风。反对"外国移民"的鼓动在阿萨姆获得势头，而曼尼普尔和米佐兰的部落游击战升级为为独立而战。1980年，阿萨姆的学生和地方群体抵制邦议会和国家议会选举。1983年，在该邦发生大规模的起义，随着政府与鼓动者关于是否要给予孟加拉移民者,主要是穆斯林以选举权,以及是否遣返他们的谈判破裂,2月初武装的阿萨姆人将他们的石油生产邦带入无政府状态,暴力四处蔓延。最严重的挑战则来自西北部,旁遮普的锡克教徒要求建立一个独立的"卡利斯坦"。

旁遮普邦的锡克人问题在某种程度上是印巴分治的后遗症。1947年对锡克人说来是个灾难的日子,锡克人未能得到独立建国的机会,而是必须选择加入印度或巴基斯坦一方。锡克人多方考虑之后,选择加入印度一方,实际上造成大批锡克人不得不离开在巴基斯坦的旁遮普家园,成为难民。印巴分治客观上提高了锡克人在印度旁遮普地区人口中的比例,锡克人由此提出建立旁遮普语言邦的要求。按语言原则重组地方省邦是独立后不久国大党政府实施的一项政策,该政策最初在南方实施并获得积极的效果。但尼赫鲁政府不愿在旁遮普地区实施这一政策,原因是地缘政治因素,该地紧靠德里、巴基斯坦和克什米尔,一旦建立旁遮普语言邦,可能进一步鼓励锡克人的分离因素,影响中央对克什米尔的控制和对巴基斯坦的战争,威胁首都德里乃至整个印度的安全。

1966年3月,尼赫鲁死后不到两年,英迪拉同意建立一个旁遮普邦,原来的旁遮普地区由此分割成说旁遮普语的旁遮普邦和说印地语的哈里亚纳邦。在旁遮普邦,锡克人占了人口的56%。建立语言邦只能暂时满足锡克人的要求。旁遮普邦不可能是清一色的锡克人,锡克人大部分居住在乡村,城里人大部分仍是印度教徒;旁遮普在经济以及社会发展各项指标上均列印度首位,但锡克人仍在抱怨旁遮普工业相对落后,沦为为印度提供粮食的印度内地的殖民地;尽管锡克人在军队和官员队伍中所占比例仍十分高,但独立以来印度政府实施的各项政策仍使锡克人感到自己的各种特权受到严重的冲击。

这里，不能不谈到独立后印度实行的议会民主制在加剧旁遮普分离主义运动中的负面作用。独立后印度坚持世俗主义立国原则，反对宗教干预政治，锡克教徒可以选举锡克教徒，也可以选举非锡克教徒作为政党的候选人。国大党反对将自己视为印度教徒的政党，声称自己代表全体印度人民的利益。国大党的奋斗目标是在持各种宗教信仰的人们中发展自己的组织和影响，通过民主程序尽力保住在中央和地方各邦的执政党地位。70年代以来，国大党在旁遮普邦的领导人是宰尔·辛格，他是位锡克人，同时是忠于英迪拉的国大党人。英迪拉通过宰尔·辛格控制旁遮普邦，宰尔·辛格也因此先后担任旁遮普邦首席部长、印度中央政府内政部长、印度共和国总统等显要职务。英迪拉与宰尔·辛格一致认为，控制着阿卡里党和管理委员会的那些人思想守旧，难以合作，必须争取激进的年轻人力量，从而达到分化锡克人的目的。他们看中了正在崛起的一个年轻人，他就是宾德兰瓦拉。

宾德兰瓦拉1947年出生在一个锡克农民家庭，1965年被父母送到一位锡克圣人那里学习锡克宗教经典。1977年师傅去世，时年30岁的他继承了圣人的称号，很快成了锡克原教旨主义的最有力的鼓吹者。他要求所有的锡克教徒都应该按照先贤们吩咐的那样，成为一个携带武器的人。除了传统的剑外，他劝他的追随者们携带现代武器，像步枪和手枪等，他本人就总是佩戴着一支带有皮套的左轮手枪和一副装满子弹的背带。

1978年4月，宾德兰瓦拉领导的群体与另一异端锡克教派尼兰卡里派（the Nirankaris）之间爆发武装冲突，双方互有伤亡，宾德兰瓦拉开始呼吁对尼兰卡里派教徒进行报复，称这次冲突中死去的人为"殉道者"。冲突后，一些锡克人感到有必要成立一个军事组织。在英·甘地的儿子桑贾伊和她的高级副手、来自旁遮普的宰尔·辛格的支持下，一些激进的锡克青年成立了卡尔萨党，努力破坏该邦中他们的主要反对派——阿卡利党（一个以锡克教徒为主体的政党），从而鼓励了锡克极端主义者宾德兰瓦拉的崛起。国大党的机器公开支持宾德兰瓦拉。宰尔·辛格为宾德兰瓦拉新成立的政党提供财政支持，虽然后者——如同一部政府白皮书所称的——"公开声明要求建立一个独立主权的锡克国家。"

1979年，宾德兰瓦拉的候选人（虽然来自国大党）在选举中输给了管理锡克教神庙的委员会。但国大党仍继续支持宾德兰瓦拉，作为回报，宾德兰瓦拉积极地在1980年的国会选举中为国大党的候选人运动，这场选举将英·甘地带回权力中心。

1980年大选后，获胜的英·甘地让宰尔·辛格当上了内务部长，但是又不让他在旁遮普政治中建立起支配地位，她任命他的主要对手，一个具有更多世俗思想的锡克教徒达尔巴拉·辛格（Darbara Singh）当上了该邦的首席部长。后者在旁遮普采取强硬路线来对付锡克教和印度教极端主义分子。而宰尔·辛格继续从新德里推动和保护宾德兰瓦拉。英·甘地在支持这两个领导人之间摇摆。

当来自宾德兰瓦拉群体的不断升级的暴力行为使得旁遮普政府不得不决定逮捕宾德兰瓦拉时，宰尔.辛格（他的工作包括监督印度的法律和秩序）安排一辆警车将他从相邻的哈里亚纳邦安全地转移到旁遮普寺庙中。不久，首席部长达尔巴拉·辛格将宾德兰瓦拉逮捕。这一行动引发了群众性暴力,包括谋杀、火车出轨和飞机劫持等等。宰尔·辛格,按英·甘地的指令行事,将宾德兰瓦拉从监狱放出,告之国会没有证据说明宾德兰瓦拉是犯罪活动的背后支持者。

这项决定产生糟糕的结果,旁遮普的警察——他们现在成了宾德兰瓦拉暗杀的目标——士气大为低落,宾德兰瓦拉似乎成了英雄,成功地挑战了印度国家的权威。他自由地策划进一步的暴行,当他的一位亲密同伙被与其对立的锡克政客杀害时,宰尔·辛格和吉夫拉·甘地参加了悼念仪式,并同宾德兰瓦拉合影留念。

从1982年以后,国大党政府与锡克极端主义分子举行了一系列谈判,英·甘地本人最初直接参与谈判,后来通过中间人,她一次又一次摇摆于调和和镇压之间——前后不一的方式,解决不了任何事。在1982年中,宾德兰瓦拉躲在阿姆利则的金庙中策划了一系列的暴力事件,到1983年末,他进一步将暴力活动升级——任意杀害印度教教徒,在印度教神庙施暴。这导致新德里作出决定,在旁遮普实施直接统治。同时,宰尔·辛格——英·甘地当时让他当上了印度的总统——仍与宾德兰瓦拉保持每天的接触,而英·甘地也通过一名特派员时常这样做。

与宾德兰瓦拉以及阿卡里党人的谈判没有获得实质性的进展。因为英迪拉不可能作出令锡克人满意的让步,任何让步都会导致占印度人口绝大多数的印度教徒的反对,从而危及自己的统治;锡克教中的温和派也不可能让步,让步可能使锡克民众更加追随极端分子宾德兰瓦拉;而宾德兰瓦拉将中央政府的忍耐视为软弱,更加有恃无恐,暴力事件继续上升。曾有人建议,英迪拉应该争取全国各党派的共识与支持,英迪拉只能摇摇头,她太熟悉自己的对手们了,他们正等着看英迪拉国大党的好戏，想借此机会将英迪拉赶下台，自己取而代之。被逼到墙角的英迪拉终于做出决定，派出军队进攻宾德兰瓦拉盘踞的据点——金庙。

1984年6月6日，中央政府指挥的武装部队大举进攻锡克教圣地——阿姆利则金庙，杀死了盘踞在那里的宾德兰瓦拉及其追随者。在这次武装冲突中，有576人丧生，其中，政府军84人，锡克教徒492人，348人受伤，1471人被捕。

金庙事件严重伤害了锡克人的宗教感情，进一步激化了中央政府与"卡利斯坦"极端派之间的矛盾，引起锡克人的仇恨和报复行动。

剿灭锡克教极端分子的蓝星行动结束后，英迪拉意识到死亡的威胁正一步步地降临。据说，索尼娅曾说："蓝星行动之后，阴影进

1984年6月25日，蓝星行动结束几星期后，英迪拉甘地视察金庙。

入我们的生活。"1984年10月的最后一周,英迪拉回克什米尔住了两天。英迪拉去克什米尔首府斯里那加主要是为了看一棵老悬铃木树,悬铃木是枫树的一种,夏末变红,在10月底就会凋零,欣赏满山的红叶是英迪拉一生的最爱。但是,她发现那棵树早些时候就已经死了。有人认为,这是个预兆。这一预兆使英迪拉意识到她的日子已经不多了。但她不露声色,照样谈笑风生。

英迪拉遇难几天以后,在一堆记录和文件中,有人发现了几张纸,上面有英迪拉天书般的字迹,没有实际日期,显然是在她遇刺前不久写的,实际上成为她的遗书。上面以这样的文字开头:"对待死亡我从未像现在这样泰然自若。平静似水的心境促使我写下这份实际上的遗书。"

蓝星行动后不久,她的一些下属注意到,她已不像从前那样敢于接受3年以后的活动安排了。1984年10月30日晚她在奥里萨邦首府Bhubanshwar演讲,仅仅在暗杀事件发生48小时前,突然她离开秘书准备的讲稿说:

今天我站在这里,明天我可能就不在这里了。没有人知道究竟有多少枪口正对着我。我不在乎我是死还是活。我已活得够长了。我为自己将毕生献给为人民服务而自豪。我只是为此骄傲而不是为别的。我将继续服务直到生命最后一息。当我死时,我可以说,我的每一滴血都浇灌印度,使她强健,增强一个统一的印度的力量。

当晚进餐时,她曾对奥里萨邦部长潘迪提及此事,她说她曾亲眼看着母亲、祖父和父亲痛苦地死在床上,而她希望能站着死去。她似乎预料到她死后印度可能发生教派仇杀,为了防止悲剧发生,她告诫人们:如果我死了,一场某些人正密谋策划的暴力将发生,我认为这种暴力是刺杀者的想法和行动,而不是死亡中的我的愿望——因为仇恨的黑暗不足以遮蔽我对我的人民和我的国家的热爱,没有任何力量能够改变我引领这个国家前进的决心和努力。

1984年10月31日,英·甘地总理在她自己的官邸被她的锡克卫兵刺杀。人们马上会问,为什么事发前不撤换英迪拉的保卫人员,难道这不是易如反掌的事吗?实际上,英迪拉既然意识到危险,也不可能对自己的安全无动于衷,她已经更换了守卫德里及自己住宅周边的警察与部队,只是保留自己的贴身保镖。据说,英迪拉的私人秘书曾对英迪拉保证说,贴身保镖没有问题。英迪拉采取的是外紧内松的措施,保留锡克保镖有利于塑造英迪拉临危不惧的形象,有利于消弭因蓝星行动引起的整个世界范围的对锡克社团的严重不满。如果严格按照警卫条令行事,两位保镖不可能同时出现在现场,因为已经有了一条规定:总理官邸和办公室内,不允许任何两名武装的锡克教徒同时值班。另外在住宅周边布有大批军警的条件下,英迪拉身边还有其他安全警卫人员,然而令人遗憾的是这些警卫人员先是漫不经心地跟在后面,一听到枪响,就四散逃开了。因此有些人认为,英迪拉是死于印度根深蒂固的制度腐败与无效率。两位锡克警卫将自己枪内的所有子弹射进了英迪拉体内,英迪拉被紧急送往印度医学科学院医院进行抢救,但医生已经无力回天,从她体内取出了39颗子弹。两名锡克警卫刺杀完成后没有逃跑,而是对赶到的其他警卫人员平静地说:"我们已干了我们该干的事,现在轮到你们了。"两名中的一名被后来赶到的警卫人员当场击毙，另一名被打成重伤。

12月3日，在朱木那河畔，离圣雄甘地陵墓不远处，英迪拉遗体举行火化仪式。印度电视台及包括英国BBC电视台在内的多家国际知名媒体进行了详尽报道。一百多位世界各国政要参加了葬礼，其规模与声势堪比60年代遇刺身亡的美国总统肯尼迪的葬礼。

英迪拉之死宣告"英迪拉时代结束"。但并不意味着"尼赫鲁王朝"的终结。总统宰尔·辛格邀请拉吉夫组成政府。如果说，尼赫鲁并不想建立"尼赫鲁王朝"，英迪拉不仅想，而且是积极地去做，在此意义上，"尼赫鲁王朝"的真正建立者是英迪拉。英迪拉从政生涯可以以1977年为界分为两个时期，1977年以前，桑贾伊主要依靠母亲培植忠于自己的势力；1977年后，英迪拉发现围绕桑贾伊为核心已经崛起新的政治集团，羽翼日益丰满，自己越来越离不开儿子，甚至社会上已经盛传儿子要迫不及地待取代母亲了。桑贾伊突然去世后，英迪拉立即扶植拉吉夫，几年来，拉吉夫终于成长起来了。母亲的暴死没有吓倒拉吉夫，只是更加坚定了他从政的决心，并为他提前上台提供了条件。

第九章 "我还年轻，我也有一个梦想"

继承英迪拉·甘地衣钵的拉吉夫·甘地也继承了母亲的悲剧命运。这位印度独立以来最年轻的总理追求以信息技术强国的目标；强调政府的效率；立志整党、打击腐败、肃清吏治，因而有了"计算机先生"和"清廉先生"的美誉。然而，短短几年，却遭遇理想——受挫和深陷军火回扣案丑闻的泥沼中，大选失败，饮恨下台，最后被恐怖主义分子的炸弹炸得身首异处。

拉吉夫·甘地是20世纪印度乃至世界政治史上最富悲剧性的人物之一。1984年他接过母亲的担子担任印度总理时刚满40岁，是印度独立以来最年轻的总理。他热衷发展科技，发誓要让计算机将印度带入21世纪；他强调政府要有效率，官员、公务员要守纪律、认真为民办事；他痛恨党内、政府内上上下下贪污成风，立志要整党、打击腐败、肃清吏治。他因而有了"计算机先生"和"清廉先生"的美誉。然而，不到5年时间，他的理想与改革行动一一受挫，不仅政府与党的状况依旧，自己还深陷军火回扣案丑闻的泥沼中，1989年大选失败饮恨下台。1991年大选，眼看卷土重来的机会即将实现，恐怖主义的炸弹让他身手异处。拉吉夫的遭遇让人想起中国的一句唐诗："出师未捷身先死，长使英雄泪满襟"。

印度历史上最年轻的总理

当英迪拉遇刺身亡时，拉吉夫正在加尔各答，与当时的财政部长普拉纳布·穆克吉在一起。在得知母亲遇刺消息后，拉吉夫与穆克吉赶乘同一飞机飞回德里。穆克吉是英迪拉"朝廷"的重臣，自认为在党内和政府内的位置仅次于英迪拉，在飞机上他竟对拉吉夫说出这样的话：可能现在是我必须担起对这个国家的责任的时候了。有报道说，在飞机上，穆克吉向同机的其他高级官员暗示说，当年尼赫鲁和夏斯特里去世后，在新一轮大选前，都是由当时的政府内的第二号人物担任代理总理的。拉吉夫对他的说法表示沉默。穆克吉的举动后来成为印度政坛上的笑柄，穆克吉本人也加以否认。实际上英迪拉之后是谁,国大党内上下大家都心知肚明,英迪拉竭力让拉吉夫参政,不就是想培养他为自己的接班人吗?如果说,当年尼赫鲁尚没有明确的建立"尼赫鲁王朝"的意图与想法,英迪拉则是毫不隐瞒自己的这一意图。所以当石油部长瓦森特·萨特说:英迪拉是要拉吉夫继承自己的位置的,我们应该按已故领导人的意见办。大家立即纷纷赞同。大家明白,当时第一位的是安定,只有拉吉夫才能稳定局势,同时也只有让拉吉夫当上领导,才能保证国大党在即将开始的下一轮大选中获胜。当时的总统宰尔·辛格正在中东访问,他得知消息后立即中断访问回国,在飞机上他就决心让拉吉夫继任总理。作为锡克人,他对英迪拉被刺怀有深深的自责,做此决定是十分自然的。数年后,宰尔·辛格对媒体这样谈到他当时的想法:我对各种赞成和反对的意见反复掂量。我首先想到的是我们是个民主国家,国大党是一个有组织的政党。我想如果我不让他

1984年12月31日,拉吉夫·甘地宣誓就职,成为印度第6位总理,40岁的拉吉夫也是印度历史上最年轻的总理。

当总理，国大党就会发生分裂。如果国大党分裂，就不会有别的替代物。如果他当上总理，则其他人就不会有话说。所以我想就让他当上总理吧。我同机上所有人商量这件事。我也看了宪法中相关的条文规定。

11月1日，拉吉夫被正式选为国大党议会党团领导人，在505张投票中，他获得497票。

新上任的年轻总理能否稳定局势，许多人，尤其是反对派领导人发出质疑的声音。被压迫工农党的主席查兰·辛格说：拉吉夫根本没有任何政务经验可言，他升任总理职务一事是这个国家最大的不幸。他对路透社记者说，要管理这样一个国家不容易，而拉吉夫看来太假正经了。即使他想利用他母亲的遇刺，那他也不会成功的。人民党主席钱德拉·谢卡尔说，拉吉夫开始执掌政权的这些天里，没有使人产生信心，如果说可以把过去4天里他的表现看做是一种迹象的话，那么重新把他选为总理将会是国家的一个灾难。

人们对拉吉夫执政能力持有质疑主要是由于英迪拉遇刺后印度各地出现迫害锡克人的严重骚乱，而国大党政府没能尽快地稳定局势。据报道，有9个邦100多个城镇发生了针对锡克人的暴力事件，其中首都新德里最为严重。据印度官方的数字，到11月5日止新德里已有599人丧生，约30000人无家可归。针对锡克人的暴力也在德里、北方邦的坎普尔和比哈尔的Bpkara爆发。3000多名锡克教徒在随后数天内在德里和其他地方被杀害。印度《政治家报》说：这是自1947年以来最严重的骚乱。大部分的屠杀是由国大党的支持者的群体进行的，时常由地位显赫的党的领导人率领。警察被国大党一些高层领导人限制住，没有及时有效地干预和中止大屠杀。拉吉夫本人因为说出"当大树倒下时,底下的大地必然会发出颤抖"的话,遭到公众舆论的批评。

这一旷日持久的分离主义运动持续了10多年的时间,直到1992年才平息下来。旁遮普恐怖主义活动的平息在很大程度上依靠了中央政府的军事镇压,大约有6万人的武装部队投入了战斗。在10年多的时间内,大约有2.5万人死于这场动乱,其中包括政府官兵和保安人员1780人。

也就在当年11月,当弥漫在印度次大陆的教派仇杀的硝烟尚未完全散去时,国大党政府决定在年底进行第八次全国大选。国大党的策略是利用英迪拉的形象,强调国家团结。国大党忙于将英迪拉生前的讲话录音和她在全国各地同公众会面的电视片送往全国各地。印度几个反对党想协调一致对付国大党,但未能如愿。拉吉夫不仅仅求助于他的母亲的烈士形象,在选举中还"打印度教的牌",印度教教派组织RSS因而在许多地方指示其干部为国大党而不是为BJP出力。国大党还大力树立拉吉夫的"清廉先生"的形象,拉吉夫年轻,长得十分帅气,脸上常带迷人的微笑,吸引了大量女性选民的选票。

随着新闻媒体对英迪拉的葬礼的高频度播放,随着张扬其烈士行为的选举海报和她的儿子"廉洁先生"形象的树立,年底的选举的结果几乎早就可以预知。国大党获得史无前例的胜利,得到议会中508席中的401席。这是独立以来国大党获得的最大胜利,所得的席位超过了尼赫鲁和英迪拉极盛时期。用《印度时报》的编辑的话说,选举结果掀起"一股很少人能预见的海啸"。印度《时代》杂志的一篇社论写道:"一个新的民族主义,它兴起在当代印度社会分裂之上,现

拉吉夫甘地，尼赫鲁家族中第三位成为印度总理的成员，一开始似乎不是十分情愿地接手他的工作。

在是可能的，因为拉吉夫能够植入一种新的观点到印度政治中，即建设一个能够应付21世纪挑战的印度。这主题是典型的尼赫鲁式的，显然对拉吉夫这一代的印度人有巨大的号召感染力。"

外交新气象

在1984—1989年拉吉夫执政期间，印度推行积极的全方位与世界主要大国及周边国家的外交，印度的外交形势发生可喜的新变化。

如同当时绝大多数发展中国家一样，对印度来说，最重要的外交事务是如何处理和美国与苏联的关系，而要同时处理好与这两大霸权国家的关系，绝非易事。一位驻新德里的美国外交官就这样说：拉吉夫所面临的挑战是如何设法保持同苏联的密切友好关系，同时加强同它最重要的贸易伙伴美国的关系。对印度来说，拉吉夫需要继承母亲时期建立的与苏联特殊的友好关系，担任总理后，他第一个出访的国家就是苏联。当有人问及为什么选择苏联为第一个出访国家时，拉吉夫回答，世界那么多国家，总有一个是第一个，不可能同时访问所有国家；而且他历来喜爱苏联，加上苏联的戈尔巴乔夫给他发来了邀请，他很快与戈尔巴乔夫发展起亲密关系，他说他发现戈尔巴乔夫是一个与自己一样思想开放的人，苏联与印度面临着相似的经济问题。对于苏联领导人说来，他们对拉吉夫也不陌生，这不是拉吉夫第一次访问苏联，上一次是他作为印度人民院议

1986年，拉吉夫·甘地与戈尔巴乔夫联合签署《德里宣言》，它提出建立世界新秩序，主张非暴力和和平共处原则。

员陪同母亲访苏,当时苏联人就给了他极大的关注,深知他对未来印度的重要性。

访苏后不久,他即访美,受到里根总统的热烈欢迎。这是拉吉夫第一次访美,也是印美关系发展的新阶段。自印度独立以来,虽然印度标榜自己的民主,积极争取以美国为首的西方阵营的同情与支持,但由于尼赫鲁与英迪拉时代印度作为不结盟国家的重要成员,不能时时事事紧跟美国与西方,颇令美国不快。自艾森豪威尔总统起,历届美国政府为改进与印度的关系做了不少努力,但收效不大,尤其在70年代,印巴战争期间,美国甚至将航母开到孟加拉湾,显

1987年,拉吉夫·甘地与美国总统罗纳德·里根在白宫联合发表讲话。

示其对巴基斯坦的支持,极大地刺激了印度的神经。拉吉夫应邀在美国国会做了演讲,演讲中拉吉夫热情洋溢地说:"我还年轻,我也有一个梦想,梦想看到印度强大、独立、崛起、富裕繁荣、自足,依靠自己的力量屹立在世界上,为人类做出更大的贡献。"里根总统则大力赞扬尼赫鲁家族在印度政治民主化进程中的特殊地位与作用。当然,里根的话也被印度一些人认为是对印度民主的嘲讽。

拉吉夫重视与巴基斯坦改善关系。独立以来,印巴之间发生了3次战争。他努力改善与巴基斯坦的关系。1987年11月贝纳齐亚·布托当选巴基斯坦总理,恰好她又任南亚合作联盟组织的主席,当年要在伊斯兰堡召开南亚各国总理会议。拉吉夫抓住机会出席会议,将自己在巴停留时间增加24小时,与贝纳齐亚·布托会谈,成为20年里第一位访问巴基斯坦的印度总理。拉吉夫表面上接受了布托夫人关于巴基斯坦不干预旁遮普人建立卡利斯坦的保证,双方保证互不攻击对方的核设施。

拉吉夫还积极发展与中国的关系。11月访问巴基斯坦刚结束,就将访问中国摆上议事日程,并于12月成功地访问中国。自1962年中印边界战争发生后的20余年里,两国领导人不再互访,1987年12月,拉吉夫成了自那以后第一位访问中国的印度总理。拉吉夫访华顺应了时代潮流与国内的民心,访华前,他认真听取左派政党,主要是印共(马)领导人的意见,在前往北京的前几天,会见了印共(马)领导人巴苏和古普塔,巴苏与古普塔向他保证印度左派阵营将竭尽全力支持和帮助他实现中印关系正常化。他以足够的胆识,通过友好媒体向印度民众宣传发展中印友好关系的重要性,以获取民众的支持。反对党阵营也普遍对拉吉夫访华给予积极评价,乐观其

1985年,拉吉夫·甘地会见巴基斯坦领导人齐亚·哈克。

拉吉夫·甘地与邓小平会见的照片。

成。只有个别人发出种种怪论,说拉吉夫此举是将印度领土送给中国,拉吉夫将与中国订立秘密协定,以割让拉达克地区来换取中国对麦克马洪线的承认;是对达赖和西藏人民的出卖;将印度推入世界两大共产党国家的怀抱,将形成苏联——中国——印度轴心。也有人不怀好意地建议让拉吉夫在访华时大打西藏牌,施压让中国政府满足西藏人民自治的要求。拉吉夫不为反对势力所动,坚定地踏上访华的行程。在北京,他受到了中国共产党和政府的高规格的欢迎和接待,邓小平在人民大会堂与拉吉夫进行长达90分钟的见面与会谈。拉吉夫访华被认为是打破中印长期隔绝的破冰之举。

在拉吉夫任内,在南亚区域事务上他做的最重要的事是处理斯里兰卡内战。斯里兰卡是一个印度洋上的岛屿小国,位于印度东南方,隔海与印度的泰米尔纳杜邦相望。岛上主体民族是信奉佛教的僧伽罗人,占人口第二位的是泰米尔人,他们在历史上不同时期从印度移居到斯里兰卡,他们信奉印度教,比较集中地居住在岛的北部和东部区域。长期以来,两大民族的人民尚能和平相处,斯里兰卡成为难得的佛国净土。自80年代初开始,泰米尔族人与僧伽罗人的矛盾尖锐起来,泰米尔族人抱怨僧伽罗人垄断了政府和军队里的工作和职位,排挤泰米尔人,因而提出要求获得更多自治的权力,其中最为激进的组织"泰米尔猛虎组织"提出要通过武装恐怖活动在泰米尔人聚居的北部和东部建立一个独立的国家。自独立以来印度政府毫不隐晦自己在南亚实行南亚版的"门罗主义",即南亚国家事务是印度的国内事务,不允许南亚国家发展同南亚以外国家的密切关系,更不允许南亚区域外的国家干预南亚事务。在处理斯里兰卡事务上,印度政府采取三重策略:首先使用印度的影响力对泰米尔人施压，让他们放弃建立独立国家的要求，争取以实质性的地方自治解决问题；第二，对斯里兰卡政府施加压力，让他们给泰米尔人提供有吸引力的自治方案；第三，据说对前两种是"致命的"，印度容忍，如果不是合谋，通过印度南部向泰米尔人造反区域输送武器。印度政府实际上是想让斯里兰卡政府学习印度政府处理中央与地方关系的方法，以联邦制处理斯里兰卡的部族冲突问题。

拉吉夫继续沿用以往政府的三重策略。他先是对泰米尔人施加压力。1986年，印度政府逮捕了在印度活动的几名猛虎组织领导人，解散猛虎及其他组织设在泰米尔纳杜邦的训练基地，拦截从马德拉斯机场和港口起运运往斯里兰卡泰米尔武装分子的军火物资。这些举动意在向斯里兰卡政府表明拉吉夫政府已不再支持泰米尔武装分子活动，更密切地与斯里兰卡政府一道工作，如果后者能认真地制定并实行给下面下放权力的话。

斯里兰卡作为一个主权国家当然不能满意印度的政策，长期以来，如果不是印度为泰米尔人提供各种帮助，斯里兰卡的内战就不至于拖延时日地难以解决，而印度对斯里兰卡事务的赤裸裸干预更是违背国际规则的。只要有一线希望，斯里兰卡就不愿就范于印度的安排。斯里兰卡也曾努力呼吁世界一些大国主持正义，对斯里兰卡提供帮助，但出于各种原因，没有一个国家愿意或者说敢于做出回应，它们都忌惮印度。在万般无奈之下，斯里兰卡政府只能求助印度的军事帮助，答应实行地方自治。在1987年7月的最后一周举行两国间紧急谈判。7月29日，拉吉夫对斯里兰卡进行了两天的访问，与斯里兰卡总统签订一项协定。这项协定，以及他们之间相互交换的信件，构成了两国之间的新关系。

对这项协定，泰米尔猛虎组织不满意，斯里兰卡也有人不满意。但这项协定以及其后印度派出的维和部队还是对恢复斯里兰卡的和平进程做出了贡献。因而拉吉夫处理斯里兰卡问题的努力得到了来自华盛顿、莫斯科和伦敦的赞许。

在短短4年里拉吉夫访问了48个国家，拉吉夫任期内的活跃而且频繁的外交活动表明他具有开创印度外交新局面的胆识与能力，改善了印度与邻国的关系，并为印度在世界上赢得了良好的声誉。

"计算机先生"的改革事业

事实说明要管理好一个国家远比获得选举胜利艰难得多。

拉·甘地上台后，力图改变英·甘地统治时期的一些政策来应对所面临的挑战，他试图在3个方面有所突破：整顿国大党的组织、解决旁遮普问题、推行印度经济的自由化。

在英·甘地统治时期，英·甘地采取将权力集中在自己手中的做法，自上而下地任命国大党各级领导干部，造成任人唯亲的现象，使得组织原则形同虚设，各级干部只对英·甘地负责，个人权力的集中造成党的组织制度的破坏，从而使得基层党组织失去了活力和战斗力。拉吉夫注意到了国大党内存在的严重问题，1985年，国大党在孟买召开国大党成立100周年大会，会上拉吉夫以激烈的语调说：我们现在的国大党已经没有原则和规章，大家不遵守公共道德的准则，没有社会责任感，不关心公共福祉，腐败不仅得到容忍甚至被视为是领导人的本事。

在1985年和1986年里拉·甘地多次提出将整顿和重建国大党作为一项重大政治目标，做法是改变原来的自上而下任命各级领导的做法，采取自下而上的党内选举，来重新激活党组织。这项改革可能触犯党内各级领导的既得利益，他们害怕在选举中被选下去，他们充当领导是因为与上层领导的关系，缺乏地方上的声望。为了维护自己利益，他们不惜假造党员花名册，由自己为假党员支付党费，靠这种办法搞虚假的选举来维持自己的地位。而国大党长期以来缺乏严密的组织纪律性，党员登记的记录非常不完备，如要审查选举人的身份，也要靠原来的各级领导。因此选举的结果仍然还是原来的那些人当选，只不过原来是任命的，现在则是通过选举产生的，具有制度性的合法性。但在普通党员的眼中，这不过是腐败的加剧。1986年，党内围绕选举问题爆发公开的冲突，在一些地方党内选举变成了打斗。所以，拉·甘地整顿国大党的工作没有达到原先设定的激活党的目的，没有摆脱党的战斗力减弱与个人权力集中的恶性循环——党组织能力的衰败导致权力集中于个人手中，权力过于集中于个人导致党组织能力的进一步衰败。没能使国大党及其运作民主化是拉吉夫5年总理任期内的最大失败。

由于无法激活国大党，拉吉夫为了提高中央政府的权威和政府效率，不得不越来越依靠自己小圈子的人，并采取不断更换政府部门以及各邦领导人的做法。就任总理后不久，一批新人取代了旧人，为了组建起有效率的能干事的政府他还计划使用计算机、文字信息处理机、复印机和较好、较快的通信方法来减少由于政府懒散的痼疾所造成的拖拉作风。他决心改善行政管理的质量，特别是在它同人民的联系方面。

在母亲被刺后上台的最初几个月里，拉吉夫依靠一个由45个成员组成的班子治理政务。很快他改组自己的班子，任命了16个新人。最重要的是任命V·P·辛格为财务部长，以取代穆克吉，他自1981年以来一直担任此职务。拉吉夫本人兼任国防部长。许多新人年龄在30—40岁之间，相对年轻。在新政府宣誓后，拉吉夫说，他的政府将是"干事的和有效率的政府"。阿兰·尼赫鲁、阿兰·辛格、阿琼·辛格等人成为拉吉夫领导班子的核心。刚开始时，印度民众及舆论普遍看好拉吉夫对政府的改组，然而不知怎么的，拉吉夫很快对自己组建的班子不满意，频繁地进行人员调整，有人统计过，在1984到1988年48个月中，他总共进行了多达27次的班子调整，使得底下官员人人自危，大有朝不保夕的感觉。阿琼·辛格的经历是个很好的说明。阿琼·辛格生就一张圆脸，秃顶，头脑灵活，脸上长挂微笑，说话温和，出生在一个土邦王宫家庭，先后当过中央邦首席部长，不久被提为国大党中央副主席，又被调入内阁，再被派回中央邦任首席部长，又调往旁遮普邦，在旁遮普任邦长只24小时，又被调回中央任内阁部长，再派回中央邦任首席部长，这些令人眼花缭乱的调动全部发生在4年时间里。最终1989年，因为一桩彩票舞弊案，有人指控其子及家人有牵连，拉吉夫让他辞职。阿兰·尼赫鲁、阿兰·辛格也没能善终，他们被指控剥夺几千名农民的土地，在上面为自己盖房。他们不仅丢掉了政府的职务，而且离开了国大党。其实更主要的原因是他们无法与拉吉夫保持一致。

由于班子不稳，消极怠工情绪蔓延，大家敷衍了事。建立"有效率的能干事的政府"实际成为一句空话。

拉·甘地任期内想要解决的第二件事是旁遮普问题。总理努力恢复通过妥协达成共识的方式来解决民族问题，倾向于通过谈判来处理旁遮普和东北边疆的难以对付的问题。这些成果体现在与旁遮普、阿萨姆、米佐兰达成的协定中——这些都是在他上台第一年完成的。虽然某些协定并未走得很远，其本身的创意展示出总理倾向于推动对话而不是对抗。在喀什米尔问题上，虽然危机仍未能解决，他至少发起了填补国大党和掌权的国民大会党之间的鸿沟的过程。

拉·甘地上台本身就与旁遮普问题直接相关，他的母亲为了处理旁遮普问题献出了生命，使得拉·甘地在印度民众，尤其是在印度教徒中赢得广泛的拥戴；刺杀事件发生后，在新德里等一些地区发生印度教徒与锡克教徒之间大规模流血冲突，拉·甘地能够比较理性地有效地制止了冲突的进一步蔓延，获得锡克教徒们的好感。因此，他想利用这一有利时机，解决旁遮普问题，来进一步提高自己的声誉，巩固国大党的执政地位。他与锡克教温和派领导人隆格瓦尔（Longowal）签定了旁遮普协议，同意把昌迪加尔划归旁遮普，重新调整灌溉河水以利旁遮普，加大对屠杀新德里锡克教徒的调查力度，同意制定全印锡克寺庙法，并且让阿卡利党温和派掌握邦政权。这些让步是他的母亲不愿做出的。1985年，旁遮普成功地举行选举，70%的选民参加了选举，产生以巴尔纳拉（Barnala）为领导的新的邦政府，根本解决旁遮普问题的前景似乎已经出现。但是，形势很快发生变化，主要原因是没能实现旁遮普协议中的关键性条款：将昌迪加尔划归旁遮普和调整河水以利旁遮普。旁遮普的所得就是邻邦哈里亚纳邦的所失，1985年签定旁遮普协定时，拉·甘地可以强使哈里亚纳邦的国大党首席部长拉尔（Bhajan Lal）接受协定。但拉·甘地不可能长期保持住他在1985年时的威望和地位，国大党先是在旁遮普邦议会选举中失利，接着又在阿萨姆邦选举中失利，国大党内有人指责拉·甘地应对这些失利负责，指责拉·甘地对国大党在选举中的命运没有给予足够的重视。这些失利削弱了拉·甘地在国大党内的威望。拉·甘地威望的削弱使得拉尔的态度强硬起来，哈里亚纳的邦选举计划在1987年举行，拉尔借口执行旁遮普协定有可能使国大党输掉哈里亚纳的选举而拒绝执行该协定，而在失掉旁遮普和阿萨姆的选举后，拉·甘地也无力再担当失去哈里亚纳选举的责任。

未能执行旁遮普协定，让温和的巴尔纳尔感到极大的压力，他的合法性在于能够从中央得到好处，新德里无法执行协定削弱了邦政府的地位，巴尔纳尔成了国大党的代表而不是锡克人的代表，使得锡克教徒中的极端派势力再次活跃起来，1986年后恐怖主义活动再次抬头。在旁遮普问题上拉·甘地的地位与威望没有得到提高和加强，反而遭到削弱。

第三项变革是关于经济自由化的改革，80年代是整个世界性的变革年代，年轻的拉·甘地痛感印度在经济现代化进程中已经落伍，急于想通过经济政策的转变来加快印度经济的发展。

他大胆使用懂计算机的年轻人、世界银行训练的经济学家和计划者，调整印度的发展理念，树立新的国际形象。"总之我们要建立一个21世纪的印度"，他发誓要将印度建立在计算机和无线电技术之上，继续其祖父和母亲的传统，他们都支持和建立科学技术研究所。他谈论推动科学和技术发展。更为重要的他要用这种技术来战胜贫困。他说："检验印度任何科学行动的标准是它能给去除印度贫困带来多大的帮助。"因此，他认为最基础的技术使命在于给每个村庄提供饮用水。彼特罗达（Sam Pitroda）毕业于巴罗达大学，当时在美国伊利诺伊研究所工作，拉吉夫聘请他回国，让他主管印度电子通讯项目。

他试图通过放松国家对经济的管制，改变进口替代政策，降低税收，放宽外贸范围等措施来推行被称为"自由化"的政策。然而该政策在印度遭到了来自三方面的阻力。首先，国大党内一些人反对"自由化"政策，担心该政策将大力取消或减少原来的社会福利政策，从而失去大量的穷人中的选票，"自由化"政策从经济角度看虽然是理性的，但从政治上讲，却是非理性的，他们主张要多讲"政治理性"；第二方面的批评来自持有中左立场的知识分子，他们以社会良心和弱势群体的利益代言人自居，反对"自由化"改革；第三种反对力量来自公营部门中有组织的工人，他们直接受到"自由化"政策的威胁；此外，反对力量还来自农村，农村许多人认为"自由化"政策将以牺牲农村、农民和农业利益为代价。

面对来势汹汹的反对力量，拉·甘地处于进退两难的境地。他不能取消"自由化"的政策，因为该政策符合印度资产阶级以及国际资本的利益，80年代的印度政府不可能漠视这些阶级的利益，同时拉·甘地也不得不对反对力量作出回应。他一方面放慢改革的步伐，减小实行的力度，同时在口头话语上宣扬社会主义来安抚反对者。

在许多谈话中拉吉夫显示很大程度的服务于穷人的决心。第6个五年计划期望到1994—1995年印度的贫困线下人口比例要低于10%。在他执政年头，反贫困纲领继续实施着，其中有一个新的农村就业计划（Jawahar Rozgar Yojna）。此外，对农村地区改革工作的主要创意来自第64次宪法修正案,该案规定应该将权力下放到潘查亚特。然而,拉吉夫的潘查亚特制度建设计划没能在议会通过。

几年下来,拉吉夫改革的政策出台不少,决心不可谓不大,眼光不可谓不远大,但实际实行的结果是,他变成遭受广泛批评的人物。资产阶级抱怨印度政府的改革决心不够坚决,步子不够大,中下层人们抱怨经济改革损害了他们的民主和平等权利。

总之,拉·甘地的整顿党的组织、解决旁遮普问题、推行经济自由化政策都未能达到原先设想的结果。国大党未能保持住1985年的势头。当1984年11月12日他被国大党工作委员会一致推选为国大党主席时,28邦中只有4个邦落在反对党手中:安德拉、卡纳塔克、特里普纳和孟加拉。4年后,到1988年底,又有7个邦:阿萨姆、哈里亚纳、查谟与克什米尔、喀拉拉、米佐兰、旁遮普和锡金落入反对党手中。总共11个邦由反对党统治。1989年拉吉夫竭力想维持住对泰米尔纳杜的统治,但最终还是败于DMK之手。这是第一次国大党在印度南部的地盘全失。它的领域只剩下印地语腹地和西部地区,国大党面临成为地方性政党的危险。

"清廉先生"与军火交易丑闻

拉吉夫是以"清廉先生"的形象上台的。其实说他"清廉",主要是与他自己的弟弟桑贾伊相比,桑贾伊是明目张胆地捞钱,而拉吉夫既不经商,也不敲诈勒索,因此社会形象比桑贾伊好得多。但在一个权力高度集中的国家与社会,官员要做到绝对的"清廉"是不可能的。自桑贾伊去世后,他在印度成了英迪拉一人之下,万人之上的"太子",社会上的人都知道,他的话对自己母亲是很管用的,因此各式各样的人找上门来,其中不乏企业家、商人。最遭人诟病的是他与信实公司的老板阿巴尼的关系。信实公司是今天印度资本排名第一位的大财团,其规模与资金已经超过老牌的塔塔与比尔拉财团。阿巴尼的信实公司快速成长的秘诀之一就是政商勾结,通过各种渠道,阿巴尼成为拉吉夫办公室的座上客。对蜂拥而来的各式各样的求情者,拉吉夫学会了应付之道。对不太好办的事或不太愿意帮忙的人,他会说:不要老给我打电话,我会打电话给你的。对那些请求获得工程的人,他会爽快地答应说:放心,我会给妈咪说的。有时甚至他会拿起电话给内阁高管和有关主管直接打电话,命令他们加快对相关文件的审批。这种做法刚开始还比较谨慎,后来则越来越频繁起来。人们常说"无利不起早",谁能说拉吉夫在做这些事时没有得到好处。

很快,印度的商界、政界乃至学术界的人物都知道有事找拉吉夫办公室比总理办公室更有效,事情会好办得多。拉吉夫手下3个办事人员也就成了印度炙手可热的权势人物,搞定这3人中任何一人都能保证申请文件尽快获得批准。而这3人都同索尼娅的娘家人建立了良好关系,有消息说,在80年代索尼娅娘家及亲戚的生意都得到极大的发展。

没有证据说明,拉吉夫在就任总理后会改变以前的做法并与某些社会权力人物和精英划清界限。可能在就任的前几年会收敛些,到1987年,随着5年任期剩下不多,即将举行新一轮大选,而拉吉夫本人也相信决定大选胜利的重要因素是钱,只要有了钱,国大党获得选举胜利就有了保证。在此背景下，国大党政府的丑闻不断被曝光出来，拉吉夫及其政府陷入困境。

揭露丑闻的英雄是V.P.辛格。1983年1月，V.P.辛格被英迪拉安排进入她的内阁任商业部长。1984年9月他参加在布鲁塞尔召开的一个大会，印度大使告诉他他将被派往北方邦负责党务，他感到十分奇怪。由于官方消息来源出自信实公司，他有理由怀疑是信实公司与达旺（拉吉夫的大管家）联手整他，他因此对信实公司怀恨在心。

1984年底，V.P.辛格受命出任财政部长。上任伊始，他就对经济的混乱、贪污舞弊的严重深感震惊，决心大张鞑伐，整肃纪律，扭转局面。在不到两年时间里，就查出500家企业聚敛的不义之财多达四亿美元。他把他们一个个送上法庭，投入监狱，责罚巨款。V.P.辛格的声誉随之扶摇直上。公众敬重他的严峻，亲属支持他的决心，报界赞许他的清廉。然而他的大刀阔斧做法却使行为不轨的企业畏之如虎，又令缺乏朝气的政府各部侧目而视，特别是当他的做法触及一些与政府关系很深的企业大亨和丑闻有些瓜葛的政界要人时，他的财长宝座就坐不稳了。

1985年3月14日，《印度快报》的顾问古鲁莫尔迪被中央调查局抓走。他被指控在调查印度大企业信实公司海外违法经营问题时向外国公司提供了机密文件。但在法庭上，这位顾问不仅没有犯罪感，反而侃侃而谈，说那家外国公司是经财长认可，雇来侦查印度一些公司在海外的不法行为的。

消息传出，舆论哗然。政府赶忙出来声明并无雇佣外国机关调查信实公司一事。不料V.P.辛格却供认不讳。原来，财政部通过国际货币基金组织的一份报告得悉，印度私人在瑞士银行中有45亿美元存款。按印度法律，私人是绝不准许在外国银行开户存款的。《印度快报》通过古鲁莫尔迪曾向财政部透露，信实公司在美国有非法经营、偷漏税收、牟取暴利行为。财长决心查个水落石出。他认为印度没有一家公司能胜任这一调查任务，便毅然雇佣美国曾经参与调查水门事件的费尔法克斯侦探公司为他侦查。

事情进展神速，很快就涉及到总理密友、议员阿米塔奇·巴昌在瑞士银行存款一事。财长踌躇满志，准备要逮大鱼了。谁想到了次年1月，正当一个关键人物开口作证的时候，拉吉夫总理忽然将V.P.辛格调离财政部，接替他兼任的国防部长一职。理由是他能担当大任，处理与巴基斯坦吃紧的边界局势。

此波尚未平息，一波复又掀起，4月9日，V.P.辛格突然又在议会宣布，他已亲自下令调查国防部在购买联邦德国潜艇中政府官员索取佣金一案，一下子把他的前任国防部长拉吉夫推到了被告席上。印度曾向联邦德国HDW公司订购过4艘潜艇，两艘早已交付，两艘尚未装配。鉴于造价过高，该公司今年2月派团前来印度磋商，要求增加费用。洽谈结果，HDW公司表示可以维持现状，但要取消2300万美元的佣金，印度表示同意。但到3月11日，印度驻波恩使馆来电告知国防部，说是中间人非要佣金不可，2月达成的协议已不能成立。V.P.辛格接到密电，先前那股打击不法行为的劲头又冒了上来。你不是不让我在财政部再搞下去吗？我就在我的职权范围内动手。这就是说，现任国防部长要查前任国防部长在职时的佣金丑闻。国大党议员和政府官员立即蜂拥而上，群起攻之，说他未经总理同意，擅自采取这一重大举动是背信弃义、居心不良。有人甚至说他有"篡位"之意。为了表示自己毫无"野心"，V.P.辛格于11日提出辞职。

V.P.辛格的辞职震动印度朝野，有人在议会中大喊：拉吉夫这位"廉洁先生"哪里去了？他何廉洁之有？政府中还有正直人的一席之地吗？

这时，国外有人出来说话了。4月15日，瑞典广播电台援引博福斯军火公司一名高级执行人员的话说，该公司1985年拿出了500万美元，贿赂了印度国防部要员，得到了一批武器订单。16日，印度各大报纸冠以通栏标题，报道这又一则丑闻。于是，对拉吉夫第三次打击迅速而来。博福斯公司和印度政府连忙站出来，声称绝无此事，偏偏瑞典电台再次广播，说有文件为证，并说佣金是通过瑞士银行4次付清的。

短短时间里，3件丑闻接连被揭，件件与拉吉夫直接牵连，使得拉吉夫坐卧不宁疲于应付，拉吉夫成了麻烦缠身的总理。人们对印度政府失去了信心，"连黄金都生锈了，何况生铁呢？"

"在某种程度上，他目前所遇到的问题可能反映出在蜜月结束时必然会出现的冷落，同时也反映人们因期望太大以致无法实现时所表现出的沮丧。但是，拉吉夫自己的个性以及他依靠了一批不那么有才干的顾问也促成了他目前的麻烦。"

"他们现在想把总理说成是一个越来越独裁的人，既没有他母亲的政治手腕，也没有他祖父的素质。"

在一片对拉吉夫能力与品质的质疑声中，印度迎来了1989年的全国大选。拉吉夫马不停蹄地在全国竞选，而反对派则联合抬出了反腐英雄V.P.辛格，他现在成了人民党的无冕之王，左派与右派都支持他。拉吉夫领导的国大党只获得195席,比起1984年的415席整整少了220席,虽然它仍是议会中席位最多的党,由于未过半数,又不愿与其他党组织联合政府,国大党选择下台,这是继1977年大选之后,第二次成为在野党。而获得143席位的人民党在其他党的支持下组织政府,V.P.辛格就任总理。

拉吉夫第一任期的行政作风证明他确实是一个政治的门外汉,人们批评说他既没有英迪拉与桑贾伊的手段和眼光,也没有其祖父的政治智慧。他很想有一番作为,想快刀斩乱麻地解决印度许多根深蒂固的老问题,但他刚愎自用、朝令夕改,让人很难信任。拉吉夫终其一生始终是政治的门外汉。当然。任何人成长都有一个过程,政治家也不例外,毕竟拉吉夫从政年头尚短,从前是他开飞机的飞行员,但要驾驭一个有近十亿人口的大国远比开一架飞机复杂得多。

出师未捷身先死

1991年5月20日,清晨7点半,拉吉夫与夫人、女儿一道到离他们住所不远的投票站进行印度第十次大选投票。拉吉夫期待自己这次能以轻松的多数再度获胜当选印度总理。自1989年大选以来,印度经历了两届短暂的联合政府,印度政治中的负面现象依旧,令人们大失所望,而印度教派中的民族主义倾自开始日益显示出其政治利爪,穆斯林等少数族群为了防止印度教势力的扩张,加强对国大党的支持。由于拉吉夫在他第一任期间成功地将选民资格年龄从21岁降到18岁,因此刚满19岁的女儿普里扬卡这次也获得了选举权。在投票前，发生了一件意外。一名国大党工作人员托着一个装满鲜花和其他物件的盘子经过他们的身边，这些东西是用来做祭拜仪式用的，以求吉利。尼赫鲁家族原先是不太注重宗教仪式的，但自英迪拉开始，宗教仪式越来越多地进入家门，有人统计过英迪拉一生共有17次到神庙礼拜神。受英迪拉的影响，拉吉夫与索尼娅也重视起印度教的一些传统仪式来。见到拉吉夫夫妇，那位工作人员一时紧张，将手中的盘子打翻在地。索尼娅也一时紧张失态，她在印度已经生活将近20余年，也知道并相信这在印度是不祥的征兆。拉吉夫在旁极力安慰她，说没事没事。她后来回忆说，那一整天她都心神不宁。他们投完票，回到人民路10号自己的家中，拉吉夫给在国外留学的儿子拉胡尔打了电话——拉胡尔正在美国波士顿攻读银行保险课程——接着就开始忙于他的下一轮选举行程。这次行程有3处地方：奥里萨邦、安德拉邦以及最后一站泰米尔纳杜邦一个叫斯里培鲁姆杜尔的村庄。他要竭尽全力避免1989年大选的失败结局。自决定参加选举以来，拉吉夫整夜整夜地睡不好觉，影响了他的健康，索尼娅既担心又心疼，时常要拉吉夫休息一下，不要太玩命了。但拉吉夫不在意妻子的劝告，以他惯常的微笑安慰妻子：再加把劲，我们就要获胜了。这对不再年轻的夫妻，前不久刚在伊朗首都德黑兰庆祝完他们的结婚23周年，他们正期待5月23日儿子拉胡尔从美国回来。"一旦选举结束，我们一定要找家餐馆全家在一起好好撮一顿。"拉吉夫临出门时这样对索尼娅说道。

英迪拉遇刺身亡，拉吉夫上台后也先后两次遇险，一次是在1986年为圣雄甘地扫墓时遭遇一名锡克族青年冷枪射击，幸好枪手使用的是自制的土枪，枪法也不准，拉吉夫逃过一劫。第二次是1987

年在斯里兰卡与斯里兰卡总统一道检阅仪仗队时,一名仪仗队员突然出列,用枪托猛击拉吉夫,幸好拉吉夫机警,及时闪避,没受到太大伤害。当天这个电视画面传遍全世界。自此,印度政府加强了对拉吉夫的保护。政府成立了拥有1500人的特别卫队,每当拉吉夫出现在公众场合时,特别卫队都要组成一个严密的警戒圈,以确保拉吉夫的安全。另外,在这种场合,拉吉夫都身着防弹背心。

但是,这次选举时,拉吉夫已经是位离职总理,为了赢得民心,争取选民,打造亲民形象,拉吉夫脱掉防弹背心,经常离开警卫与选民亲密接触。

1991年5月21日晚,拉吉夫按计划来到了斯里培鲁姆杜尔镇。在这之前,德里的国大党工作委员会及拉吉夫人民路10号的家里给泰米尔纳杜邦的邦长及其身边工作人员先后打过9个电话,要他们尽力保证拉吉夫的安全。邦政府为了安全起见,竭力劝阻拉吉夫别来泰米尔纳杜,一定要来,也不要到斯里培鲁姆杜尔镇去,待在首府马德拉斯就行,因为他们也得到泰米尔猛虎组织活动频繁的消息,为拉吉夫的安全担心。拉吉夫去斯里培鲁姆杜尔镇是为了国大党候选人站台助选,候选人贾雅拉里塔也十分清楚地劝拉吉夫别来,靠她自己的力量也能获得当地选区选举的胜利。但拉吉夫及其身边的人执意前往。

早在1990年11月底,猛虎组织领导人帕兰巴卡兰曾在斯里兰卡北部贾夫纳丛林的一个秘密指挥部召集领导成员开会,分析印度政局的发展趋势。经过讨论,他们得出这样一个结论:钱德拉·谢卡尔政府将是一个短命的政府,拉吉夫极有可能在1991年重新上台执政,而他一旦上台,很有可能再次向斯里兰卡派驻维持和平部队,镇压猛虎组织,甚至捣毁猛虎组织设在印度泰米尔纳杜邦的活动基地。与会者最后做出决定,必须在拉吉夫上台之前将其暗杀掉。

猛虎组织决定采取其惯用的"人体炸弹"的做法。为了便于接近拉吉夫,决定由两名妇女组成自杀敢死队,其中一名叫达努,她曾遭印军侮辱,对印度人尤其是拉吉夫恨之入骨。为了确保暗杀成功,刺杀小组在1991年的4月和5月先后进行两次演练。

晚上10时10分,拉吉夫乘车来到会场。此时,会场上已聚集一万多人,而警卫人员却寥寥无几。拉吉夫走下汽车,他一边微笑着向欢呼的群众挥手致意,一边踏上了通往讲台的红地毯。这时,人们纷纷拥上前来向他献花。达努混在人群中,手捧花环一步一步向拉吉夫靠近。一名女警官试图阻止她向前,但拉吉夫对女警官说:"给每个人一次机会吧"。达努终于挤到了拉吉夫的身边,她献上了花环,随即跪下来向拉吉夫行吻足礼,拉吉夫弯下腰,正想伸出手扶她起来,达努用手扣动了引爆炸弹的开关。

爆炸现场一片狼藉,到处是残肢断臂,18具尸体横七竖八躺在地上。保安人员凭一具尸体脚上穿的洛特牌运动鞋才找到拉吉夫的残骸。此时的拉吉夫已血肉模糊,身首异处,头被炸掉了一大半,一条腿也被炸断。人们在现场发现了一只震坏的手表,表针指向10时20分。

索尼娅的选择 ▎第十章

　　索尼娅·甘地，这位被印度人视为"母神"的女人也许是尼赫鲁家族中最富于传奇色彩的人物。这名在西方文化背景中成长的意大利女子却能在坚守传统的印度社会游刃有余，在婆婆和丈夫先后死于暴力之后，她捍卫了尼赫鲁家族的政治地位，为国大党夺回印度领导权。她创造了印度历史的奇迹，一个外国女人成为10亿人口印度的掌门人。

2004年，美国福布斯杂志评选世界最有权势的女人，其中名列第三位的是索尼娅·甘地。这位意大利出生、意大利长大的意大利女子，在婆婆和丈夫先后死于暴力之后，用自己柔弱的肩膀扛起了尼赫鲁家族的重担。1998年，她打破长达7年的沉默，投身印度政治。"自我丈夫去世后，外间各种流言飞语四处扩散，我只能隐忍不发，现在我再不能保持沉默了。"2004年，在她的领导下，国大党夺回印度领导权，2009年大选再次获胜。她创造了印度历史的奇迹，一个外国女人成为10亿人口印度的掌门人。她能获得如此的辉煌是一次次关键时刻做出正确和明智选择的结果。

跨国婚姻

索尼娅，1946年12月9日出生在意大利都灵市郊一个叫欧巴萨诺德的小村庄，她原名安东尼亚，索尼娅的名字是她父亲后来取的。她在传统的罗马天主教家庭中长大，父亲斯特凡诺、母亲保罗都是普通劳动人民家庭出身。父亲斯特凡诺后来成为一名建筑承包商，拥有自己中等规模的建筑公司，保罗从事家务，照顾家中的3个女儿。三姐妹中，索尼娅居长，因此她有两个妹妹。索尼娅高中毕业后，没有继续升大学，而是进入离她出生地15公里的一所天主教修女主办的神学女校。当索尼娅18岁时，父亲将她送到英国剑桥，学习英语。他不知道自己大女儿的命运就此发生改变。在剑桥小镇，索尼娅先是在一所英语补习学校学英语（该补习学校1990年后已停办）。学了一阵英语后，她在剑桥镇的一家酒吧当女招待。1965年，在剑桥大学学习的拉吉夫与朋友一道到该酒吧聚会，这是两人第一次见面。然而第一次见面两人就心生情愫，按索尼娅后来的说法，他们是一见钟情，从此双双坠入爱河。两人认识不久拉吉夫就如实向母亲透露自己有了女朋友，英迪拉一直也在关心自己儿子的婚事，毕竟拉吉夫已经30出头，到了该成家的年龄。不久，恰好英迪拉来伦敦出席尼赫鲁展馆开幕，索尼娅被拉吉夫领着第一次见未来婆婆。英迪拉立即喜欢上这位俊俏、善良、知情达理的未来儿媳。英迪拉善意地建议索尼娅在做出最后决定之前，最好先到印度住上3个月，实地了解情况，免得以后后悔。拉吉夫在剑桥大学没有获得学位，1966年离开剑桥前往伦敦，在帝国工程学院学习，这时他与索尼娅已感情很深，索尼娅也随同前往，一同住在伦敦。但是正式确立关系却拖了3年。主要的原因是拉吉夫来自印度最有权势的家庭，索

拉吉夫与意大利籍女子索尼娅在1968年2月25日举行了婚礼，照片中一对新人的身后是新娘索尼亚的家人和英迪拉·甘地。

尼娅的父亲担心自己的女儿在这样的家庭中受不到应有的尊重,何况印度离意大利那么远,东西方文化上的差异又是那么大。索尼娅自己也对能否融入拉吉夫的家庭、能否被未来婆婆认可接受心中无数,最初也是忐忑不安的。世人都知道英迪拉是当时世界上有名的铁娘子。但爱情的力量终于战胜了一切的顾虑。1968年,索尼娅来到印度,为了避免社会上的闲言碎语,小两口决定尽快结婚。

1968年2月25日,拉吉夫与索尼娅的婚礼在德里举行。婚礼上索尼娅穿着一件粉红色纱丽,当年婆婆英迪拉就是穿着这件纱丽结婚,多年后索尼娅的女儿普里扬卡也还是穿着这件纱丽出嫁。估计这件纱丽将世世代代地传下去,因为这件纱丽的布料是当年尼赫鲁在狱中亲手所织。尽管索尼娅的父亲没来,但她的母亲、妹妹和舅舅都来了,还来了大批的意大利亲戚。

婚后,拉吉夫作为印度民航飞行员,整天在天上飞来飞去。生活在异国他乡,父母亲戚朋友不在身边,索尼娅难免有时感到寂寞孤单,对丈夫孩子的依恋更加强烈。好在拉吉夫不问政治,远离公众视线,在飞行工作之余,十分顾家,夫妻俩相亲相爱,精心抚养两个可爱的孩子,一家生活的其乐融融。

嫁给拉吉夫后,索尼娅与拉吉夫一家就同婆婆一起住在赛夫达尔琴路1号的总理官邸。一个外国人,与英迪拉这样个性鲜明的婆婆相处自然不易。一天,英迪拉给索尼娅写了一封长信,信中表达了对一些事的看法与批评。索尼娅十分紧张不安,也十分不解,生活在同一屋檐下,有话为什么不当面谈,而要借助写信的方式呢?她带着满腹的疑问请教十分了解英迪拉的秘书巴佳塔。巴佳塔告诉她,这是英迪拉的习惯。英迪拉自小不善于与人沟通,有事要跟人

索尼娅深得英迪拉的喜爱，婚后，她负责料理家庭事务和婆母的日常起居。

说就经常写字条写信，就是当年与父亲与丈夫也是这样。由于索尼娅的细心与耐心，虚心求教，学得很快，逐渐获得婆婆的信任与好感，也为自己赢得大家的尊敬。索尼娅虽是一位现代西方妇女，却能很快地将身上的迷你裙换成印度纱丽，并融入印度文化中，她甚至开始学讲印地语。英迪拉知道后，十分高兴，为索尼娅请了一位教师，但索尼娅对于学院式的语言教学缺乏兴趣，她谢绝了教师，自己通过大量的听与说自学印地语。

除了操持家务，索尼娅也参加一些社会工作，她对艺术史怀有浓厚兴趣，因此到国家美术馆工作，与那里的专家一道修复印度的风景画。她还利用闲暇时间，收集和编辑英迪拉与尼赫鲁之间的来往信件，最终在80年代末90年代初出版。

索尼娅对自己的婚姻选择是十分满意的。拉吉夫长得高高大大，浓眉大眼，脾气好，心细，是一般女人心目中的理想丈夫。夫妻俩几乎没有红脸过，除了一次，为了拉吉夫参政的事。索尼娅极力反对拉吉夫从政，索尼娅回忆说："第一次，拉吉夫与我之间发生冲突，我像母老虎似的战斗——为了他、为了我们俩以及为了我们的孩子，最重要的是为了我们的自由。"拉吉夫最终还是决定从政了，但索尼娅仍不喜欢出头露面，过着非常"私密"的生活。1984婆婆被刺后她也没更多地露面。索尼娅曾这样表达她对从政的态度："我宁愿自己的孩子沿街乞讨，也不愿卷进印度政治的大漩涡中。"

但形势迫人，由于丈夫从政，作为妻子根本不可能隔绝于政治之外。大致从1982年起，拉吉夫就开始认真严肃地督促她转换为一个政治家妻子的角色，拉吉夫不时地带她一道在印度各地旅行，实际上是参加各种政治活动。在那些场合，她被要求微笑，向人群挥手致意，小心谨慎地走在大人物的后面，她是个聪明人，很快掌握了这些要领。她将很多精力放在帮助丈夫处理阿梅提选区事务，对来自选区人民的各种要求、抱怨一一认真做出回应。同时她仍管理家务，她关心两个孩子的成长，甚至对自己的侄子——瓦伦——也花费大量的心血，家里的账目，每笔开支她都料理得清清楚楚，她已经非常习惯于印度人的大家族生活，在桑贾伊去世英迪拉仍在总理位上这段时期，她的举止行为为家庭内外的印度人所称道。

当拉吉夫当上总理后，索尼娅与自己的父母和两个妹妹保持亲密的关系，对她们的要求以及亲戚朋友的请求总是认真加以考虑。直至今天，她还每天通过电话与妹妹和母亲保持联系，她们期待她访问意大利。但由于各种原因，尤其作为党和国家领导人的妻子，她现在要访问意大利已经不可以自己随意做出决定，更多的是让自己的家人不时访问印度，陪伴自己在德里待上一阵时间。

在拉吉夫当总理的最初那些年，索尼娅仍然力图保持这一既有的信念，即她是意大利人，而不是一个印度家庭妇女。在首都德里，有一大批欧洲人，或欧洲人后裔，她乐于同他们交往，每周星期天的午餐聚会是她最快乐的时光，这些朋友——大部分是生意人和外交人员——总会聚集在赛道路5号，兴高采烈地用法语、西班牙语或意大利语交谈。在家中，索尼娅同丈夫、孩子的交谈也大多使用意大利语。

索尼娅对烹调情有独钟，婚后她自己下厨房，做出意大利或印度风味的饭菜，尤其擅长做一种用胡萝卜做的印度甜点。有时拉吉夫也下厨房，夫妻俩一道切磋厨艺，家庭气氛融洽。1990年后，越来越多的印度风味的饭菜出现在拉吉夫的饭桌上。当然这是索尼娅有意为之。随着丈夫进入政坛，丈夫的性格与喜好也在变化，拉吉夫再也不是刚结婚时那个西化的小伙子了，而是日益重新地复归传统，努力地在印度文化和印度人民中寻找自己的根。在家中，女儿具有更多东方的气质，而儿子则颇为西化，作为父亲的拉吉夫因而与女儿更加亲近。对索尼娅说来，虽然嫁给了一个印度人，最初心里却没有做一个地道的印度人的准备。同许多西方人一样，索尼娅的母亲看不起印度人及印度文化的，总认为印度不是一个西方人愿意生活一辈子的国家，印度人也不好交往。

孀妇从政

得到丈夫遭遇恐怖分子袭击的消息后，索尼娅当即昏厥过去。索尼娅曾一直坚持让拉吉夫向印度政府要求提供更好的安全措施，但拉吉夫认为：如果他们蓄谋要杀掉自己，总会得逞的，什么安全措施也没用。

装载着拉吉夫遗体的棺木从事件发生地培鲁姆杜尔空运到了德里，摆放在三像府的大厅中供民众瞻仰凭吊。三像府是拉吉夫与外祖父、母亲、弟弟一道度过自己童年和少年时光的地方。

几天后拉吉夫的葬礼在德里市郊举行。有大约五十万人来到火葬地，观看葬礼仪式。该地距德里市区有十余英里，在朱木那河畔。那里有大片的草地，草地上搭起了台子，堆满了近半吨的高级木料，拉吉夫的遗体摆放在柴堆上。当年尼赫鲁和英迪拉去世后遗体也是在此地火化的，依据印度的传统，火化后该地将建立一座陵墓，这样，尼赫鲁家族祖孙三代人的陵墓就能在一起，相距不过三百米。当然不是所有印度人死后都能建陵墓的。只有经过相关部门批准，被认为对国家做出巨大贡献的人才被允许在此建陵墓。

当天，索尼娅也来到火化现场，按照印度教的习俗，寡妇本来是不能到火化现场的，但索尼娅坚持要来，与自己心爱的丈夫做最后的告别。当年她的婆婆也是这样做的，不囿于印度教传统束缚早已经是尼赫鲁家族的传统。儿子拉胡尔、女儿普里扬卡站立在索尼娅的两旁。为拉吉夫做祈祷的是曾经为婆婆英迪拉做祈祷的同一班人。当祭司们唱起吠陀圣诗时，葬礼开始。拉胡尔作为儿子，光脚围着柴堆走3圈，一边走一边将水洒在父亲身上，象征将灵魂中不完美之处清洁干净。索尼娅将一份祭礼（由樟脑、小豆蔻、丁香和糖制成）放在拉吉夫的胸前，然后她触摸拉吉夫的脚，行吻足礼，再站起身，双手合十，放在胸前，对自己的丈夫行最后的鞠躬礼。在那一刻，来自国内外的贵宾们纷纷向前，安慰索尼娅。其中，有一位特殊的客人，是他当年介绍索尼娅与拉吉夫在剑桥大学认识的。

人群中爆发出震耳欲聋的"拉吉夫万岁"的呼喊声。

当火点着时，拉胡尔准备好执行仪式的最后部分，他手执一根三米长的竹耙，象征性地敲打一下父亲的额头，使他的灵魂能升入天堂，等待下一次的再生。

遗体火化后，骨灰被装入一个铜罐中。

1991年5月28日，拉吉夫遗体火化后第四天，索尼娅带着拉胡尔和普里扬卡乘火车专列从德里前往阿拉哈巴德。她们此行是要完成一项重要仪式，将拉吉夫的骨灰倒入阿拉哈巴德旁的桑干姆河。一路上，拉胡尔和普里扬卡坐在列车的地板上。到了阿拉哈巴德，骨灰罐先放在欢喜宫——尼赫鲁家族的宅邸，在英迪拉被任命为总理后，此处已改为博物馆向公众开放。然后一家人携带着骨灰前往市郊的桑干姆河畔。桑干姆河是印度最神圣的地方之一，每12年在那里举行一次印度教宗教庆典，届时成千上万的香客从印度的四面八方涌来，要在桑干姆河的河水中沐浴，洗去身上的罪恶。在进行祈祷仪式后，拉胡尔手捧铜罐，将罐中的骨灰徐徐倒入河水中。在此河中曾倾倒过莫提拉尔、圣雄甘地、尼赫鲁总理的骨灰。

办完这些仪式，索尼娅一家回到德里自己的家中。在随后的6年里，她实际过起了隐士生活，大部分时间与孩子在一起，很少离开家门。只有两次公开出头露面，一次是在1992年，她出席自己著

1991年5月21日,拉吉夫·甘地遇刺身亡。人们抬着他的棺木缓缓行进,位于照片最前排正面的是索尼娅和普里扬卡母女。

作的出版发行仪式，书名就是《拉吉夫》，这是一本有关拉吉夫的传记，书中披露了许多不太为外人所知的自己与拉吉夫的生活。另一次是1994年，她又出版了《拉吉夫的世界》，对拉吉夫的生活、工作、理想愿景做了更详尽的描述。她还以丈夫的名字设立基金会，以此方式纪念自己去世的丈夫，通过该基金会，她做了许多帮助弱势群体的好事、善事。借着忙于这些工作，她受伤的心灵得到一定程度的抚慰。

然而，国大党以及印度一部分民众深切期盼索尼娅能更积极地参与印度政治。面对来自全党上下的呼声，索尼娅面临人生的又一重大抉择。80年代初，她曾反对丈夫放弃飞行事业参与政治，宁愿过平静的百姓生活，不愿卷入动荡的、充满风险的印度政治之中。婆婆与丈夫的先后遇刺更加深了她对印度政治的深深恐惧，她一心只想照顾好自己的一双儿女，在拉吉夫遇刺后的最初几年，她甚至想带着儿女离开印度到意大利定居。因此对党内一次次地请求她出任国大党主席，没有给予积极的回应，她甚至连国大党党员都不是。就这样拖了整整7年。在此时期，索尼娅让自己与孩子远离政治聚光灯下，不想让他们重复丈夫与婆婆的命运。

1991年拉吉夫去世后，国大党由拉奥领导，他当上了总理。拉奥能当上总理索尼娅的意见起了很大的作用，她期待拉奥能很好地领导国大党和印度，并照顾好尼赫鲁家族的利益。但拉奥似乎认为自己才是国大党的决策者，而不只是一个看护人，没有过多的义务听命于住在人民路10号尼赫鲁家族的未亡人的意愿。索尼娅愤怒了。如同英迪拉，索尼娅也开始相信只有尼赫鲁家族有权威统治印度。在许多人眼中，由一个来自非尼赫鲁家族的人担任国大党领导

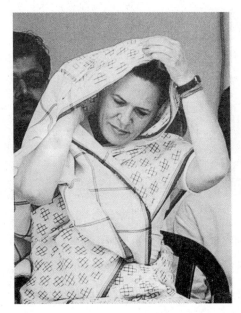

拉吉夫去世后,巨大的压力迫使索尼亚不得不投身政治,据说,她的风格和英迪拉·甘地的很相似。

是不正常的。

1996年,拉奥领导的国大党在大选中失利,国大党的权力转移到克斯利(Sitaram Kesri),一位年老的英迪拉忠臣手中。这是国大党历史上最低谷时期。1996年大选中国大党落后于印人党,印人党成了印度的第一大党,国大党屈居第二,不得不下台,让位于印人党。国大党的老卫士们不断地呼吁尼赫鲁家族成员出来领导党。由于国大党在全国各地的选举中接连失利,已经跌入低谷。对国大党领导层说来,现在他们手中唯一的一张牌就是让索尼娅出山。他们不停地做索尼娅的工作,每天都有大批的国大党追随者聚集在人民路10号门前,1989年大选失败后,索尼娅与拉吉夫搬出总理官邸一直住在这里,民众举着标语牌,呼喊着口号"拉吉夫万岁,索尼娅当主席"。

到了1997年,尽管她不乐意,她还是被说服加入了国大党,成为国大党内的一名初级党员,并参加当年年底的国大党加尔各答年会。她很快成为党的领导核心。翌年,克斯利辞职,索尼娅毫无争议地当上了国大党主席。从入党当初级党员到当上国大党主席只有短短的62天。她是尼赫鲁家族中第五位担任此职的成员。印度以及国外的观察家们普遍认为,随着拉吉夫的去世,尼赫鲁王朝统治即告结束。但出人意料的事,随着拉吉夫的遗孀进入政治舞台,特别是进入21世纪后,人们的预料没有成为现实。

索尼娅被推上政治舞台,是因为当时国大党已处于一盘散沙的状态,党内派别林立,谁也不服谁,急需要一个能被大家接受的最高领导出来结束一盘散沙状态,这个最高领导必须对各派不偏不倚,同时也对各个派别不造成威胁,这种状态有点像英迪拉当年上台的背景,英迪拉当年就是凭借在派别斗争中充当元老们的帮手角色上台的。相同的状态出现在90年代末,当索尼娅被请求领导国大党时,党内资深元老们也是这样想的。

关于索尼娅在沉寂多年后改变主意决心参与印度政治的动机,有各种不同的说法。索尼娅自己说是为了服务于印度国家和人民。她认为她已经很印度化了,自丈夫去世后几年里她深深感受到印度民众对尼赫鲁家族以及她本人的善意与巨大期待,她也对印度与印度人民产生真挚的爱。所以,在印度她生活得并不孤单,大量的昔日朋友与同事不时地问候她及家人,她无法割断与他们的联系。现在,她更像一个印度人,而不是意大利人,她走路的姿势,说话的语音语调,甚至只有印度人才懂的特有的肢体语言她也掌握得得心应手。有一点她十分清楚,儿子拉胡尔的前途在印度而不在意大利,为了儿子的前途,她同世界上所有的母亲一样宁愿承担艰苦的责任。

而反对派人士则认为她参与政治有如下三种动机：一是维护拉吉夫的名声，不让"军火交易丑闻"继续伤害尼赫鲁家族。拉吉夫的去世只是让"军火交易案"暂时沉寂一段时间，拉吉夫虽然人已去世，那些贪腐案件的调查并没有结束。反对党仍紧紧抓住这件事不放。如果尼赫鲁家族彻底退出印度政治，可以想见，不仅名声受损，而且将面临巨大的财产损失。1991年瑞士一家杂志曾发文揭露，索尼娅以儿子拉胡尔的名字控制着多达二十亿美元的账户资产。迟至2008年，一名德国人还爆料说有多名印度政治领导人在瑞士银行开有账户。反对党群起要求政府展开调查，但未能获得总理曼·莫汉·辛格的同意。因此，如果要捍卫拉吉夫的名声，索尼娅只能自己参与政治。

第二方面同第一点有直接联系，而且同索尼娅本人直接相关。"军火交易案"中关键人物之一是夸特罗奇(Ottavio Quattrocchi)。他是一名意大利商人，曾是总部设在米兰的跨国公司司南波罗戈蒂公司(Snamprogetti)在印度的代表，该公司业务涉及工程机械和建筑项目承包。夸特罗奇担任亚洲代表长达16年，直到上个世纪80年代末。据说，在他任内他为公司获得六十余个大项目，价值3000亿卢比，这时正是索尼娅嫁入尼赫鲁家族后。前面谈到参与"军火交易案"的双方分别是印度国防部与瑞典军火制造商，那么夸特罗奇，一个意大利商人怎么会卷入其中，他又是凭什么卷入如此高度机密的交易的？稍有头脑的人们不能不问，也自然而然地想到索尼娅。夸特罗奇是拉吉夫迎娶索尼娅之后不久才来到印度的，很快成为拉吉夫一家的密友，据说夸特罗奇对总理办公室的影响是如此之大，每当他到总理办公室时，办公室的大小官员们都会自动站起身来迎接，如果哪位官员怠慢了他，很可能会遭遇麻烦。

1993年，瑞士政府正式通知印度政府，调查表明军火回扣案的回扣款存在夸特罗奇的银行账户中。当时是国大党拉奥政府掌权，反对党立即要求拉奥政府扣下夸特罗奇的护照并将之逮捕。但拉奥政府没有这样做，而是让他离开印度。1993年7月29日他离开印度前往马来西亚。其后，印度中央调查局一直试图引渡夸特罗奇回印度，但一直未能成功。

2009年，国大党掌权的印度政府分别给瑞士和英国政府写信，说对意大利商人夸特罗奇的指控缺乏事实根据，因而要求相关外国银行对夸特罗奇的银行账户解冻。这些事情的前前后后当然让反对党人有理由认为索尼娅在其中的干系。

第三点动机是想让拉胡尔当上未来的印度总理。这一点其实不是秘密。在下一章我们将更为详细地谈到。

索尼娅当上了国大党的主席。国大党中不同的人对她的期待各不相同。当时国大党的高层领导们正担心国大党在民众中的影响日益下降，试图通过鼓励她积极参与政治来复兴国大党。当然，一些领导人也在打着先让索尼娅为复兴国大党出力，然后再轻而易举将她边缘化的如意算盘，毕竟是一个外国女人，她还能充当印度政治的领导吗？但当索尼娅决定进入印度政治后，立即展现出自己领导国大党的意愿和能力。

大家知道，印度独立后，国大党组织的权力有限，权力集中在总理手中，尼赫鲁当政时是这样，英迪拉当政时则有过之而无不及。此时，作为在野党的国大党，索尼娅认识到关键是恢复党组织的权力和能量。她建立了一个政治事务委员会（Political Affairs

Committee),由国大党主席及党内12名高级成员组成。该委员会的任务是针对反对派做出快速反应,对重大事务做出决策。索尼娅作为国大党主席,领导这个委员会。

当上国大党主席后,索尼娅努力走到群众中。这时印度的民众不再关注她是否能用印地语发表演讲,而是想知道"她说的是什么"。为了不让民众失望,她当上国大党主席后,就积极主张赋权于妇女、关心社会弱势群体,为此,在国大党的领导机构全国工作委员会中为妇女保留1/3的位置,为表列部落和少数民族群体保留20%的位置。她鼓励年轻人投身政治,改变国家的面貌。她重视潘查亚特制度建设,重视发挥地方基层组织的作用。2003年3月最后一周,在新德里召开了全国县、乡两级国大党委员会主席大会。这是国大党历史上的第一次,除了8000名正式代表参加外,还来了不少来自四面八方的基层国大党领导和一般工作人员。该次大会鼓舞了基层国大党人的士气,反映了国大党的新面貌,也大大提高作为国大党主席的索尼娅的威望。索尼娅在会上说:"我们的做法,是透明的、负责任的和有效率的,即关注社会上的穷人和弱者,将社会和谐放在优先的位置,这是我们唯一的使命。"

1998年3月索尼娅当上国大党主席后不久,就领导全党投入地方邦级议会选举。不少印度政治领导人都对索尼娅的政治能力抱怀疑态度:走出人民路10号大院,作为一个外国女子的索尼娅在男人支配的印度政坛能有什么作为?在印共(马)领导人巴苏看来,索尼娅不过是一个"家庭妇女"。1998年年底的邦级选举因此对索尼娅来说具有特殊的意义。索尼娅一方面认真倾听各方面的意见,让人把话说完,然后再发表自己意见。另一方面,她不同于自己的丈夫,拉吉夫生前努力维护自己的团队一班人，依靠一些老朋友、老伙计，索尼娅在选人、用人上极为慎重，并将他们派到斗争第一线去经受磨练与考验。在1998年下半年，有4个邦要进行选举，它们分别是：德里、中央邦、拉贾斯坦邦以及米佐兰邦。12月底，选举结果出来，除了在米佐兰国大党遭受挫折外，其余3个邦（区）国大党都获得胜利。这对索尼娅领导的国大党来说是具有重大意义的一次胜利，这3个邦（区）属于常说的"印地语腹地"，是印人党的基地，同年3月印人党在全国大选中刚在这些地区获得胜利，几个月后却败在了索尼娅领导的国大党之手。分析认为，印人党选战失利主要在于印人党政府的政策失误，没能控制住物价上涨过快的势头，人们期望索尼娅领导的国大党能有效地扭转此势头。

选举结果出来后不久，国大党内一片欢腾，一批人想乘选战胜利的东风，掀起让瓦杰帕伊政府下台的运动。一些反对印人党的小党派和地方党派也期望索尼娅领导的国大党勇敢地站出来，重新组织一个替代印人党政府的新的联合政府。尽管索尼娅对联合政府的想法不太热衷，但面对党内外强大声音，她还是决心一博。1998年12月18日，在国大党的新德里年会上，索尼娅发言说：虽然好的治理意味着我们必须提供一个依靠我们自己的稳定政府，我们也十分清楚，虽然为了满足人民期望的任务，应该欢迎与我们想法一致的党派的支持，但我们必须依靠我们自己。这通讲话被视为是国大党为同小党派和地方党派合作打开一扇窗口，一旦印人党领导的联合政府垮台，就取而代之。

1998年3月大选后，印人党虽然取代国大党成为印度议会中占有席位最多的政党，但其占有的席位尚未超过议会的半数席位，不足以单独执政,它依靠与泰鲁古之乡等地方性党派结盟,组成联合政府。1998年底的地方邦大选后,国大党运动一些印人党的合作者,让他们退出联合政府,因而成功地迫使印人党领导的瓦杰帕伊政府不得不于1999年4月17日宣布辞职下台。但国大党同样未能凑足足够的多数组织新的联合政府。在这种形势下,印度总统只能宣布解散第12届议会,于1999年9月进行新的一轮全国大选。

在此紧要关头,国大党领导层内部却发生了矛盾。一些领导人不愿看到索尼娅成为印度的总理,担心一旦索尼娅当上总理,自己在党内的地位以及所代表的集团利益将受到损害。这个集团的代表人物是帕瓦尔(Sharad Pawar)、桑马(P·A·Sangma)、安瓦尔(Tariq Anwar),他们公开挑战索尼娅的领导权,抓住索尼娅的国籍问题不放。他们立即被开除出党,后来他们组成一个叫"民族主义国大党"的新党。在此之前,国大党的一名高级领导人普拉沙德(Jitendra Prasad)也曾挑战索尼娅在国大党的领导权,但很快被索尼娅在党内众多的年轻追随者所孤立。他们的造反实际上与印人党相呼应。这一事件给索尼娅及国大党极大的伤害。索尼娅提出辞去国大党主席的要求。这引起国大党广大党员造成极大的焦虑。她的支持者们不仅聚集在索尼娅的住所和国大党总部门前,而且在全国各地游行集会表达他们对索尼娅的支持。1999年5月25日,国大党工作委员会召开会议,会上一致决定,劝索尼娅收回辞呈,重新回到国大党主席的领导岗位上。在此情况下,索尼娅别无选择,只能服从国大党的决议。

第13次全国大选于1999年9月举行。结果是印人党再次获胜,保住第一大党的地位,国大党仅得114席,创了历史的新低。国大党选举失利的原因有多种,包括前面提到的党内分裂。但索尼娅并不气馁,她平静地接受选举结果,她要求全党认真总结经验教训,去迎接面前的挑战。

放弃总理职位

2004年印度第14次全国大选是印度政治发展的重要分水岭。选前,印度国内外大部分政治力量都看好印人党,因为印人党领导人瓦杰帕伊是一位成熟稳健的政治家,其威望印度政坛上尚无他人可与之相比。从1999年以来,印人党领导的联合政府已连续执政5年,终结了前些年政府频繁更替的局面,尤其是在执政的5年中,印度经济发生可喜的变化,迎来"阳光灿烂"的日子。印人党及其同盟者抓住索尼娅的"外国人"身份及国籍问题大做文章,排除政敌,获得第14次全国大选似乎没有什么悬念。

印人党似乎过于看重索尼娅的出生背景及国籍问题了。其实,自1999年风波之后,国大党内已经统一了认识,不再有人提索尼娅的出生问题。就是社会上许多有识之士对反对党揪住索尼娅的出生问题不放大不以为然。尼赫鲁大学教授古普塔(Dipankar Gupta)就说,在所有的民主国家,人们看重的是一个人的成就,而不是出生。索尼娅的意大利出生背景在一个像印度这样实行功能民主的国家不应是一个问题。作为一个外国人,索尼娅遭遇众多的困难与障碍,谁也无法否认她做出常人难以想象的努力来克服她面对的困难,但批评她的人看不到这一点,显然是不公正的。在古普塔教授看来,将出生摆在成就前面,只能说明攻击者的政治上的不道德。古普塔教授的观点代表很大部分印度知识分子的态度,而印度知识分子的态度历来代表印度社会良心,对一般选民政治取向具有非同一般的影响。

一些左派政党,也对索尼娅的出生问题表明了自己鲜明的态度。2003年,当印人党领导的全国民主联盟威胁要在议会发起抵制索尼娅运动时,印度共产党和印共(马)都强烈支持她,坚持认为选举何人为国大党领导人是国大党自己的事,任何其他党派无权干预。2003年8月1日,印度共产党总书记巴丹(A·B·Bardan)说,如果说索尼娅是个"安全威胁",那么为什么身为总理的印人党首领瓦杰帕伊在重要事情上愿同她协商。印共(马)领导人查特吉(Somnath Chaterjee)也表达相同的意见:在一个民主国家,人民是最终裁决者。

而一些地方性政党,诸如北方邦的社会党和大多数人社会党都表明自己支持索尼娅的态度。社会党也曾对索尼娅的出生问题发出过异议,但由于2003年9月8日的邦议会选举中,国大党对社会党的支持,社会党才得以保住邦执政党的地位,因此社会党党首辛格(Mulayam Singe)不无感激地说:国大党主席索尼娅外国出生的问题现在已经是"过去的事",索尼娅的支持显示出她的大度,尽管我早先也怀疑她的外国人身份。大多数人社会党党首玛雅瓦蒂也出于某种感动而支持索尼娅。她说,当该党创始人拉姆(Kanshi Ram)病重住院时,索尼娅特意打电话问候,充分体现印度人的文化传统,而口口声声声称代表印度教文化的印人党没有一个人发来问候,印人党真应好好学习"外国人"索尼娅。

看样子,印度政治家们都在等待印度人民的最后裁决,2004年大选变成对是否让一个外国人当总理的表决。印度人表决的结果是，大部分选民对索尼娅的外国出生不在乎。实际上，2004年以及2009年大选及其结果表明，印人党打国籍问题牌的战略未能奏效。印度选民对索尼娅的国籍问题并没有多大的兴趣，没有多少人纠缠在国籍问题上。说明印度人头脑并不狭隘，也不排外。如果索尼娅愿意适应印度，印度人也愿接受她为社会的一分子，不只是因为她是尼赫鲁家的媳妇和拉吉夫的遗孀。2004年大选中国大党领导的团结进步联盟出人意料地获得选举胜利。国大党获得145席，超过印人党的138席，国大党重新成为议会中的第一大党。共产党等左派表示支持国大党。

自2004年5月15日大选结果公布之日起，国大党立即将索尼娅当总理摆上议事日程。5月15日当天，索尼娅在国大党高层会议上全票当选为该党议会党团领袖。16日团结进步联盟的各党派一致通过对索尼娅担任联盟领导人的提名。17日，索尼娅获得人民院543名议员326位新当选议员的支持，远远超过人民院简单多数272席，也超过瓦杰帕伊1999年连任时的301席。这表明索尼娅出任总理只差例行程序，新政府将稳过议会信任关，无需进行任何信任投票。预定18日中午，索尼娅拜会印度总统卡拉姆，商讨组阁事宜。各方都曾预测，索尼娅将于19日宣誓就任新一届政府总理。人们迎接一位女总理，而且是有国外背景的女总理。

但反对派不愿自动认输，他们要继续阻止索尼娅当总理。无论是在选前、选中还是选举后，印人党一直在不遗余力地宣传索尼娅的国外背景。大选结果公布后，印度国内出现反对索尼娅担任总理的巨大声浪。印人党及其他一些民族主义政党一直以索尼娅的国籍问题来攻击国大党，警告印度选民，如果让国大党获得胜利，印度将出现外国人、而且是一个外国妇女统治印度的可怕前景，这对印度的力量和印度人民的自豪感都是一种缺失。印人党提出几点反对索尼娅当总理的理由：第一，印人党认为由于索尼娅不是土生土长的印度人，她不应被允许通过选举成为印度总理；第二，印人党认为，索尼娅，一个意大利人，对印度的了解尚不足以成为印度议会多数党的眼光敏锐的领导人；第三，索尼娅没有从事议会政治的经验，因此不适于领导和治理国家。印人党甚至还宣布，如果索尼娅执意当总理，印人党及同盟者将抵制由国大党领导的新政府的就职典礼。

印人党的高级领导人苏什马·斯瓦拉吉威胁说，如果索尼娅担任印度新总理，她就辞去议员职务，剃光头发，睡在地上。她对一家电视台说：在议会，我将不得不称她为'总理阁下'，这会伤害我的民族自尊心。印度中央邦首席部长乌马·巴尔蒂也发誓要"不遗余力"地阻扰索尼娅出任印度总理。她告诉印度一家电视台：阻扰索尼娅担任总理职务一直是我终身的战斗使命。阿拉哈巴德高等法院收到3起反对索尼娅出任总理的诉状。一纸诉状称印度宪法不允许印度公民拥有双重国籍，虽然索尼娅已经于1983年上交意大利护照，但没有证据表明她已经放弃意大利国籍。第二项诉状称，依据印度宪法第102款，任何人一旦被发现依附于(adherence)外国，应该失去担任议会议员的资格。而索尼娅至今在意大利拥有财产，她的父亲在遗嘱中写明索尼娅对家族房子有部分所有权。第三份诉状出自苏什马·斯瓦拉吉之手，她指出总统作为印度军队最高指挥官，应该考察此一关键性问题，从事印度防卫和外交的官员没有得到允许甚至不能与外国人结婚，否则必须退出自己的职务。现在，如何可以给予一个外国人按动印度核按钮的权力？

在1991年拉吉夫遇刺后，索尼娅曾有过重大的思考，即是否应继续生活在印度，还是回意大利。反对党指责索尼娅虽然早在1968年已嫁给拉吉夫，但在15年之后的1983年才获得印度公民权。长期以来，索尼娅没有考虑入籍问题，1980年英迪拉重新上台后，尤其在拉吉夫从政后，索尼娅的国籍问题逐渐被人所重视。当80年代初索尼娅第一次登记为印度选民时，就引起印度舆论的非议，认为索尼娅要成为印度选民必须首先吊销其签证，1982年德里选举委员会的负责官员取消了她的的选民资格，1983年，她不得不申请公民权，并再次登记选民。即使这样，她还仍然保留意大利的国籍，未曾放弃她的意大利护照，这种双重国籍的做法违反了印度的公民法，印度公民法禁止印度公民拥有双重国籍，任何外国人要获得印度国籍必须首先放弃其原来所在国的国籍。曾有记者质问索尼娅的国籍问题，索尼娅的回答是：从作为媳妇进入英迪拉家庭的那一天起，我就成了印度人，其他均是技术问题。

在反对索尼娅当总理的人中也有不少人夹杂着个人恩怨。斯瓦米（Subramanian Swamy）是一名毕业于哈佛的经济学家，学者型官僚，来自泰米尔纳杜邦，从1978年起，他与拉吉夫就是朋友，在1987年，V·P·辛格指控拉吉夫时，他与拉吉夫变得更加亲密起来。在拉吉夫去世后，他对外宣称拉吉夫生前曾许诺有朝一日让他当总理。但索尼娅并没用他，挫折感使他加入反索尼娅的潮流中。他现在也站出来揭露索尼娅及其子女在国籍问题上说谎。他指出，早在1992年，索尼娅已经依据意大利公民权法第17款恢复了意大利国籍，拉胡尔和普里扬卡出生在意大利，天生就有意大利国籍，因为他们过了21岁仍没有放弃意大利国籍,现在仍是意大利人。拉胡尔和普里扬卡在国外旅行仍持有意大利护照。

这些诉状给印度总统巨大的压力。根据宪法,总理需得到总统的任命与授权,这在一般情况下,不过是例行公事,但在此时如果总统批准对索尼娅的任命,反对派就要质疑总统是否按法律行事,让一个没有印度国籍的外国女人当总理是与印度法律相违背的。据报导,索尼娅于2004年5月17日下午与总统进行沟通,总统要求她,如果她坚持组织政府,必须首先与印度最高法院沟通,确保在任命她为总理后她能成功面对来自法院的挑战。

当天下午,在同总统卡兰姆见面后,索尼娅走出总统府。总统府门外已经云集国内外众多媒体记者。大家都在等待结果,好尽快

在领导国大党取得2004年大选的胜利后,索尼娅·甘地宣布放弃总理的职位,仍然担任国大党的主席。

地将印度出现第一位外国出生的女总理的新闻发往全世界。然而，索尼娅宣布的消息出乎他们所有人的意料，她向记者们宣布她已经把总理位置让给了曼·莫汉·辛格，一个锡克人，经济学家，她说她是听取来自内心的声音后，做出此决定的，她说：

> 自我从政以来的过去六年里，有一件事我始终清楚，即我时常所说的，总理位置不是我追求的目标。我坚定不移地认为即使我处于今天所处的位置上，也要追寻我内心的声音。今天，这股声音告诉我必须拒绝这一位置。你们一致地选我当你们的领导人，如果你们确实这样做的话，就已经将信任给予了我，正是此种信任让我承受了巨大的压力来重新考虑我的决定。但我还是要遵循我一直奉行的原则，权力本身从未吸引过我，这一位置不是我的目标。我的目标始终是以世俗主义为基础的国家，以及生活在这个国家的穷人，这是英迪拉和拉吉夫一贯的想法。我请求你们理解我的判断力，接受我的决定，并认识到我不会出尔反尔的。

"母神"索尼娅

印度公众总是迷惑于这么一个问题，为什么桑贾伊的遗孀玛尼卡，一个土生土长的印度女人不敌索尼娅，一个外国女人。在此土洋之争中，索尼娅成了无可争议的胜利者。玛尼卡真正进入印度政治是在她被婆婆英迪拉赶出家门那一刻起。她建立了一个政治平台——桑贾伊论坛来实现丈夫未竟的事业与理想。1984年，她作为候选人参加阿梅提选区的竞选，因为这是自己丈夫生前的选区，在该选区能有较大的胜算，从该选区当选国会议员也具有继承丈夫事业的象征性意义。竞争对手是自己的大伯拉吉夫，选举的结果是拉吉夫获得压倒性的胜利，玛尼卡输得很惨，该选区的选民们把票投向了桑贾伊的哥哥而不是桑贾伊的遗孀，毕竟选民看重的是尼赫鲁家族，在他们看来，是拉吉夫而不是玛尼卡才是尼赫鲁家族事业的继承人。后来，1988年，玛尼卡加入了人民党，在1988—1989年间当上了该党的一名总书记。1989年她第一次在北方邦的皮里比特选区获得选战胜利，成为人民院议员，在1989—1991年的Ｖ·Ｐ·辛格政府内任环境部部长。1996—1998年作为独立候选人从皮里比特再次当选人民院议员。此后，她也曾进入印人党领导的政府，担任社会公正和赋权部的国务部长，以及文化部部长。她还创建了动物权益保护部，并担任部长。

从政之余，玛尼卡还热衷于写作。她在从政前当过杂志主编、专栏作家，出版过几本书，书的内容涵盖词源学、法律与动物保护领域。她尤其对印度神话、动物以及环境保护有关的问题感兴趣。她与儿子瓦伦一道住在德里。她在2004年依靠印人党从皮里比特竞选当上议员，2009年大选时她将该席位让给儿子瓦伦，自己获得北方邦的Aonla选区的席位。1992年她成立了人民保护动物组织——这是印度最大的保护动物权益的组织。

相比于玛尼卡的长袖善舞，热心社会事务，索尼娅十分出色地履行了自己作为印度家庭主妇的职责。她表现出对印度家庭价值和传统的尊重。她不用佣人照看孩子，当玛尼卡由于丈夫去世深陷悲痛之际，她主动承担起照顾幼小的瓦伦的任务。索尼娅是一个无可挑剔的家庭主妇、守规矩的媳妇以及可亲可爱的母亲。这对一个西方人来说绝不是件易事，让许多印度人大为惊讶与佩服。他们说，尽管来自不同的文化背景，在她身上却充分地具备传统印度妇女的美德。

在婚后的最初那些年头，索尼娅常因自己蹩脚的印地语和欧式着装风格而被非议。但后来她就掌握了印地语，她一年到头纱丽不离身，在每次的演讲中，她总是喜欢用这样的话语开头：我是英迪拉的媳妇，我来这里寻求你们的祝福。接着说：我丈夫与婆婆为国家而生，为国家而死，这是政治生活的一部分，我相信他们死得其所。

在丈夫死后，她确实一度徘徊于政坛之外，但自她担任国大党主席10年之后，她已崛起为印度乃至世界政坛上又一个尼赫鲁家族的代表，她已经很好地扮演了尼赫鲁家族成员的角色。同时，她还成功地将儿子拉胡尔培养起来，进入印度政治高层，尼赫鲁王朝又有了一个高举火炬继承香火的接班人。

2008年3月14日是索尼娅从政10周年的日子，国大党领导人包括总理辛格集体向索尼娅致敬，赞扬她在过去10年里领导国大党作出的成绩。国大党领导人一点也不羞怯地表达他们对索尼娅领导的"深深敬意"。印度一位资深记者维格斯（B.G.Verghese）在一家杂志上撰文说，索尼娅放弃总理官职提升了她的政治道德，使她成为最高尚的印度人。还有些人认为，由于索尼娅的奉献精神，她已经成为印度的母神。这已是印度的传统，人们往往将自己尊敬的人抬升到神的地位，如同对待当年的圣雄甘地。

2008年末，左派政党撤销对国大党支持，这是对国大党力图在2009年大选获胜连任的一大打击，但2009年大选的实际结果进一步提升了索尼娅的地位,她成为印度的女神,获得了如同她的婆婆在上个世纪60和70年代所享有的威望和权力。在其他一些小党的支持下,国大党领导的团结进步联盟第二次组织政府,仍以辛格为总理。同第一届政府有所不同的是,索尼娅的权力更大,地位更高也更稳固,她成了太上皇,党内无人能挑战她。她努力争取《妇女保留权力法案》的通过(仍有待人民院通过)。值得一提的是,在第一届政府期间,由于索尼娅的努力,通过了两项重要法案,一项是《全国农村就业保障工程》,政府应保证为农村每个家庭提供至少100天的就业机会;第二项是《信息权利法》,每个印度公民有权获取政府行政的相关信息。这两项法案,尤其是第一项的通过与实行成为国大党政府的德政,为2009年大选胜利奠定了基础。

但是,抬升索尼娅的结果客观上在印度历史上第一次将总理一职降低到次要的角色地位,使得这一职位更多地具有仪式性色彩。索尼娅可以不当总理,但她比总理强势得多。她是人民选举产生的政府的实际最高首脑。现在已经有人在抱怨,党内土生土长的印度人做着被吩咐的事并承担责备,国大党内没有人敢对索尼娅说一个非议尼赫鲁家族成员的字,不管是活着的,还是已死去的。

索尼娅就任国大党主席的时间已经超过了尼赫鲁与英迪拉,她现在是强有力的国大党主席,被称为印度政治中的母神,这是上个世纪70年代和80年代她的已故婆婆享有的地位。国大党新近的口号清楚地反映此事实:国大党即索尼娅,索尼娅即国大党。她的儿子拉胡尔注定或迟或早将掌控印度的政治。

新的一代在成长 第十一章

在沉寂了近十年,进入21世纪后,随着国大党在2004年和2009年大选中连续获胜,尼赫鲁家族几张年轻的面孔再次出现在了印度政坛上,并且颇得人气。这一切似乎表明,尼赫鲁王朝的神话在新世纪里将再次被延续,也许,从精英政治过渡到大众民主政治,印度还有很长的一段路要走。

自拉吉夫去世后,尼赫鲁家族在印度政坛上曾沉寂近十年时间,人们开始谈论"尼赫鲁王朝"的衰败,认为这标志精英政治将为大众民主政治所取代,是历史的进步。然而进入21世纪后,随着国大党在2004年和2009年大选中连续获胜,一个新的政治领袖人物,一张年轻的面孔出现在大众视野中,他的一举一动都是人们关注的对象。人们现在热议的话题是,他什么时候结婚?对象是谁?外国人还是印度人?当然,还有,他什么时候当总理?他就是拉胡尔·甘地。

印度政坛上的一对金童玉女——拉胡尔与普里扬卡

拉胡尔和普里扬卡兄妹相差1岁半,符合当代印度人一对夫妻生一双儿女的理想,因而这是一个完整幸福的家庭。当拉胡尔1970年6月19日出生时,他的祖母、当时的印度总理英迪拉正在外地公干。秘书巴佳特小姐给在巴特那的英迪拉打电话告诉她这个喜讯。巴佳特后来回忆说,第三代孩子的出生给英迪拉的生活带来了欢乐。她喜欢与孩子们相处,她为孩子们操心,不时考虑孩子们需要些什么,是否安泰。她时常会从办公室打电话到家里,询问孩子的状况,有时上班时间也将拉胡尔带到办公室,自己处理公务,让小拉胡尔在办公室内玩耍。孩子们在逐渐长大,虽然同为一个父母所生,但很快显露出不同的个性。据巴佳特回忆,外人能看出兄妹俩明显的不同,拉胡尔天真、粗心,而普里扬卡则知道别人的想法,从一开始就显得非常镇定,不惹事,而拉胡尔时常做出让人担心的事来,祖

第十一章 新的一代在成长

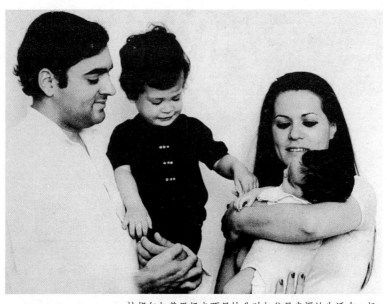

拉胡尔与普里扬卡两兄妹儿时与父母幸福地生活在一起。

母时常护着他。

在第二届团结进步联盟政府中,索尼娅开始推动的主要战略之一是让她的儿子而不是女儿走到国大党的前台,让他当下一届的国大党主席,也即未来的总理。当拉胡尔与妹妹普里扬卡1999年访问父亲从前的选区阿梅提时,当时它已成为母亲索尼娅的选区,关于拉胡尔进入政治的猜测逐渐增强,最终在2004年3月大选中得到确认。拉胡尔终于宣布,他要争取在他父亲从前的北方邦阿梅提选区中当选人民院议员。当时国大党在北方邦不得势,在该邦所占80余国会议席中仅得10席。

此前,普里扬卡时常陪伴母亲索尼娅外出参加政治活动,特别自1998年选举以来,也发表演讲,吸引了大批民众,而拉胡尔却在很长一段时间里远离其母亲的政治,据说他当时在伦敦为一家外国

印度政坛上的一对金童玉女——拉胡尔和普里扬卡。走在最右边的是普里扬卡的丈夫罗伯特。

公司工作。拉胡尔确实参加了1998年的选举运动，但他未发表政治演讲。Shuckla，一名与尼赫鲁家族关系密切的资深印度政治专栏作家说：普里扬卡总是在聚光灯下，母亲走到哪跟到哪，因此更多地出现在人们视野中，人们倾向于提到她，而不是拉胡尔，他直到2004年一直在国外。

在2004年拉胡尔参与政治赢得阿梅提选区议席之前，曾对家族政治事业的前景感到迷茫。父亲去世前，他已在哈佛大学学习了3年，父亲遇刺，出于安全的考虑，他转往佛罗里达的罗林斯学院，后又到剑桥大学攻读研究生学位，最终获得发展研究硕士学位，在回印度之前在伦敦干一项管理与投资咨询工作。在其母接管国大党领导权之后，回到印度。

拉胡尔的参政在印度引发一些人的不解，在他们看来，普里扬卡更有魅力，参加竞选的话更有可能获胜。普里扬卡让人想起她的祖母英迪拉，小小年纪已显露其政治智慧，同时她天生丽质，平易近人，善解人意，似乎比她祖母更有人缘。她最终宣布不会参与竞选，不清楚究竟是来自索尼娅的压力，还是某些其他原因，她放弃竞选，全力支持拉胡尔当选。拉胡尔还是被阿梅提选民们愉快地接受了，以超越对手10万票数的成绩成功地当选，确保了家族在阿梅提的堡垒不失。

瓦伦"仇恨演讲"风波

2009年是印度的大选年，在这次大选中，吸引大家眼球的是尼赫鲁家族的两位后代的表演。一位是拉胡尔，另一位是他的堂弟——瓦伦，桑贾伊与玛尼卡的儿子。

父亲飞机失事时，瓦伦才2个月18天，当时他的母亲被赶出家门，由此开始痛苦的人生经历，直到今天。一些国大党同情者认为，英迪拉生前十分喜爱瓦伦，当瓦伦被母亲带离英迪拉家时，英迪拉痛苦不堪，然而祖母再爱孙子也争不过媳妇，毕竟母亲具有抚养亲子的优先权，英迪拉虽贵为印度第一女人，在法律面前也无能为力。

同尼赫鲁家族其他成员相似，围绕瓦伦的学历资格也存在争议。瓦伦在德里的现代学校开始其教育，上完四年级后转到安德拉邦的Rishi Vally学校，然后进入德里的英语学校，为通过英国的中学水平考试而做准备。据称，在学籍记录上，瓦伦受过良好教育，1999—2002年在伦敦经济学院攻读经济学学士学位，后于2002—2004年

幼年时的瓦伦被疼爱他的外祖母英迪拉·甘地抱在怀中。

在伦敦大学东方和非洲学院攻读公共政策硕士学位。这一点现在正被人全面考察，并充满争议。2009年3月30日，《印度快报》发表一则消息称，这两所学院管理者发布声明，驳斥瓦伦拥有这两所学院颁发的学位的说法，SOAS学历关系办公室的声明称：瓦伦中途退出硕士课程，因此实际上没有从SOAS学院毕业。

由于母亲积极参与政治，瓦伦自幼便受到熏陶，也对政治发生兴趣。瓦伦善于演讲，而且是高产的作家，已经写了一些关于国家安全问题和外交政策的文章与著作，这一点似乎强于拉胡尔。除此之外，瓦伦还涉足文学艺术领域，20岁时就出版一本诗集，书名"自我的他性"，这本诗集获得印度文学艺术界的热捧，该书的读者打破了党派界限，颇为畅销，为他赢得了青年诗人的桂冠，有了一大批青年粉丝。当问及是什么让他步入诗歌殿堂时,他解释说:因为诗歌是如此简洁,最能体现语言的力量。瓦伦也曾被邀请在英美的国际讲坛上发言,并获得好评。

1999年8月,瓦伦开始了其政治生涯的第一次对公众演讲,他以如下话语开篇:"我在这里不是作为政治家在做演讲,我仅仅是来与你们拉家常的,想听听你们的声音。"从此,他被外界视为平易近人,关心民间疾苦。玛尼卡为儿子的政治早熟欣喜异常,自此,就不断让瓦伦陪伴自己出席各种公众集会活动,在最近的2009年大选中,母子四处演讲,双双被选为人民院议员。

2004年2月,在印人党总书记马哈詹(Pramod Mahajan)的说服下,玛尼卡与儿子瓦伦一道加入印人党。用马哈詹的话说,随着瓦伦加入印人党,将有一半的国大党人会与我们站在一起。无疑,对玛尼卡母子说来,选择加入印人党不是一时心血来潮。印人党具有很强的印度教教派主义的色彩,同印度教教派主义组织国民志愿团、人民同盟具有千丝万缕的联系,印度教教派主义与印度国大党的关系十分复杂,二者之间的矛盾很大。尼赫鲁本人是旗帜鲜明地反对教派主义的,圣雄甘地死于印度教教派主义者之手,独立以来国大党政府先后3次取缔教派主义组织。上个世纪印度教教派主义的势力受国内外各种因素的影响急剧膨胀,印人党成了国大党最大的政治对手。因此,玛尼卡母子加入印人党不能不说是个重大新闻,人们自然会问,瓦伦要放弃尼赫鲁家族的政治遗产吗?面对印度社会各界的质疑,瓦伦有勇气说出,他是依据判断而不是权宜之计来规划自己的蓝图的。他始终相信,在一个像印度这样的国家,只是作为尼赫鲁家族的一名成员是不足以充分发挥自己的政治作用的,

桑贾伊与玛尼卡的儿子瓦伦是印度政坛杀出来的一匹黑马。

这个国家需要强有力的领导来实现其潜能。国大党已退化为一个奴才和自私自利的人的集合体,不再是其先人所创立的政党;而印人党则是一个强大的全国性政党,致力于建设一个自豪和繁荣的印度。瓦伦回顾他的家族与国大党的历史联系,说尼赫鲁家族具有"自我牺牲、民族自豪和精神独立"的传统,他仍然忠于这些理想,他决心加入印人党,因而可以继续推行积极的经济和政治改革的道路,将印度建设成为世界上最大的民主国家。他将此道路与其他道路进行比较,称这条道路将转回到民众主义政策和快速拍板决策,这不能不让人想起其父桑贾伊的政治主张。

在今天,印人党已经逐渐代表民族主义甚至世俗主义的价值观。他还为其父生前的一些做法辩护,说桑贾伊开办马鲁蒂工厂有助于振兴印度的民族工业,推动印度的工业化进程。桑贾伊实施的战略帮助国大党在1980年大选中获胜,重新上台。他认为,人们所描绘的他父亲在紧急状态期间的脸孔多少有点不真实和不公正。他认为施加紧急状态是由于当时的环境所迫，这些环境因素与他的父亲没有多少关系。而且，他的父亲与祖母已经为紧急状态道歉，并以1980年大选的胜利证明已经获得印度人民的谅解，获胜这一事实本身就能说明很多问题。他还说：在印度，无论我走到哪里，都会听到人们对我说，如果桑贾伊活着的话，印度将不会是像今天这个样子，人们仍将他视为一个未曾实现梦想的英雄，而我愿努力成为实现其梦想的团队成员之一。针对许多媒体报道他进入政治，只是想与自己的堂哥拉胡尔争夺未来印度的统治权力，他辩解说：我与堂兄之间年龄相差整整10岁，他34岁，我才24岁，这是一代人的年龄差距。差异如此明显，我的理由也是十分不同的，首先，我现在尚不打算竞选；其次，位置不是靠继承得到的，它必须靠努力去获得。对我来说，这是完善自我，将我的信息传输给人民的时候了，参加选举运动是一种非常对个人成长很有价值的经历。

瓦伦被印人党利用来作为2004年大选的明星，但他拒绝攻击由拉胡尔、普里扬卡和索尼娅组成的家庭，"就我个人而言，我对我的伯母怀有极大的尊敬，她投入竞选运动所进行的艰苦工作确实令人钦佩。但与瓦杰帕伊的经验相比，谁将担任总理，我感觉她无法与瓦杰帕伊相比。"

2004年10月，当为印人党在马哈拉施特拉邦议会选举造势时，他质问国大党在过去50年里为少数民族做了什么？在2009年大选期间，瓦伦被称赞为主要反对党——印人党——的潜在领导人，可能是未来的总理。他具有很强的组织能力，是一个很好的演讲者，一个单亲家庭长大的孩子，一切靠自己的奋斗，与人民保持密切联系，知道民众的疾苦。这些都与拉胡尔形成对比，他身上确实具有拉胡尔不具备的长处。印度的政治分析家迪希特（Dixit）说："有其父必有其子"，他具有雄心壮志而且决心为之奋斗，他已培养起一种坚毅果敢的精神。国大党现在开始担心在一潭死水的反对党中崛起了一位强有力的年轻领导人。

引起轩然大波的是2009年3月6日，瓦伦在北方邦达尔昌德（Dalchand）地区为印人党选举造势大会上说了这么一段话：如果有任何反社会的人举起一只手反对印度教，或者想说印度教徒虚弱不堪，没有什么人会支持他们，那么我面对《薄伽梵歌》发誓，我将砍掉他的那只手。瓦伦与印人党后来否认说过这样的话，指责这是别有用心的人实施的一个阴谋。虽然有人提供CD录影带，但始终未能提供录影带的所有者的证据。没有任何报纸、电视台或电台声称该录影带出自他们的手，或提供由他们自己录制的副本；没人站出来作为见证人宣称当时在集会现场亲眼所见亲耳所闻所控告事件的发生。尽管缺乏证据，依据国家安全法他被逮捕入狱，选举委员会送达了让其陈述理由的通知，要他于2009年3月20日11点以前答复。

瓦伦陷入违反国家安全法案的法律纠纷后，网上出现大量博客文章表明对瓦伦的支持。它们一齐批评媒体片面朝向执政党政府，依据缺乏真实性的录影带来批判瓦伦。支持者们说，媒体对瓦伦的攻击是邪恶的捉女巫似的阴谋的一部分，因为瓦伦的崛起被政坛中的许多人，尤其是国大党视为一种威胁。有些人研究了录像带后，说录像中人嘴的运动与声音不相一致，录像带的制作非常粗糙，如同一个非专业人士所为，画面摇摆不定，句子断断续续，语音语调前后不一等等。但主流媒体宁可信其有不信其无。

参加3月6日集会聆听瓦伦演讲的不仅有印度教徒，而且有大批锡克教徒和穆斯林，他们说他从没有说出一句反对任何教派的话。于是有人说：如果瓦伦确曾说过任何支持教派主义的话，为什么那些被反对的教派的领导人没有站出来反对他？这完全是个阴谋。"国大党不想让任何尼赫鲁家族的人位于拉胡尔之上。"一篇博客文章这样写道。

2009年3月22日，印度选举委员会要求印人党别提名瓦伦为2009年大选候选人。选举委员会告知印人党，既然贵党不认同所指控的内容，如果还继续提名被告为候选人，那么，无论瓦伦在"仇恨演说"中说了些什么，将被视为该党的政策。但是，印人党拒绝了这一要求，说各政党应提名谁不应提名谁不是选举委员会该管的事。印人党还质疑选举委员会负责官员的公正性，认为该官员明显偏向国大党。5月14日，最高法院取消由邦政府围绕瓦伦的逮捕和假释所施加的限制。5月16日，瓦伦以巨大的优势，击败竞选对手，在皮里比特赢得人民院议席。

2009年5月，瓦伦大约获得42万9000张选票，以30万票的巨大优势战胜对手当选第15届人民院议员。瓦伦现在是印人党的全国执委，也是印人党历史上被任命的最年轻的全国书记。他成为印度政坛上的一只黑马。

出生于1980年的瓦伦今年也已30岁，到了谈婚论嫁的年龄。看来他不想像堂哥拉胡尔那样拖着自己的婚姻。2009年1月瓦伦与一名印度教女孩订婚，女孩名雅米妮（Yamini），毕业于德里圣斯特芬学院，曾到法国学过时装设计课程，并不是名门出身。他们相识已经5年，最初是在一次媒体见面会上认识。玛尼卡已经明确地说，在瓦伦的婚礼上，所有尼赫鲁家族的成员都将受到邀请，当然包括索尼娅和拉胡尔在内。更早些时，1997年普里扬卡结婚时，尽管当时两家关系十分紧张，玛尼卡没有参加，17岁的瓦伦仍代表全家参加了婚礼。现在大家都在期待，索尼娅一家是否会参加瓦伦的婚礼。无论是拉胡尔还是瓦伦都是印度媒体关注的焦点。2009年当国大党获得选举胜利，在国会大厦举行新政府宣誓仪式时，索尼娅、拉胡尔、玛尼卡、瓦伦他们作为国会议员参加了仪式，瓦伦走到伯母索尼娅跟前，弯腰触摸索尼娅的脚趾，行吻足礼，接受索尼娅的祝福；同样，拉胡尔也走到婶婶玛尼卡的跟前，弯腰触摸玛尼卡的脚趾，行吻足礼，接受玛内卡的祝福。但玛尼卡与索尼娅两人一声不响地相互对面走过，没有任何的问候。

拉胡尔的婚事

2010年6月19日，拉胡尔已经40岁，各阶层的印度人都希望他能交上好运。但他却在国外庆祝自己的生日，可能在伦敦与自己的女友待在一起。但这并没有让众多的粉丝们失望，他们以及青年国大党的忠实追随者们，在遍布全国的高高的拉胡尔宣传画前献上祝贺生日的大饼，同时他们也在不约而同地问同一个问题：什么时候他们的伟大领袖拉胡尔会结婚？如果决定结婚，又会同谁结婚？新娘是印度人，还是外国人？最重要的是，如果他娶一个外国新娘，会有争议吗？

年轻的拉胡尔时常回避关于他的婚姻问题："我没有时间结

婚。""到时我会告诉你们的。"每当人们问及他的婚姻时,他总是提供这样现成的和没有想象力的回答。在2004年,拉胡尔曾证实他已经有了一个西班牙女友。但现在他们是否仍是一对,没人能说得清。拉胡尔已经40岁,他满面红光,脸上挂满微笑,一对深深的酒窝,同他父亲一样是个标准的印度帅哥,抓住每一个家里有女孩未嫁的印度母亲们的心。近来,印度媒体托拉斯又兴起新的一轮对拉胡尔婚姻问题的鼓噪。据报道,当他来到旁遮普一所女子学院演讲时,女孩们如醉如痴,发出一阵阵的格格傻笑,一女孩立即问及他的婚姻打算。他说:眼下第一位的是政治,但我会很快结婚的。拉胡尔对他与西班牙女友的关系并不想保密,他说他们是在剑桥大学学习时认识并坠入爱河的。但具体情况没有谈及。直到最近,有关他女友的国籍和名字公众都无从知晓。似乎她的名叫维罗妮卡(Veronique),她并不是最初报道的哥伦比亚人或委内瑞拉人,而是西班牙人。有些专门喜欢散布流言的报纸专栏文章说,他们已经分手,他看上一名印度婆罗门女孩,正准备安排一场婚礼。但任何外人,甚至包括国大党高层都无法确切知道究竟。拉胡尔及其母亲和妹妹都严守秘密,不愿让外界分享有关他们事的信息。在拉胡尔婚事上已经出现不同的意见。一部分人非常担心并且反对拉胡尔娶外国女孩,他的母亲已经是个外国人了,如果拉胡尔再娶一个外国老婆,就太过分了,超出了印度选民容忍的限度了,对国大党对印度都不利。因此,拉胡尔久久未婚,可能主要来自国大党内部的压力。据党内某些消息来源,拉胡尔的女友是索尼娅妹妹介绍的。在庆祝新千年之际,她曾作为拉胡尔的客人来到安达曼岛,与拉胡尔共度良宵。因此印度有人质疑他与女友住在同一旅馆房间里是非法的,按印度的民法,如果没有结婚,两个没有血缘关系的男女是不能同住一个房间的。就索尼娅而言,她的意见是应该让孩子自己决定自己的事。索尼娅和普里扬卡对拉胡尔选择的维罗妮卡还是很满意的,拉胡尔自己说:"我妈妈和妹妹一直在对我唠叨,你要是不想求婚,我们来替你求。"笔者个人认为拉胡尔不会有任何其他压力,迟迟未结婚的原因是两人的关系尚未发展到谈婚论嫁的程度,尚未下决心结婚,尽管拉胡尔已经 40 岁,已不再年轻,仍想独往独来。

　　拉胡尔的婚事被媒体炒得沸沸扬扬,从某种程度上反映了印度的老百姓对成功和权势人物的崇拜和猎奇心理。他们对政治人物的个人生活和历史着迷。可能没有哪个家庭会比尼赫鲁家族引来更多关注的目光。在《神奇的拉胡尔》一书作者赛义克(Sheikh)看来:"即使拉胡尔偏好于严守自己的生活秘密,谣言还是容易流行。当问题涉及拉胡尔的婚姻时,政治王朝越是在公众面前掩盖其私人生活,公众就会越对此好奇,从律师和国大党领导人莫提拉尔开始一直到招贴画上的男孩——拉胡尔,尼赫鲁家族五代人的婚恋历史从未间断过被人研究,人们津津乐道于每一细节,例如莫提拉尔结过几次婚,贾瓦哈拉尔、拉克西米、克里希娜是谁所生等等。"

谁将成为下一任总理

　　印度人现在更关心的问题是,谁更有资格成为未来的印度总理,是拉胡尔,还是瓦伦。依据上面对两人的素质的描述与评价,绝大多数的印度人认识到对尼赫鲁家族的两个年轻领导人不能期待太多。每个人都希望拉胡尔应胸怀大志与政治理想，目前他尚未具备这种理想。悲哀的事实是，无论有无理想，他也许最终都将成为印度的总理。尼赫鲁家族中具有自己政治理想的最后一位政治人物是贾瓦哈拉尔，其他人都是被动地卷入这项家族事业的。人们倾向于将英迪拉看作政治动物依据的是她1971年的所作所为，是的，她是权力最大化的掌控者，但不是女政治家。在不惜一切代价获取权力的今天，国大党似乎不再浸透尼赫鲁式的道德理想。拉胡尔已宣称要进行"静悄悄的革命"，但拉胡尔，印度政治场中的一名新手，具有承担此使命的条件吗？

尼赫鲁家族是复杂的，尽管他们身居高位，但教育背景并无特别可夸耀之处，智识上似乎也无特别过人之处：尼赫鲁家族成员在学业成绩上普遍乏善可陈。贾瓦哈拉尔、英迪拉、拉吉夫、拉胡尔都有留学经历，但都没有获得什么正规学位。贾瓦哈拉尔只拿到毕业文凭，英迪拉、拉吉夫、桑贾伊、索尼娅、拉胡尔、普里扬卡，大多没有正式的学位，甚至连学历都不完整，这在普遍重视学历学位的印度上流社会中，不能不说是一种缺陷。据说普里扬卡曾在新德里的基督玛丽学院攻读心理学的学士学位，但不清楚她是否完成学业。此外，政治因素也在妨碍尼赫鲁家族子弟的学业，在前面我们谈到由于尼赫鲁一家参与政治，尼赫鲁中年很长一段时间在狱中度过，使得英迪拉不断地转学，极大地影响了英迪拉的学业。拉胡尔，1980年桑贾伊飞机失事时他年仅9岁，1991年父亲遇刺，家庭的变故不能不影响他的学业，父亲遇刺后，为了安全的缘故，又不得不转学转专业。当然，尼赫鲁家族历来重视孩子教育,从莫提拉尔到贾瓦哈拉尔,无一例外。但值得一提的是,尼赫鲁一家的传统中,并不主张死读书,并不欣赏读书做学问的生活方式。莫提拉尔在校读书时就不是一个好学生,他向往的是能挣会花的生活方式。贾瓦哈拉尔喜爱科学,但成绩不够优秀做不了文官,费罗兹爱摆弄机械,喜欢运动。这些都极大地影响了他们的子女。所以桑贾伊走了一条罗斯-罗伊斯汽车修理工——马鲁提汽车制造厂总经理——直升机驾驶员的路,拉吉夫在伦敦学的也是机械,后来当了飞机驾驶员。拉胡尔学的虽然不是工科,但他对射击、驾驶摩托、跳伞运动十分喜爱,在德里市郊的射击场上时常能看到拉胡尔的身影。对尼赫鲁家族的这种传统,攻击者可以说这是贵族公子哥们的特性,崇拜者则说尼赫鲁家里的人就是与众不同,政治家族不需要书呆子。

拉胡尔从政始于2003年,当时陪伴母亲参加一些群众集会。但拉胡尔的能力未能得到党内元老们的认可,他只是有选择地参加一些会议并与媒体见面,尚未做好承担更高级职务的准备。拉胡尔在演讲中从不敢轻易涉足有关印度的国家利益与外交政策的问题。只有当国际问题牵涉到印度时,拉胡尔与他的母亲索尼娅才不能不说几句。拉胡尔也经常陪伴母亲出访,就如同过去英迪拉陪同尼赫鲁出访一样。不像他那一代的其他年轻人,拉胡尔对此政治信条抱有深深的兴趣:为了改变一种体制,必须参与到该体制中。

他在全国各地奔跑,为国大党选举造势,吸引了众多年轻人。面对媒体提问,只是给予两个相同的回答:"年轻人必须参与政治",以及"制度必须改变"。可能他不知道,该制度实际上是他的父亲、祖母、曾祖父一手参与建立的。他被国大党以及印度英语媒体赋予

"青春偶像"的称号。自2004年以来，他害怕接受媒体的提问，担心暴露他的政治常识的缺乏。但这一点是掩盖不住的。当他夸耀巴基斯坦与孟加拉国的产生是其家族的成就时，就令党内外相当一部分人不快。

拉胡尔将会成为哪一种风格的政治领袖总理，目前尚不清楚。因为拉胡尔说得很少，不是那种很活跃的人。当他谈及对国内国际问题的看法时，人们感觉不得要领。只是在谈及自己心中的新梦想、新希望与消灭贫困这些问题时，人们的感觉与印象才稍好些。自从他在父亲的老选区——北方邦的阿梅提获得选举胜利当上国会议员后，他有意地在民众中留下谨慎的治理者形象，很少在公众场合发表评论。在印度各地的活动，鼓舞了国大党中的年轻人和青年学生，给他带来很高的人气与希望。他在伦敦那段时间，有意向英国的政党学习一些有关组织、选举的现代政治技巧，现在被用来重组青年国大党组织，通过选举寻找新的青年领导人。在个人生活中，他处处受到保护并与他人保持距离。他不喜欢宝莱坞电影，不太喜欢浪漫蒂克的感动，而是靠阅读经济学书籍来消遣，他自己曾这样说。有一些关于他的宣传小册子与幻灯片，有的把他描绘得像英国绅士，有的突出他一身轻松、充满活力的年轻人特性，二者形成对照。尽管他内敛保守的风格，他仍被礼拜为活着的神。在阿梅提和巴雷利及周边地区，他的到访每每成为宗教节日。

国大党党内大佬们期望拉胡尔的年轻加上身上尼赫鲁家族的光环会形成爆炸性的效果，能吸引众多的年轻人，为一盘散沙似的国大党注入新的能量。但2007年北方邦议会选举实际结果并没有为王朝带来胜利的回报。玛雅瓦蒂的为大多数人社会党席卷了北方邦的选举，在该组织成立的16年后第一次在北方邦成为拥有多数席位的执政党。尽管出师第一仗失利，党内元老们仍然深信拉胡尔是唯一能将正崛起的年轻人变为国大党选民的人，在印度政治领导人的平均年龄正日益老化的时代，这一点尤其重要。

拉胡尔取得的突破性胜利来自2009年大选，在这次选战中，拉胡尔的表现十分抢眼，他对外界说，他看人不问种姓身份，只看他是否是穷人，他站在穷人一边。他不仅这样说，而且力图这样做，又是与贱民共餐，又是在贱民家过夜，这是以往国大党领导人们从来没有做过的。

拉胡尔马不停蹄地在全国各地跑，被同龄人们当作能够与吃喝政治生活决裂的现代思想家。他说他从英国工人阶级的伦理那里学到了低调卑微的课程：政治家应如何放低身段。英国外交秘书米利班德（David Miliband）访问印度时，想离开德里到外地短暂放松一下，拉胡尔带着他到农村看望穷人，他们来到阿梅提选区，住在一家低级种姓人家的茅屋内，在绳床上过了一夜。两个年轻人，英国与印度的政治新星，就这样一道体验了印度农村农民的生活。"我本可以在我父亲去世后很快地参与政治，但那时我才19岁，身上一无所长，干不了什么大事。我自己暗下决心，我总有一天要参加的。在美国学习之后，我甘冒危险，甩开我的保卫人员，在英国过常人正常的生活。我已工作了5年，我对过去所做的一切感到高兴。"

据新近报道，作为公众人物，拉胡尔参加2009年选举时公开了自己的财产状况，他有2250万卢比的动产与不动产，包括两处农场房子，一处在新德里近郊，一处在哈里亚纳邦，前一处按2008年的

第十一章 新的一代在成长

拉胡尔——印度政坛的一颗新星,颇得选民爱戴。

时价值98万卢比，拉吉夫占50%份额，后一处价值282万卢比。还有两处位于德里的店面，总价1630万卢比，手中现金为7万卢比。银行存款中，SBI银行中有7744卢比，城市银行有74万卢比，HDFC银行有34万，金融债券投资102万卢比。因为一美元值40-50卢比，所以拉胡尔这份资产表并不让人印象深刻，当然他也不是一名穷人。但是，没有多少人相信拉胡尔的财产就是这些，有消息说，某一外国银行拉胡尔账户名下有多达23亿美元的存款。

他说，他现在优先要做的是改善教育和印度穷人的生活水平，挑战印度的种姓制度。他认为种姓制度妨碍印度充分发挥其潜能。

在他任议员的第一个五年中（2004—2009），严格说来，他并没有在议会提出一个问题，直到最近的一次选举，他只在预算问题上说过两次话。拉胡尔的唯一资本是他来自印度的第一家庭。尼赫鲁家族已经给予印度3位总理，他已经40岁，对像国家安全和外交政策这样复杂的问题没有经验，也没有自己的看法见解。但在新近选举之后，拉胡尔似乎已经作为一名精明政治家、一名扎根基层的积极分子、一个手指头把着印度政治脉搏的政治家的形象出现。

他的能量解释了国大党在去年大选中令人惊讶的出色表演。不仅如此，拉胡尔通过自己掌控的年轻人力量，从基层起重建国大党。他努力将有为年轻人推上领导岗位。

58岁的印人党领导人莫迪经常在与国大党的口水仗中以智取胜。有一次，他把国大党称为"budhiya"（北印度语中"老女人"的意思）党，然后他的助手给古吉拉特邦的近一百万选民群发短信，把这个说法迅速传播出去。第二天，拉胡尔的妹妹、37岁的普里扬卡·甘地公开询问公众，她和拉胡尔看上去是不是很老？公众报以笑声。

莫迪说他改变主意了，国大党其实是个"gudiya"（北印度语中"小孩子"的意思）党，紧接着，又一百万条手机短信群发出去了。这证明是印人党的更大的失误，他们忽视了年轻人在当今印度政治中的巨大潜力。莫迪的说法实际上是替国大党做了一次免费广告。

拉胡尔的努力已经在旁遮普、古吉拉特、泰米尔纳杜以及比哈尔产生结果。国大党的元气已经恢复。但最大的回报将来自人口多达1.8亿的北方邦地区，2012年将进行邦议会选举，从现在起，拉胡尔的直升机将不断出现在北方邦的城市与乡村，吸引成千上万的印度民众前去瞻仰"印度王子"的风采。拉胡尔现在是国大党工作委员会的总书记之一，具体负责青年国大党和印度全国学联的领导工作。年纪轻是他的优势，他可以在今后5年里继续学习。此外，如同他的父亲拉吉夫，他诉求于印度千百万青年人的支持。在此意义上，他并不孤单。他是新一代年轻议员中的一员，如同萨钦·皮洛特和阿加莎·桑格玛，他们对政治有一个全新的看法。前者2009年时是32岁，后者仅28岁。2002年皮洛特进入国大党，步入政坛，2004年高票当选道萨选区议员，2009年再次获阿杰梅选区议员，并担任他父亲上世纪90年代初也曾担任过的通讯和信息技术国务部长。在竞选网站上，皮洛特被描述为国大党"亲农民的青年领袖"，网上详细列出了他推动印度农村生活改善的任务目标。他说：真正的印度在农村，我们必须与农民一起发展经济。除了皮洛特和桑格玛，新政府内阁79人中共有6人年龄在40岁以下，平均年龄为57岁。

所以今日印度许多人问的问题是：拉胡尔会被已经入阁的那些年轻人盖过去吗？某些评论者认为有这种可能。

2012年北方邦将进行邦议会选举，拉胡尔的目标是推翻现在玛雅瓦蒂领导的BSP政府。拉胡尔能否实现目标，报2007年在北方邦选举失败一箭之仇，从玛雅瓦蒂手中夺回北方邦的领导权，将是对他的严峻挑战与考验。大家都在拭目以待。

结语：
尼赫鲁家族为什么能在印度政坛上长盛不衰

2010年8月底9月初，世界图书博览会在北京开展。这次博览会的主宾国是印度。印度出版托拉斯带来的有关尼赫鲁的出版物占了几乎整整一个展览大厅。来自尼赫鲁大学的尼赫鲁研究专家穆克吉教授夫妇做了专题演讲。演讲后，有听众就印度民主与印度政治中的"尼赫鲁王朝"现象提问：为什么自诩为世界最大的民主国家的印度却出现所谓的"王朝政治"现象？

穆克吉教授这样认为，"家族政治"，或者说"政治家族"不仅印度有，南亚的其他国家如孟加拉、斯里兰卡、巴基斯坦等都有，甚至美国、日本也都有，就此意义讲，政治家族的存在与民主制度没有必然的联系。但是，我们还是可以从印度民主政治生活的特点中找到尼赫鲁家族在印度政坛长盛不衰的一些原因：第一，民主政治的一大内容与形式是选举，尼赫鲁家族在印度具有最高的知名度，自然占有选举上的优势；第二，尼赫鲁家族几代人为印度独立和发展做出了巨大的贡献和牺牲，在印度人民中具有崇高的威信，而国大党在独立后日趋衰败,面临各种势力的严峻挑战,不得不更加依靠尼赫鲁家族成员。实际上,如果不是国大党党内强烈地希望尼赫鲁家族成员出来为国大党和印度政治掌舵,贾瓦哈拉尔之后,尼赫鲁的后人虽可能参与政治,但很难想象他们能登上政治的最高层,所谓的尼赫鲁王朝也就不可能存在。主持演讲会的是印度现当代史研究权威比潘·钱德拉教授,他补充说,其实,最重要的原因是,在印度,只有尼赫鲁家族能够跨越种姓、宗教、区域甚至阶级的利益,代表全印度,其他印度人则做不到这一点,在民主的机制下,谁最能代表和反映最大多数人的利益,谁就能被选为统治者。

国大党和尼赫鲁家族的政治命运向人们展示,在印度这样一种具有特殊历史意涵的民主制度下,一个信奉民主的政党和政治家族顽强的生命力。近百年来,亚非拉政坛上有多少曾显赫一时的政治家族,他们通过非民主的手段上台后,疯狂地掠夺国家财富、残酷迫害政敌、实行专制统治,最终被军事政变或社会革命打倒,人头落地。而在印度,由于民主制度的制约,像尼赫鲁家族这样的精英家族既没有成为非洲的蒙博托,伊拉克的萨达姆,也没成为菲律宾的马科斯家族或印尼的苏哈托家族。即使在最为风光的年头,尼赫鲁家族的成员也不能在印度为所欲为,而在衰落后,也仍然在印度保持自己强大的影响力。以孤儿寡母的索尼亚·甘地为主席的国大党竟然击败选前普遍被人看好的印度人民党,连续获得2004年的印度第14次大选和2009年第15次大选的胜利,这证明尼赫鲁家族在印度政治中保持强大的影响力。尼赫鲁家族的历史向世人展示:民主制度下的政治家族所可能具有的生命力和影响力;以及认同民主价值观念的政治精英家族的存在对推动一个曾经落后的殖民地国家的民主化进程具有的积极意义。

但在肯定尼赫鲁家族在推动印度政治民主化进程中所起的积极作用时，也不能不看到"王朝政治"现象背后的负面影响。最近十年里，国大党极大地突出索尼娅的个人影响力和作用，尼赫鲁家族成为国大党的支柱和力量源泉，这同时也是国大党的弱点所在。家族政治在一定程度上将许多有理想抱负有能力的青年挡在了国大党的门外，他们会想无论他们具有多么大的潜力，他们的整个未来都取决于同某个政治家族的关系。无论他们多么努力，他们都无法进入权力的高层。印度政治中的家族化倾向有愈演愈烈的趋势，据印度媒体报道，在最近一次全国大选中，有81名当选议员年龄在40岁以下，其中50名来自政治家族，也就是说他们中62%是依仗家族的势力当上国会议员的。

2008年，当拉胡尔被人问及他对印度政治中的家族现象有什么想法时，他说了如下一段话：国大党仍然由一个姓甘地的人领导不是民主的现象，但这是现实……我的位置给予我某种特权，这是印度生活中的一个事实，政治上的成功仍取决于你认识谁或与谁有联系，但我要改变这种制度。印度媒体认为这是拉胡尔发表的反家族政治宣言。拉胡尔，一个由于出生在尼赫鲁家族而成为王者的人如何能攻击他政治合法性的基础？一位既是资深国大党领导人同时又是尼赫鲁家族多年的熟人的人士说：是的，上面的表述虽然显得有些奇怪，除非你仅认为他是说说而已，但拉胡尔确实发现家族统治是非民主的，而在印度这是事实，毕竟家族统治的发生不只是因为一个家庭需要它，他们无疑需要它，而是因为一个民族寄托着对一个家族的信仰。另一位尼赫鲁家族的朋友则说：这是命，你还能做什么？印度有许多人相信命运。印度人往往崇信神，并喜欢将自己喜爱和崇敬的人当作神敬，在印度，神与人没有绝对的界限。因此，圣雄甘地是神，贾瓦哈拉尔是神，英迪拉是女神杜尔加、连意大利女子索尼娅也成了印度的母神。只要人们仍然对尼赫鲁家族崇拜之心不减，"尼赫鲁王朝"现象就将继续下去。

尼赫鲁家族世系图

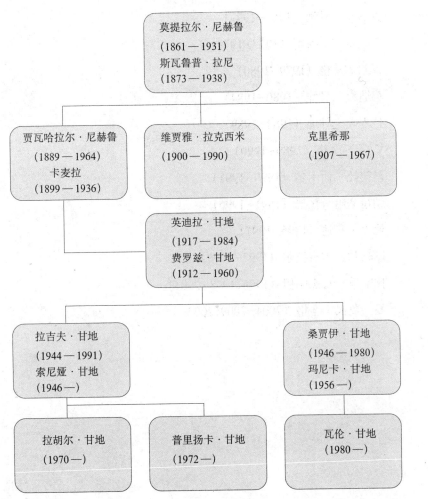

独立以来印度历届总理

贾瓦哈拉尔·尼赫鲁（1947—1964）

夏斯特里（1964—1966）

英迪拉·甘地（1966—1977）

莫拉尔吉·德赛（1977—1979）

查兰·辛格（1979—1980）

英迪拉·甘地（1980—1984）

拉吉夫·甘地（1984—1989）

V·P·辛格（1989—1990）

昌德拉·谢卡尔（1990—1991）

纳拉辛哈·拉奥（1991—1996）

德夫·高达（1996—1997）

库马尔·古杰拉尔（1997—1998）

比哈里·瓦杰帕伊（1996，1998—2004）

曼·莫汉·辛格（2004—2009，2009—）

1952–1980年期间印度人民院大选结果

	1952	1957	1962	1967	1971	1977	1980
总席位	489	494	494	520	518	542	542
国大党	364	371	361	283	350	154	353
人民同盟	3	4	14	35	22	–	52
人民党	–	–	–	–	–	297	31
印共	16	27	29	23	23	7	11
印共（马）	–	–	–	19	25	22	36
地方党派	19%	18%	18%	31%	17%	11%	10%

1984–2009年期间印度人民院大选结果

	1984	1989	1991	1996	1998	1999	2004	2009
总席位	542	529	511	543	543	543	539	543
国大党	415	197	227	140	141	114	145	202
印度人民党	2	85	119	161	182	182	138	122
人民党	10	143	56	46	6	21	11	
印共（马）	22	33	35	32	32	33	43	16
印共	6	12	13	12	9	4	10	6

参考书目

（印）贾瓦哈拉尔·尼赫鲁著，张宝芳译：《尼赫鲁自传》，世界知识出版社1956年。

（印）贾瓦哈拉尔·尼赫鲁著，齐文译：《印度的发现》，世界知识出版社1956年。

（印）索尼娅·甘地编，庞新华译：《尼赫鲁家书》，河南人民出版社1993年。

（印）甘地著，杜危、吴耀宗合译：《甘地自传》，商务印书馆1985年。

（美）威尔斯·汉根著：《谁是尼赫鲁的继承人》，世界知识出版社1964年。

（美）斯坦利·科查内克著，上海市徐汇区教师红专学院译：《印度国大党》，1977年。

（印）伊曼纽尔·波奇帕达斯笔录，亚南译：《甘地夫人自述》，时事出版社1981年。

(印)贾纳丹·塔库尔著,张涵译:《英迪拉·甘地和她的权术》,新华出版社1981年。

(印)克里尚·巴蒂亚著,上海师范大学外语系译:《英迪拉·甘地》,上海人民出版社1977年。

(印)因德尔·马尔豪特拉著,施美华等译:《英迪拉·甘地传》,世界知识出版社1992年。

(中)赵晓春著:《天生的印度统治者——尼赫鲁家族》,社会科学文献出版社1998年。

Bandhu, Deep Chand, *History of Indian National Congress, 1885—2002*, Gyan Books, 2003.

Judith, Brown, *Nehru*, Longman Limited, 1999.

Benjamin Zachariah, *Nehru*, Routledge, 2004.

Mushirul Hasan, *The Nehru, personal histories*, Lustre Press/Roli Books, 2006.

Frank, Katherine, *Indira: the Life of Indira Nehru Gandhi (2002)"* Houghton Mifflin, 2002.

Guru Dutt, *India in the Shadow of Gandhi and Nehru*, Hindi Sahitya Sadan.

Ga, & Nagarajan, T. S., *Sanjay Gandhi*, Feffer & Simons, 1980.

Mehta, Ved, *A Family Affair: India Under Three Prime Ministers*, (1982).

Ramachandra Guha, *India after Gandhi: The History of the World's Largest Democracy* (2007).

Sanghvi, Vijay, *The Congress, Indira to Sonia Gandhi*, Gyan Publishing House, 2006.

Sengupta, Bhawani, *Rajiv Gandhi: A Political Study*, Konark Publishers, 1989.

Smith, Theodore A., *Dynamic Business Strategy: the Art of Planning for Success*, Tata McGraw-Hill, 1977.

Sahgal, Nayantara, *Indira Gandhi: Her Road to Power*, Frederick Ungar, 1982.

Sarkar, Nurul Islam, *Sonia Gandhi: Tryst with India*, Atlantic Publishers & Distributors, 2007.

Sikka, Dr. Pawan, *Rajiv Gandhi: His vision of the 21st Century : Science, Technology and national Development*, Kalpaz Publications, 2007.

 Sheikh, Mohammad Irfan, *The Magic of Rahul Gandhi*, IMS Pub. House, 2009.

Tariq Ali, *The Nehrus and the Gandhis: An Indian Dynasty*, Pan Books, 1985.

Bipan Chandra, *India After Independence*, 1947-2000, Pengain Books, 2000.

出版后记

2003年4、5月间,正是北大出版社"人文社会科学是什么丛书"热销阶段,一位著名的大学社社长问我,现在你最想做的书是什么?当时,我毫不犹豫地回答道:"历史系列丛书。"这位社长眼睛一亮,然后又接着问我,"你能告诉我为什么吗?"我几乎不假思索地说:"历史大部分是人物,是事件,可以说历史就是故事(内在地说,历史就是人生),所以历史系列丛书具有天然的大众性。另一方面,同个人要进步、要发展一定要吸取自己走过的路的经验教训,同时要借鉴他人的经验教训一样,我们的民族要进步,国家要发展一定要反省自己的历史,一定要睁眼看世界;消除我们封闭的民族心理和缺乏自省的国民性,有赖于读史。"记得当时他赞同地点了点头。

北大出版社年轻的一代领导者,摒弃急功近利的短期行为,以出版家的眼光和文化担当意识,于2005年决定成立综合室,于学术著作、教材出版之外，确定学术普及的出版新路向，以期在新时期文化建设中尽北大出版人的一点力量。这样，我的这个想法有了实现的可能性。但是新的问题又来了。其时，社长任命我为综合室的主任，制定综合室的市场战略、十年规划、规章制度，带队伍，日常管理、催稿、看稿、复审等等事务，使我无暇去实现这个选题设想。综合室的编辑都是非常敬业、积极上进的。闵艳芸是其中的一位，作为新编辑，她可能会有这样或那样的一些不成熟的地方，但是我欣赏她的出版理念和勇于开拓的精神。于是，我把"历史系列丛书"的执行任务交给她，她从选定编委会主任、组织编委会议到与作者沟通、编辑书稿，做了大量的工作，可以说没有她的辛勤工作，这套选题计划不可能如期实现。

钱乘旦老师是外国史领域的著名专家，让我惊异的是他对出版业又是那样的内行，他为我们选择了一批如他一样有着文化情怀及历史责任感的优秀学者作为编委，并与编委一起确定了具体选题及作者，同时他还依照出版规律对编委和作者提出要求。钱老师不愧是整个编委会的灵魂。

各位编委及作者在教学、科研、组织和参加会议等大量的工作之外，又挤时间指导和写作这套旨在提高国民素质的小书，并且在短短的一年中就推出了首批图书，效率之高令我惊异，尤令我感动。

编辑出版"轻松阅读·外国史丛书"是愉快、激动的心路历程。我想这是一批理想主义者自我实现的一次实践，相信丛书带给国民的是清凉的甘泉，会滋润这个古老民族的久已干涸的心田……

杨书澜
2008 年 12 月 7 日于学思斋